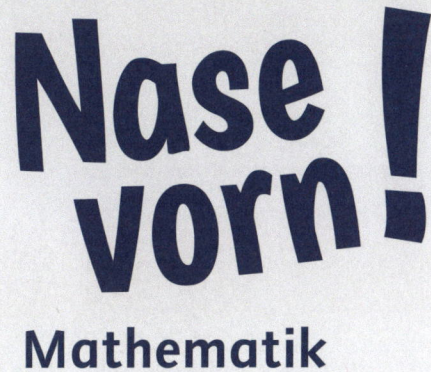

Nase vorn!

Mathematik

1 B

Arbeitsheft

Erarbeitet von

Anna Harrich-Voßen

Gesa Hochscherff

Uwe Nienhaus

Anna Pöllinger

Illustriert von

Friederike Ablang

Antje Hagemann

Josephine Wolff

Inhalt

Minus rechnen

Geld

Zeit

Rückblick

Ausblick

Zusammenfassung

1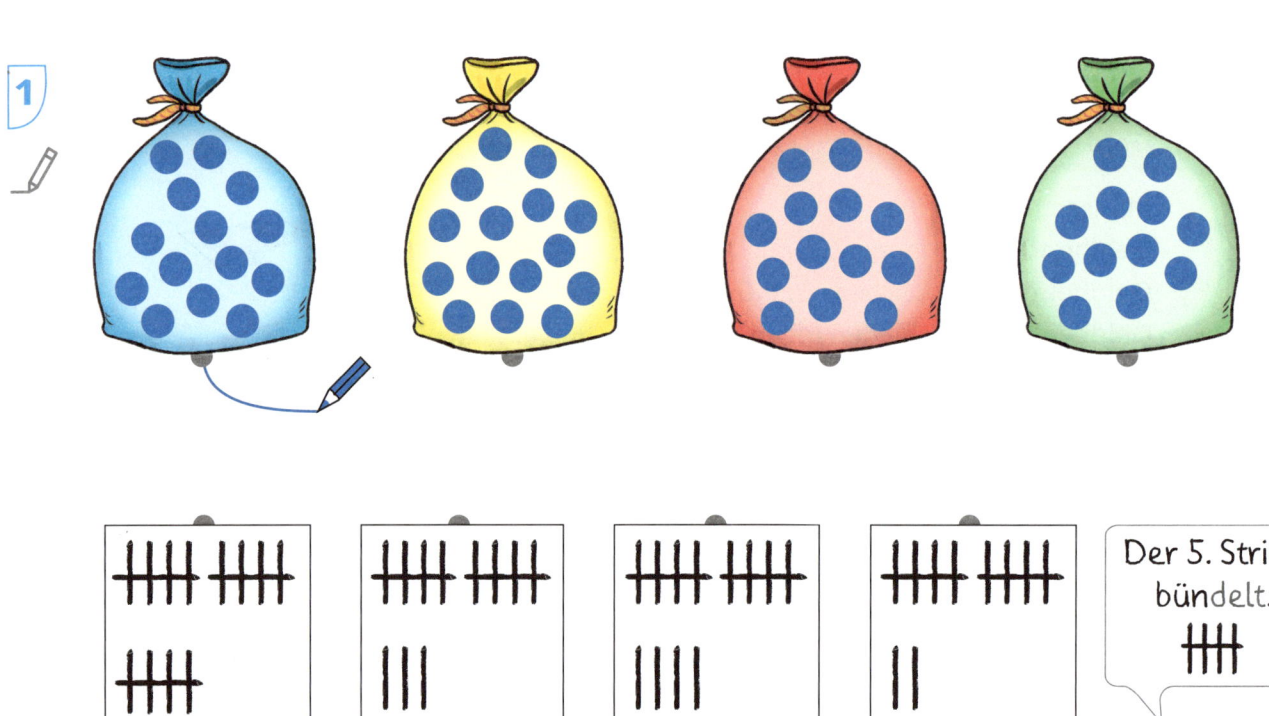

Der 5. Strich bündelt.

4

↑ SuS lesen sich die Zahlwörter gegenseitig vor und beschreiben, wie sich Zahlworte zusammensetzen.
1. ↓ Zählstrategie anwenden, z. B. Plättchen im Sack in 5er Bündeln.

16 sechzehn 17 siebzehn 18 achtzehn 19 neunzehn 20 zwanzig

2

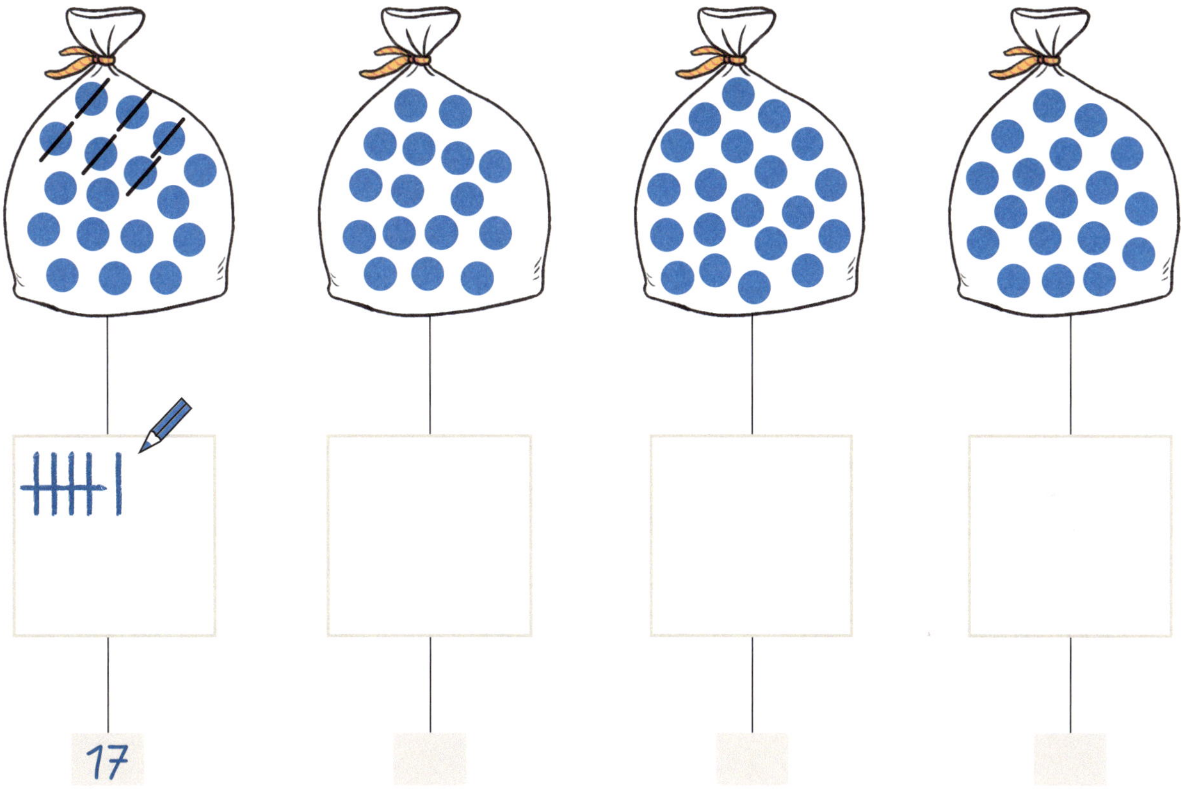

‖‖ ‖ ‖‖ | → 17

3

dreizehn	1	neunzehn	
siebzehn		sechzehn	
zwölf		elf	

Dreizehn.
Ich schreibe erst die 1
und dann die 3.

2. ↓ Zählstrategie nutzen, z.B. durchstreichen oder immer fünf einkreisen.

1 ✏️

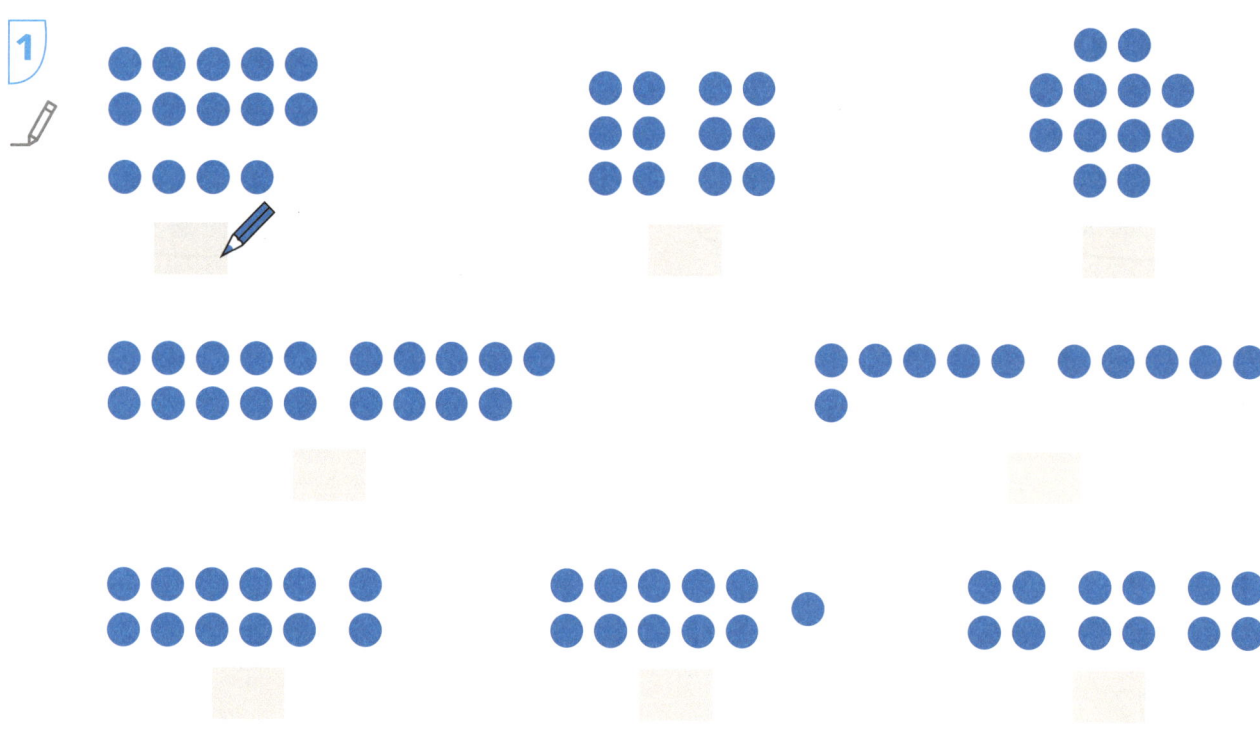

2 👥

Es sind 11.

2. Unterschiedliche Strukturierungsweisen möglich.
SuS legen Menge strukturiert. Partnerkind benennt die Zahl.

3

14	11

15	17

4

16

5 Male weitere Möglichkeiten. 16

Das Zwanzigerfeld

S. 48

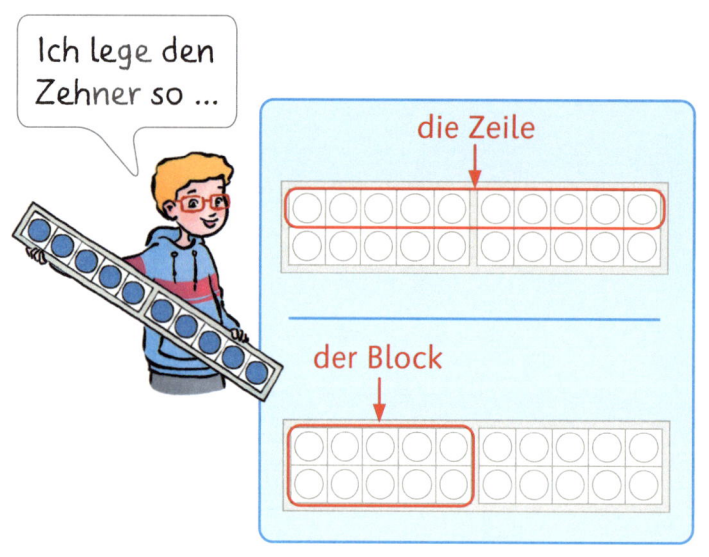

Ich lege den Zehner so ...

die Zeile

der Block

das Legematerial
der Einer
der Fünfer
der Zehner

Ich lege den Zehner so ...

1

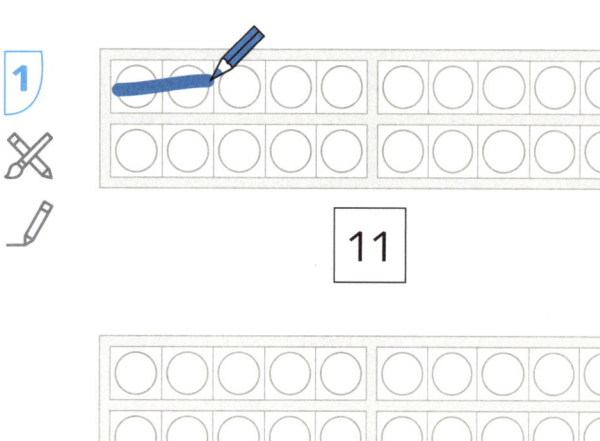

11

13

Ich male 10 auf einmal an.

17

20

15

1. Anzahl der Plättchen im Zwanzigerfeld markieren. ↓ Mit Material legen.

Vergleiche.

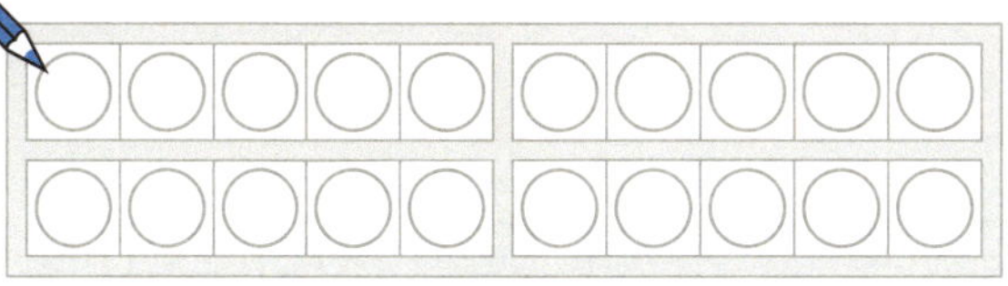

| 12 | | 2 |

12 hat ▢ Plättchen mehr als 2.

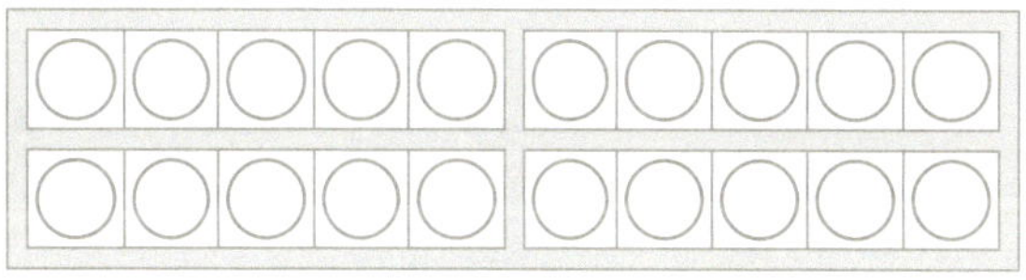

| 16 | | 6 |

16 hat ▢ Plättchen mehr als 6.

| 14 | | 4 |

14 hat ▢ Plättchen mehr als 4.

3 Wie legst du 11, 16 und 20? Diktiere.

So lege ich 11:
In die obere Zeile lege ich …

So lege ich 16:
In …

---

2. Mit Material legen. Anzahl der Plättchen im Zwanzigerfeld markieren und vergleichen.
3. Ablösung des Materials, Vorstellungsvermögen trainieren.

Zehner und Einer

S. 49

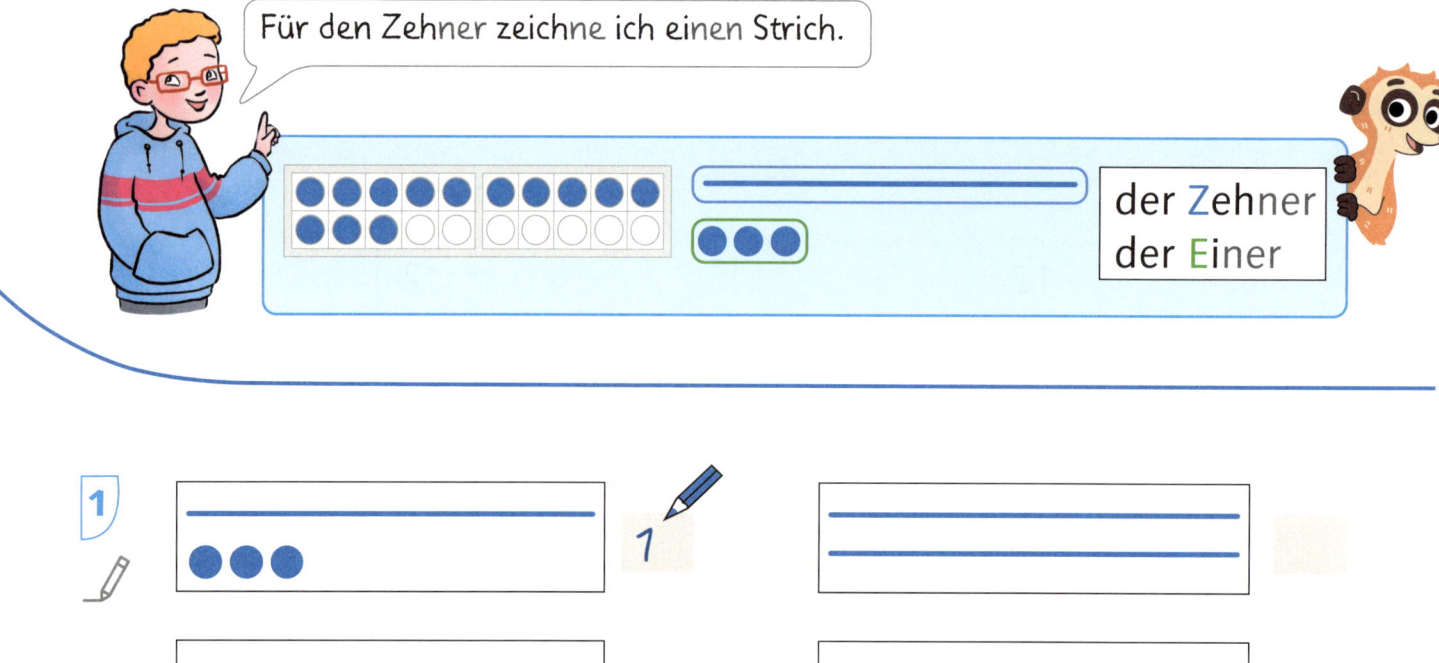

Für den Zehner zeichne ich einen Strich.

der Zehner
der Einer

1

1

2

12

17

19

20

16

18

2. SuS nutzen ein Lineal.

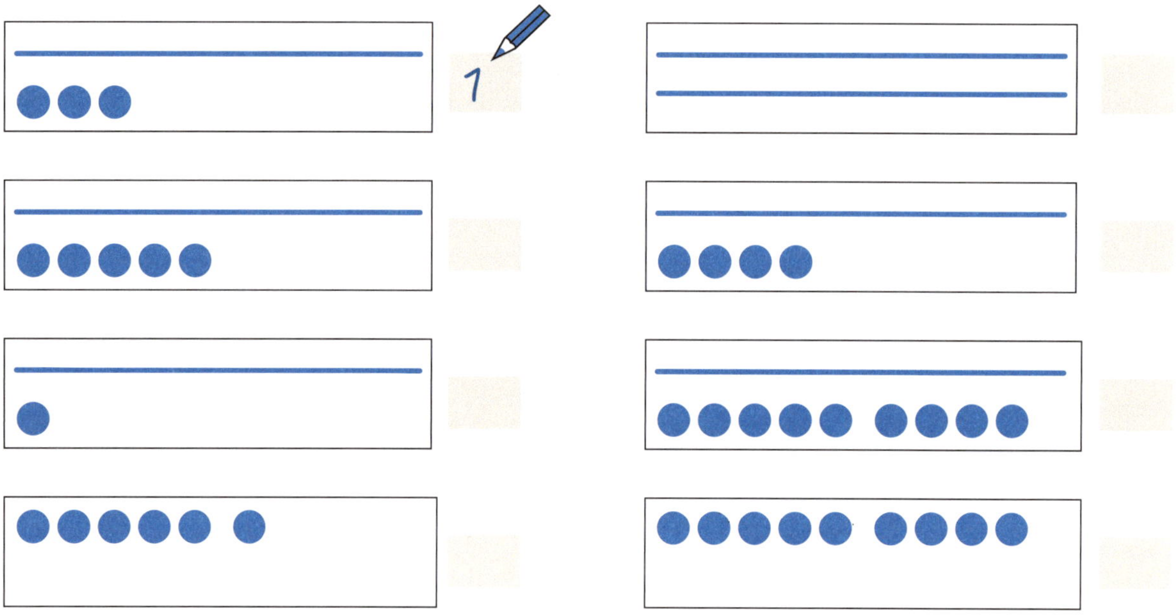

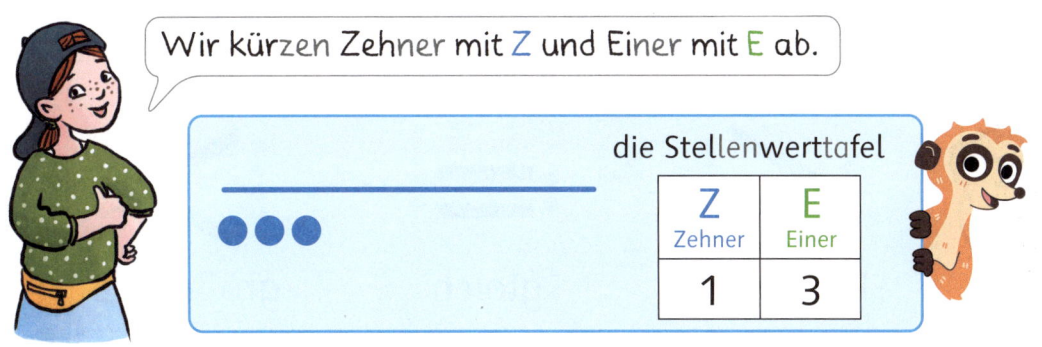

Wir kürzen Zehner mit Z und Einer mit E ab.

die Stellenwerttafel

Z Zehner	E Einer
1	3

1

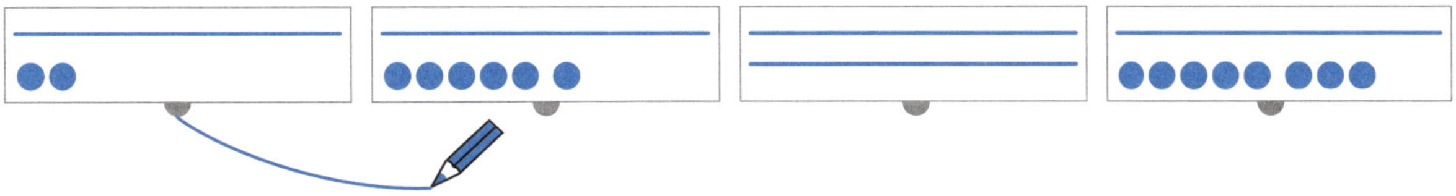

Z	E
2	0

Z	E
1	8

Z	E
1	2

Z	E
1	6

12

20

16

18

2

Z	E

Z	E

Z	E
1	3

Z	E

5

1.–2. Geheimschrift, Stellenwerttafel, Zahl passend verbinden/notieren.

11

Kleiner, größer, gleich

📖 S. 51

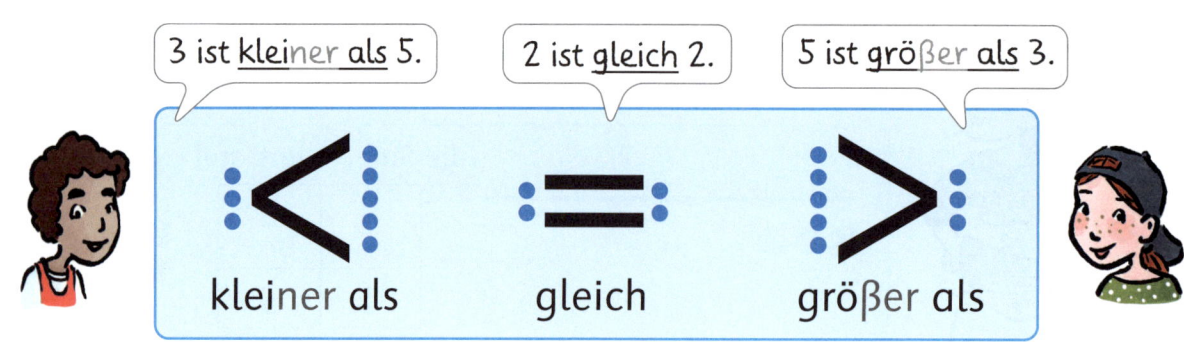

3 ist kleiner als 5.   2 ist gleich 2.   5 ist größer als 3.

< kleiner als   = gleich   > größer als

1 >, < oder =?

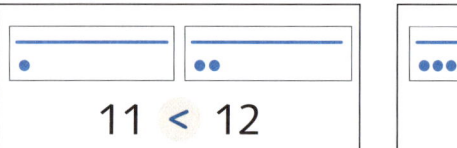

11 < 12

17 ● 14

15 ● 15

● ● ● ● ● ●

2 >, < oder =?

20 ● 19	2 ● 15	15 ● 17	13 ● 13
12 ● 14	8 ● 10	20 ● 13	19 ● 10
0 ● 16	7 ● 7	17 ● 17	14 ● 13
4 ● 16	1 ● 0	16 ● 15	18 ● 19
12 ● 12	6 ● 16	11 ● 1	
8 ● 3	4 ● 3	7 ● 19	
16 ● 6	0 ● 0	0 ● 3	
20 ● 10	9 ● 19	13 ● 3	

2. ↓ Mithilfe der Geheimschrift vergleichen.

3

11 > ▢	10 < ▢	14 < ▢	▢ > 18
20 > ▢	15 < ▢	▢ > 17	▢ = 5
19 = ▢	13 > ▢	19 > ▢	11 < ▢

4

 5

19 13

5 < ▢ < ▢

5 ist kleiner als …

---

15 16 20 11

▢ < ▢ < ▢ < ▢

---

15 14 18 19

▢ < ▢ < ▢ < ▢

5

11 < ▢ > 13   14 < ▢ > 17

20 > ▢ = ▢ < ▢   18 < ▢ > ▢ < ▢

6 Welche Zahlen können es sein?

Ein Zahlenrätsel.

Die Zahlen sind größer als 9 und kleiner als 13.

Es können die Zahlen ▢ sein.

3./5. Unterschiedliche Lösungen möglich. ↑ SuS begründen ihre Lösung.
6. ↓ SuS lesen sich gegenseitig vor. ↑ SuS erfinden eigene Rätsel.

13

| 11 | 12 | 13 | 14 | 15 | 16 | 17 | 18 | 19 | 20 |

1

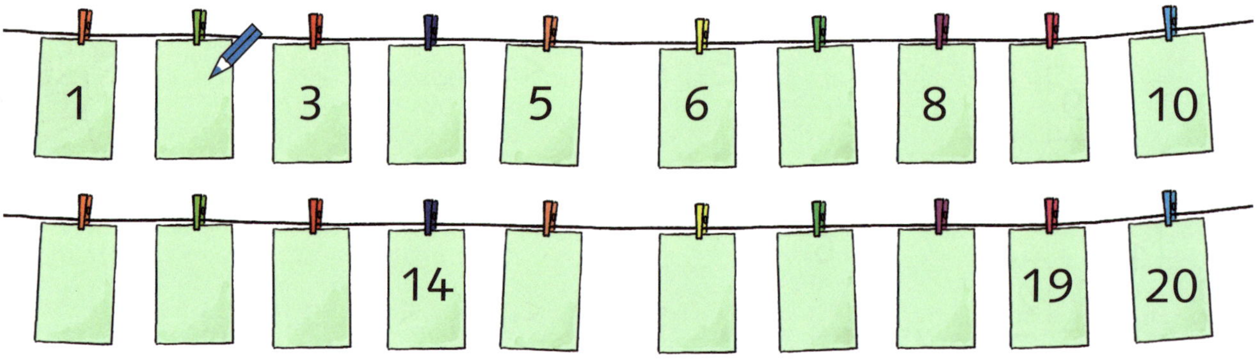

| 1 | | 3 | | 5 | 6 | | 8 | | 10 |

| | | | 14 | | | | | 19 | 20 |

2

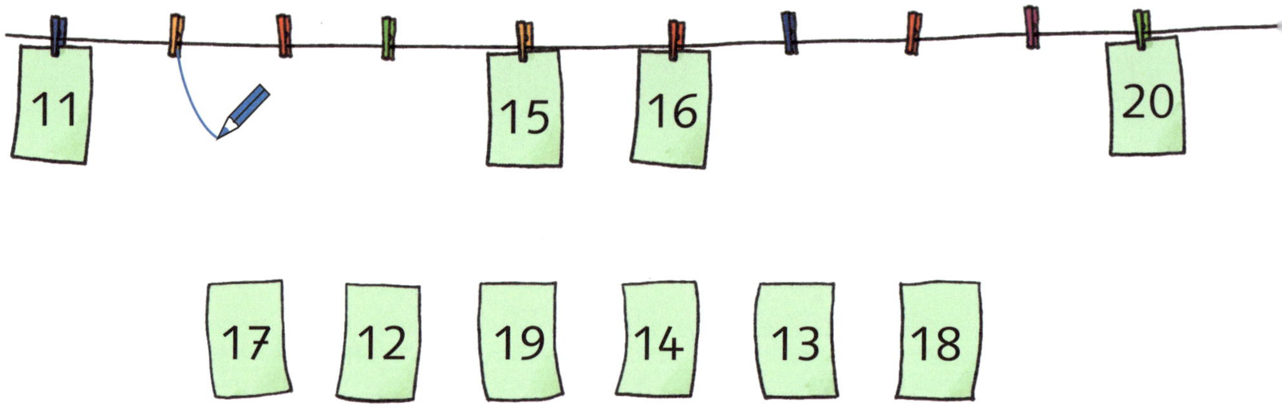

| 11 | | | | 15 | 16 | | | | 20 |

| 17 | 12 | 19 | 14 | 13 | 18 |

3

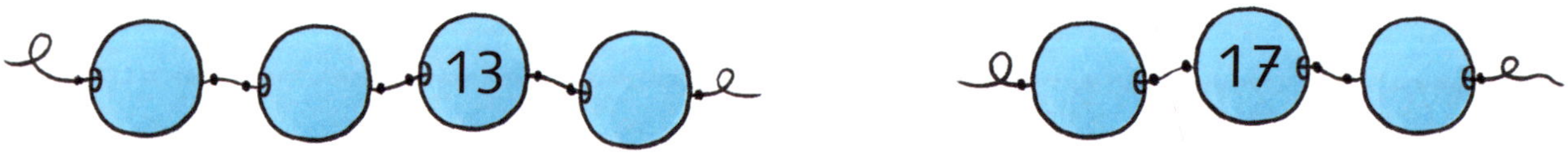

⚪ ⚪ 13 ⚪   ⚪ 17 ⚪

4

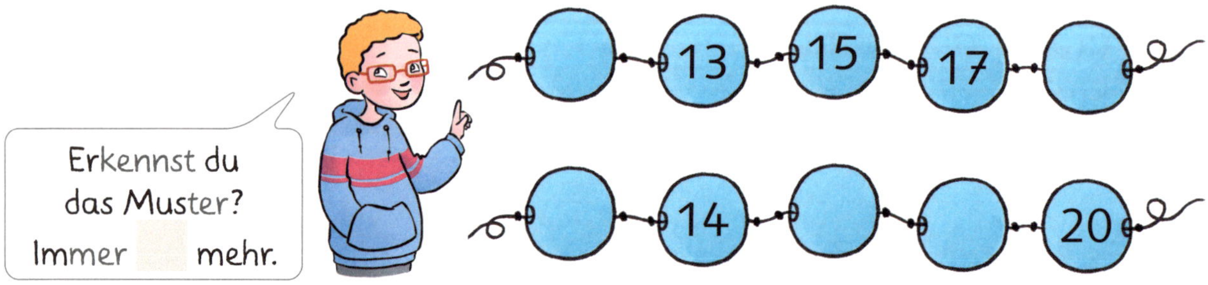

⚪ 13 15 17 ⚪

⚪ 14 ⚪ ⚪ 20

Erkennst du das Muster?
Immer ___ mehr.

14 ↑ Zahlenreihe rückwärts ins Heft schreiben. Zahlenreihe fortsetzen.
1.–3. Zahlenreihe ergänzen. **4.** ↑ Eigene Muster ins Heft schreiben.

Nachbarzahlen

□ S. 52

13 ist der Vorgänger von 14.

15 ist der Nachfolger von 14.

---

1 Vorgänger

 15

 12

 16

 11

2 Nachfolger

13

17

16

19

3

Vorgänger	Zahl	Nachfolger	Vorgänger	Zahl	Nachfolger
	13				10
	17		10		
	14				19

4 Welche Zahl bin ich?

Ich bin …

Mein Nachfolger ist die Zahl 12.	… die Zahl ___ .
Mein Nachfolger ist der Vorgänger von 13.	… die Zahl ___ .
	… die Zahl ___ .

1.–3. Vorgänger/Nachfolger ergänzen.
4. Passende Zahl zum Rätsel notieren. ↑ Eigene Rätsel schreiben.

15

Die Zwanzigertafel

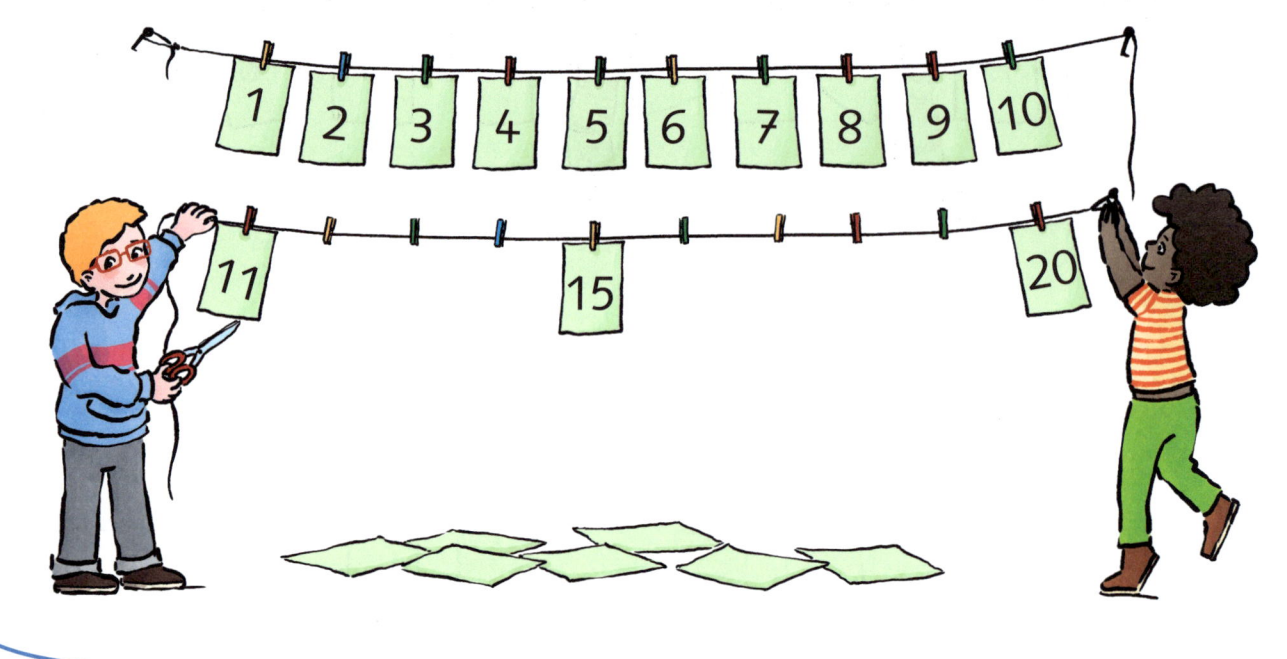

 **1**

1	2				6		8		10
11			14	15		17			20

die Zwanzigertafel

 2

3	4	
13		15

	8	
	18	

1		
		12

		20

	8	
17		19

1		
	12	

13		

		5

3

1	2	3
11	12	13

Die Zahl wird immer um ☐ größer.

Die Zahl wird immer um ☐ größer.

3. ↓ SuS lesen sich gegenseitig vor.

1

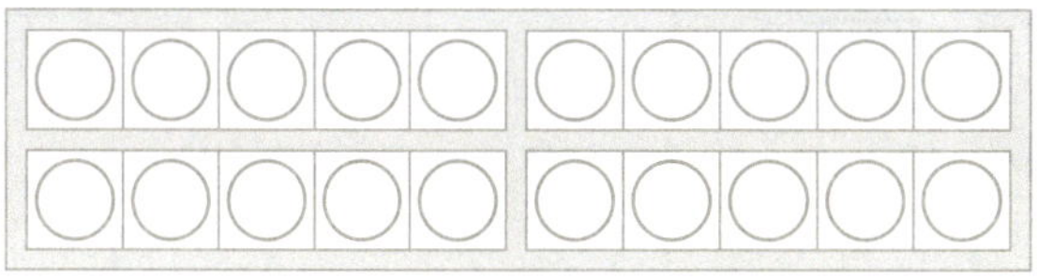

| 11 | 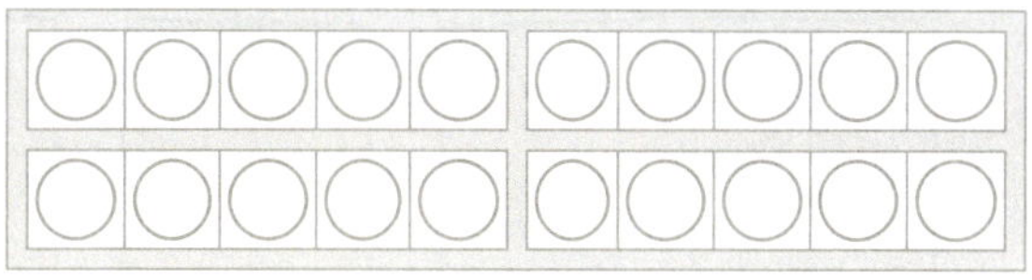 | 15 |

☺ 🤔

2

●●●●● ●●

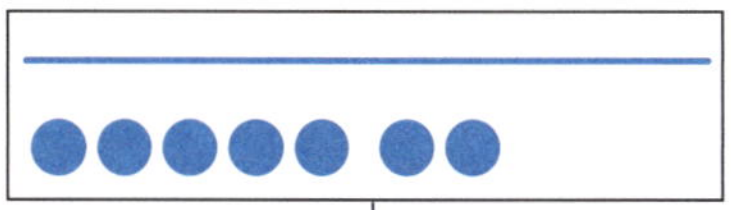

Z	E

| |

Z	E

| 3 |

Z	E
1	9

| |

☺ 🤔

3

12 ⬤ 11   17 ⬤ 16   20 > ____   ____ < 15

16 ⬤ 13   15 ⬤ 15   18 < ____   ____ = 20

☺ 🤔

4

14 ____ ____   ____ ____ 17

____ 18 ____   11 ____ ____

☺ 🤔

5

2		
	13	

5		
		17

		6

☺ 🤔

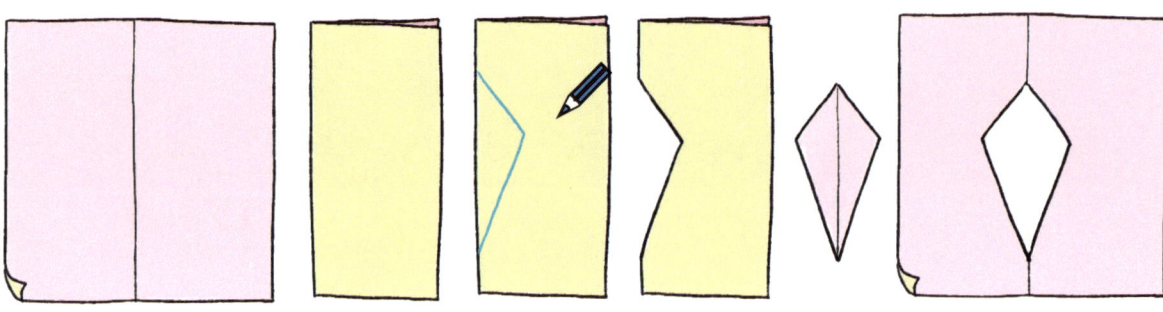

1. Falte. 2. Zeichne. 3. Schneide. 4. Ein Viereck entsteht.

1 Falte.
Zeichne.
Schneide.
Finde eigene Figuren.

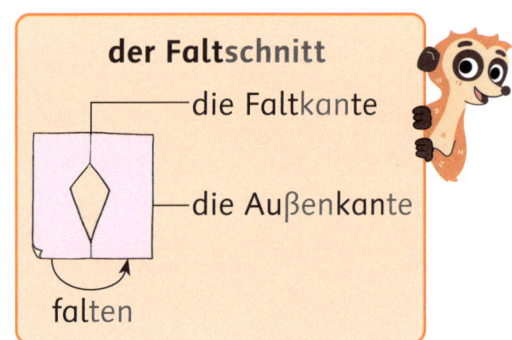

der Faltschnitt
die Faltkante
die Außenkante
falten

2 Was gehört zusammen?

 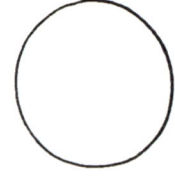  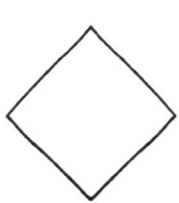 

Gesprächsanlass: Unterschied zwischen Faltkante und Außenkante thematisieren. ↑ Farbgebung beachten.
2. ↓ Faltschnitte durchführen, wenn eine Zuordnung im Kopf nicht gelingt.

3 Finde Vierecke und Dreiecke.

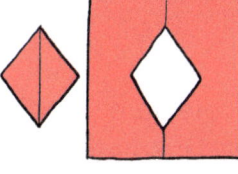 

4 Entsteht ein Dreieck? ✔ oder ✘ ?

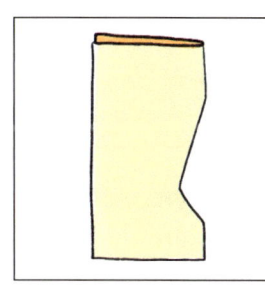  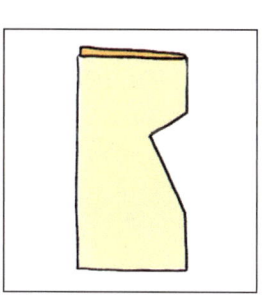

5 Welche Form entsteht?

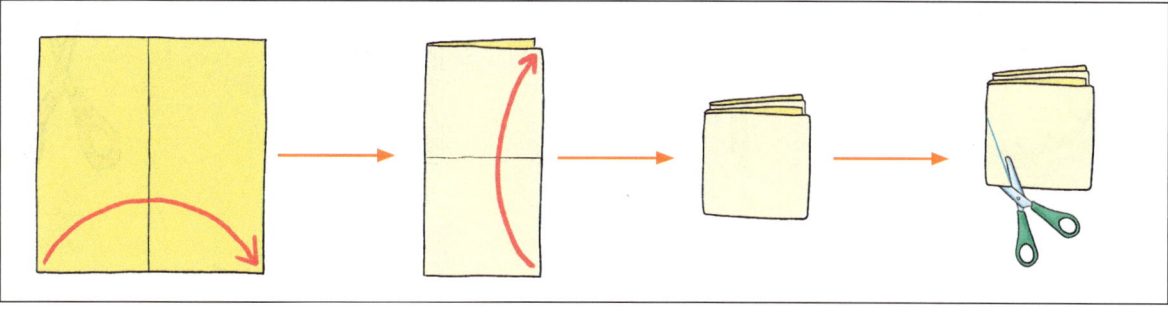

  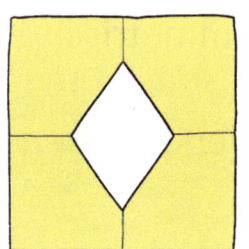 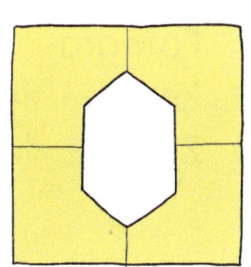

---

3. ↑ SuS stellen 5-Ecke, 6-Ecke, n-Ecke her.
5. Erklären, welche der abgebildeten Formen entsteht.

1 Zeichne die Spiegelachsen ein.

> Prüfe die **Symmetrie** mit dem Spiegel: Halte den Spiegel an die Spiegelachse. Sehen Bild und Spiegelbild gleich aus? Dann ist die Figur **symmetrisch**.

2 Sind die Bilder symmetrisch? ✔ oder ✘ ?

  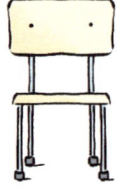  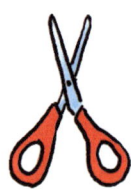

3 Fotografiere symmetrische Gegenstände.
Zeichne sie.
Zeichne die Spiegelachsen ein.

Umgang mit dem Lineal einführen.
3. Es kann auch eine Fotoausstellung erstellt werden.

Das Spiegelbild

S. 58

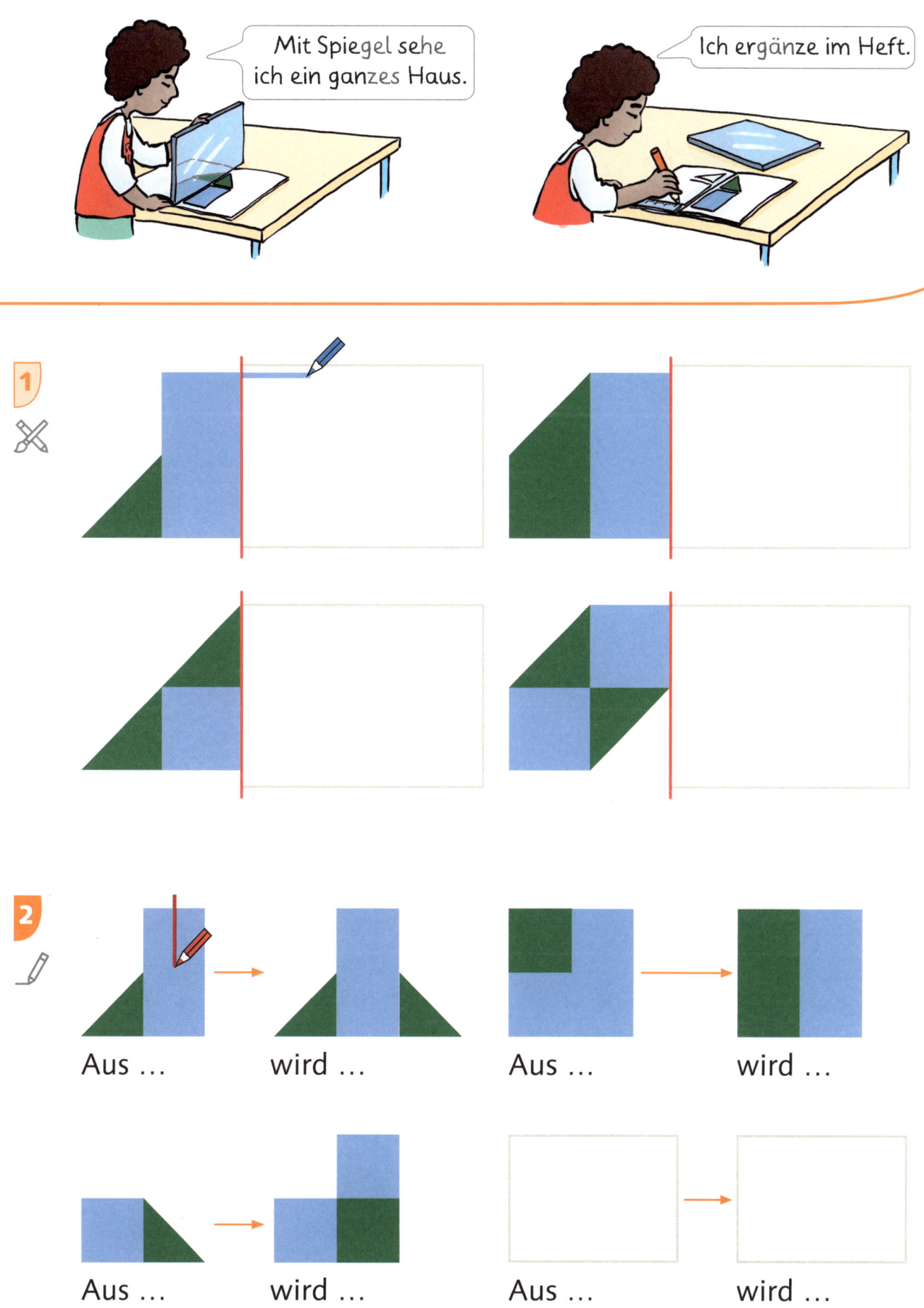

1. ↑ Eigene Figuren finden, spiegeln und ins Heft zeichnen.
2. Spiegelachse in die Ausgangsfigur (Aus ...) zeichnen, sodass zweite Figur (wird ...) entsteht.

21

der Rechenweg

1

5 + 5		5 + 6
13 + 4		3 + 4
10 + 4	😊 **leicht**	9 + 4
3 + 8		2 + 8
9 + 8		10 + 8
3 + 7	🤔 **schwer**	4 + 7
1 + 9		1 + 10
7 + 2		17 + 2
3 + 10		10 + 3

2 Löse die leichten Aufgaben
im Heft.

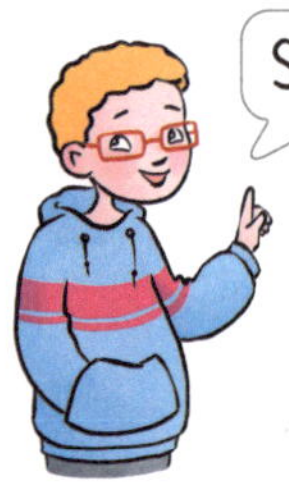

So schreibe ich.

die Buchseite

	S.	2	2		N r.	2	
		5	+	5	=		
		5	+	6	=		

die Aufgaben-Nummer

eine Reihe
frei lassen

---

2. SuS lösen die Aufgaben im Heft, die sie als leicht eingestuft haben.

Riesen und Zwerge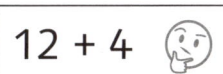

S. 60

12 + 4

Ich weiß:
2 + 4 = 6

12 + 4 = 16
2 + 4 =   6

Das Ergebnis
ist 10 mehr:
12 + 4 = 16

1

16 + 3 =

13 + 5 =

17 + 2 =

3 + 5 =

7 + 2 =

6 + 3 =

2 Rechne erst die Zwergenaufgabe.

11 + 4 =

1 + 4 =

15 + 3 =

   + 3 =

12 + 6 =

   + 6 =

13 + 4 =

   +   =

11 + 7 =

   +   =

14 + 4 =

   +   =

3 Nutze .

11 + 6	13 + 3	17 + 3
14 + 5	15 + 4	13 + 6
12 + 5	16 + 1	12 + 7

S. 2 3   N r. 3

1 1 + 6 =

1 + 6 =

23

1

2

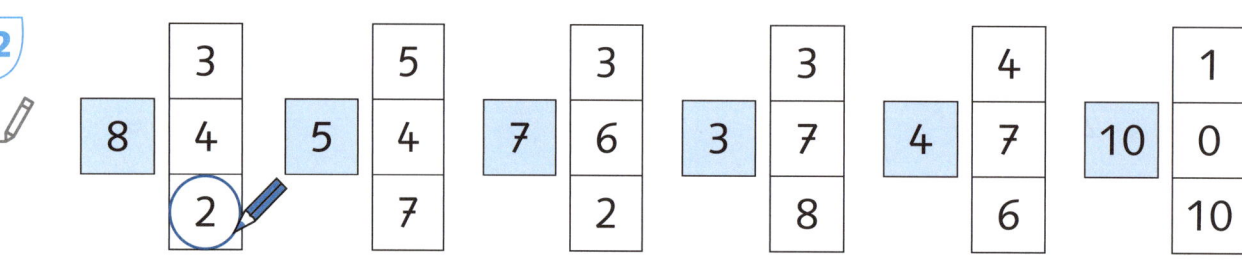

3   Die Kraft der Zehn.

24

2. Immer 10. Entsprechende Zahl einkreisen.
3. Ein Kind zeigt die Zahl, das andere ergänzt zur 10.

Aufgaben mit 10

S. 62

10 plus 3 gleich 13.

1

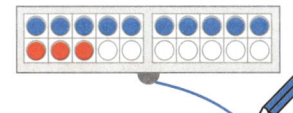

| 10 + 7 | 10 + 3 | 10 + 9 | 10 + 1 |

2

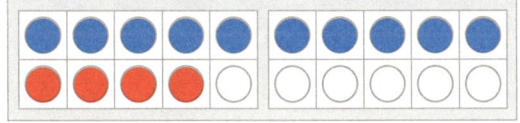

10 + 4 =

10 + 10 =

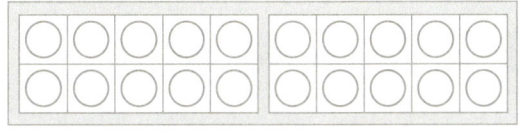

10 + 6 =

10 + 2 =

3

10 + 9 =   10 + 3 =   5 + 10 =

10 +   = 16   10 +   = 17   + 10 = 12

10 +   = 14   10 +   = 16   + 10 = 18

10 + 1 =   10 + 2 =   6 + 10 =

25

8 + 5 🤔   Plus 2 ● bis zur 10.   Dann plus 3 ●.

$$8 + 5 = 13$$
$$8 + 2 + 3 = 13$$

1

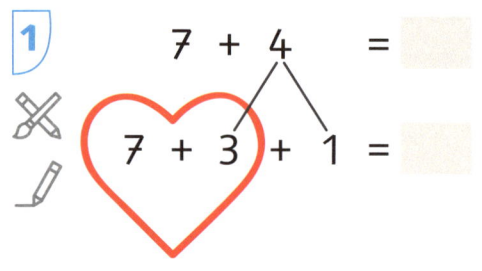

$$7 + 4 =$$
$$7 + 3 + 1 =$$

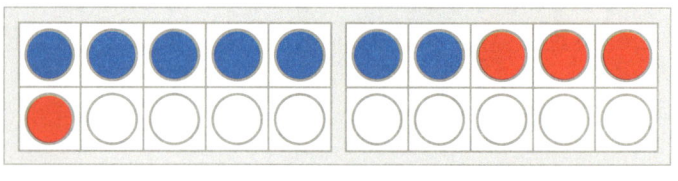

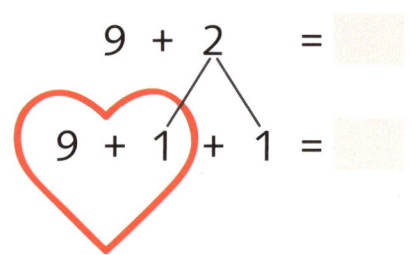

$$9 + 2 =$$
$$9 + 1 + 1 =$$

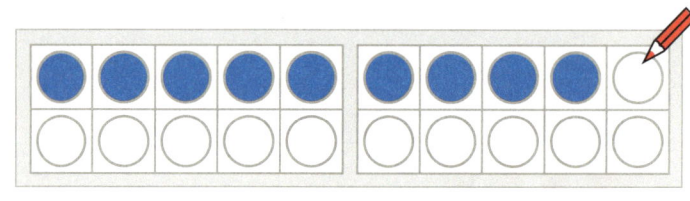

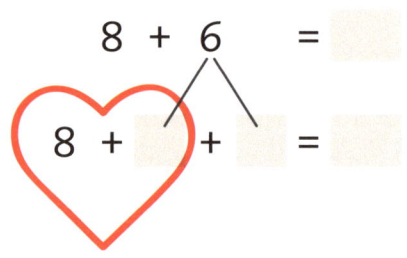

$$8 + 6 =$$
$$8 + + =$$

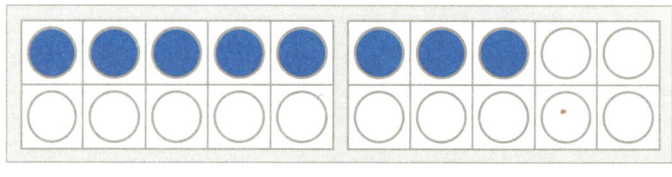

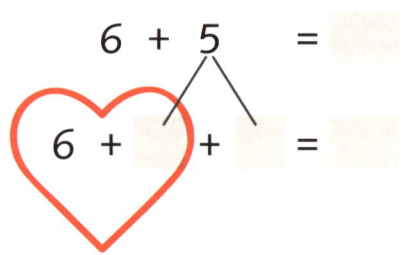

$$6 + 5 =$$
$$6 + + =$$

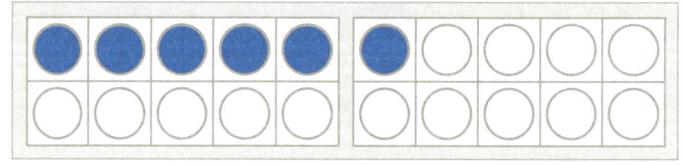

1. Malen und rechnen.

$$5 + 7 \quad = \boxed{}$$
$$5 + \boxed{} + \boxed{} = \boxed{}$$

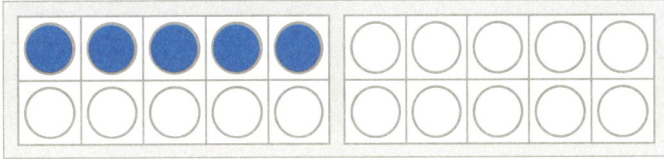

$$4 + 8 \quad = \boxed{}$$
$$4 + \boxed{} + \boxed{} = \boxed{}$$

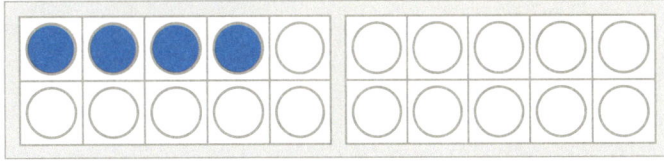

$$7 + 6 \quad = \boxed{}$$
$$7 + \boxed{} + \boxed{} = \boxed{}$$

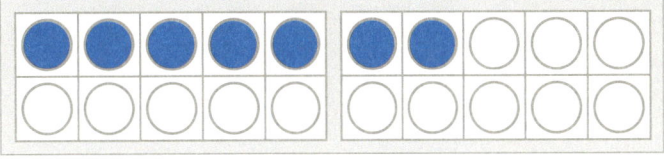

2

5 + 6	6 + 4 + 1 =
6 + 5	5 + 5 + 1 =
5 + 8	5 + 5 + 2 =
4 + 8	7 + 3 + 3 =
5 + 7	4 + 6 + 2 =
7 + 6	5 + 5 + 3 =

Erst bis 10 rechnen.
Dann weiter.

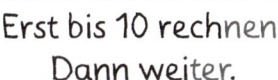
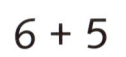

2. Aufgabe und passende Zerlegung finden.

3

$7 + 8 =$ ⬜

$7 +$ ⬜ $=$ ⬜

$8 + 4 =$ ⬜

⬜ $=$ ⬜

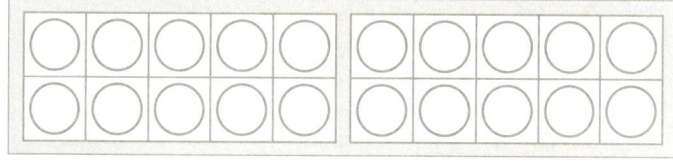

$5 + 9 =$ ⬜

⬜ $=$ ⬜

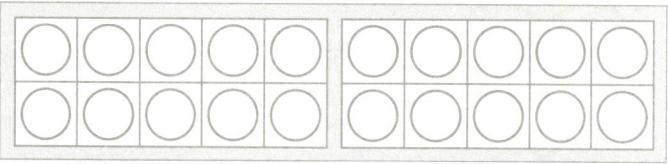

$6 + 7 =$ ⬜

⬜ $=$ ⬜

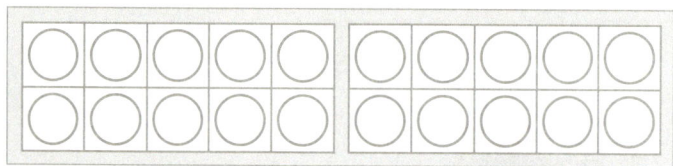

Stimmt das?

4

$8 + 5 =$ ⬜

$8 + 2 + 4 = 14$

⬜ $=$ ⬜

$9 + 7 =$ ⬜

$9 + 1 + 6 = 16$

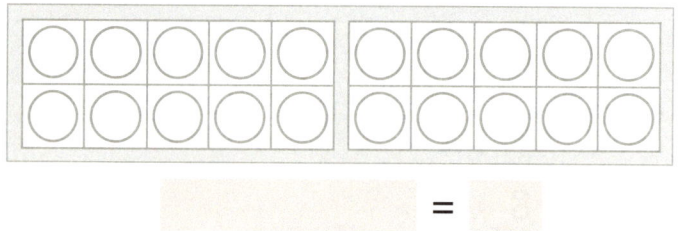

⬜ $=$ ⬜

$7 + 5 =$ ⬜

$7 + 4 + 2 = 13$

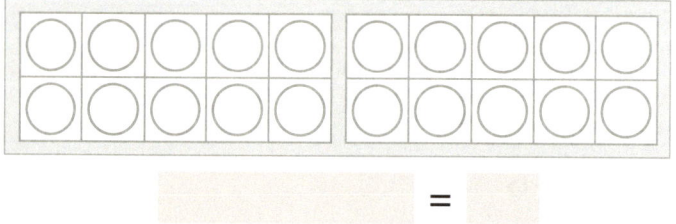

⬜ $=$ ⬜

4. Prüfen und ggf. verbessern. ↑ Erklären, welcher Fehler gemacht wurde.

5 Nutze ♡10.

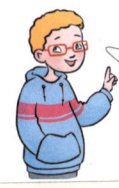

8 + 7	9 + 8	8 + 3	9 + 3
7 + 5	7 + 6	4 + 8	3 + 8
4 + 7	5 + 6	5 + 8	3 + 9
7 + 8	6 + 8	2 + 9	7 + 4

S. 29 Nr. 5
8 + 7 =
8 + 2 + 5 =

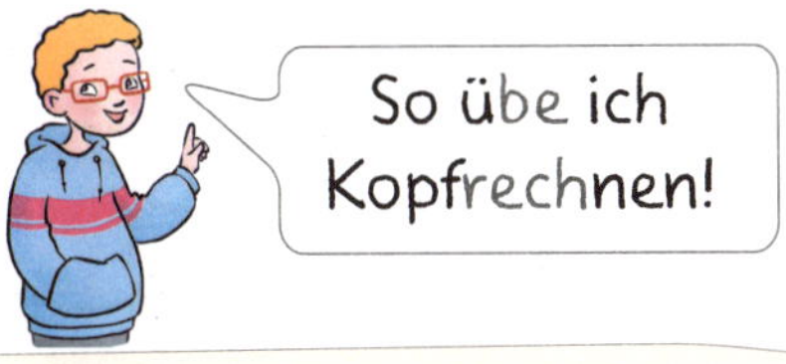
So übe ich Kopfrechnen!

Checkliste

Ich lege und rechne selbst.

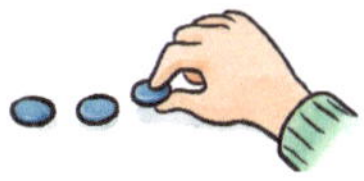

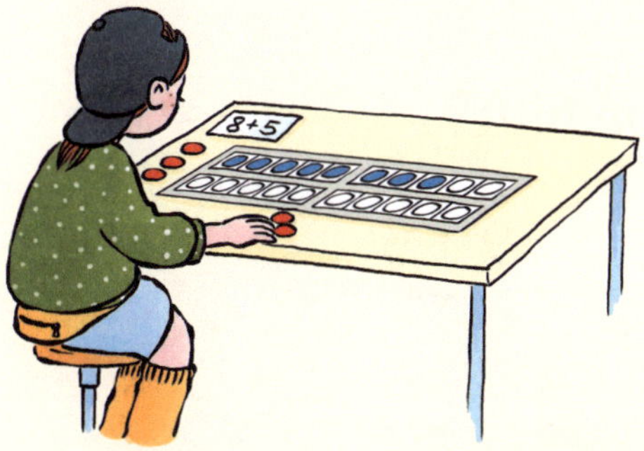
8+5

Schritt 1

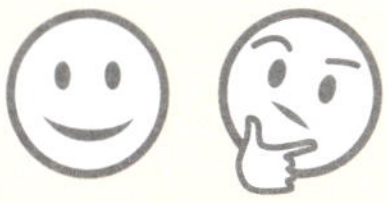

Ich gucke und diktiere.

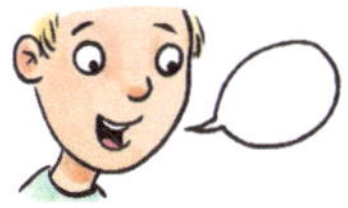

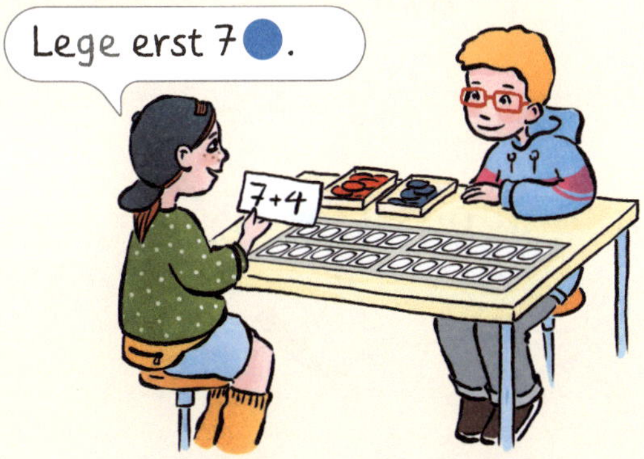
Lege erst 7 ●.
7+4

Schritt 2

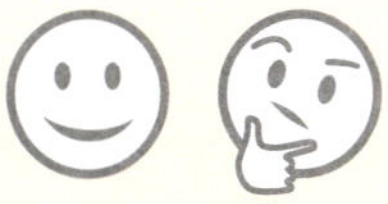

Ich diktiere, ohne zu gucken.

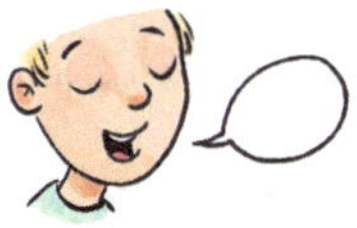

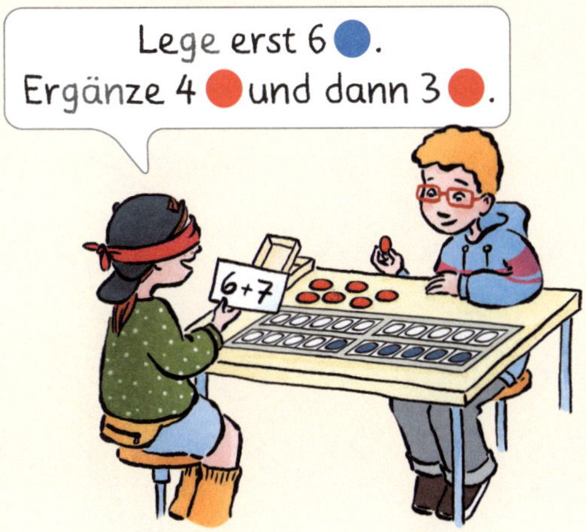
Lege erst 6 ●.
Ergänze 4 ● und dann 3 ●.
6+7

Schritt 3

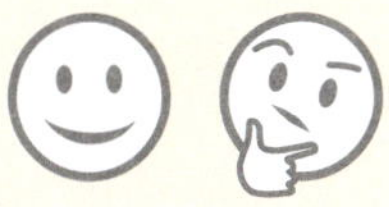

Die Schritte aus der Checkliste helfen den SuS, sich sukzessive vom Material zu lösen.

9 + 7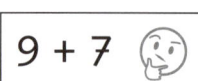

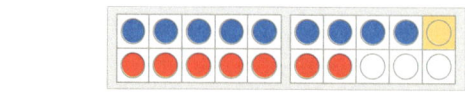

9 + 7 = 16
10 + 7 = 17

Ich weiß:
10 + 7 = 17

Das Ergebnis ist
1 weniger:
9 + 7 = 16

10 + 7 - 1 =

1 Welche Aufgabe hilft?

9 + 9	9 + 5	9 + 7	9 + 3
10 + 7	10 + 9	10 + 3	10 + 5

2 Welche Rechnung passt?

9 + 4 = ▢   10 + 2 – 1 = ▢

9 + 6 = ▢   10 + 6 – 1 = ▢

9 + 2 = ▢   10 + 8 – 1 = ▢

9 + 8 = ▢   10 + 4 – 1 = ▢

1.–2. Zuordnung ist eindeutig.

3

9 + 8 = ☐   3 + 9 = ☐

10 + **8** = ☐    ☐ + ☐ = ☐

Das Ergebnis ist 1 weniger.

9 + 5 = ☐   9 + 7 = ☐

☐ + ☐ = ☐   ☐ + ☐ = ☐

9 + 6 = ☐   4 + 9 = ☐

☐ + ☐ = ☐   ☐ + ☐ = ☐

4 Nutze [+/−10].

9 + 2 = ☐   7 + 9 = ☐

☐ + ☐ − 1 = ☐   ☐ + ☐ − 1 = ☐

 Schritt 1

9 + 4 = ☐   5 + 9 = ☐

☐ + ☐ − 1 = ☐   ☐ + ☐ − 1 = ☐

 Schritt 2

2 + 9 = ☐   ☐ + ☐ = ☐

☐ + ☐ − 1 = ☐   ☐ + ☐ − 1 = ☐

 Schritt 3

5 Schreibe den Rechenweg.

| 3 + 9 | 5 + 9 | 9 + 8 | 6 + 8 |
| 4 + 9 | 9 + 5 | 9 + 4 | 3 + 8 |

S. 3 1	N r. 5
3 + 9 =	
3 + 1 0 − 1 =	

---

4. Die Aufgabe kann auch in Partnerarbeit nach der Checkliste (vgl. S. 29) bearbeitet werden

Verdoppeln

S. 66

1

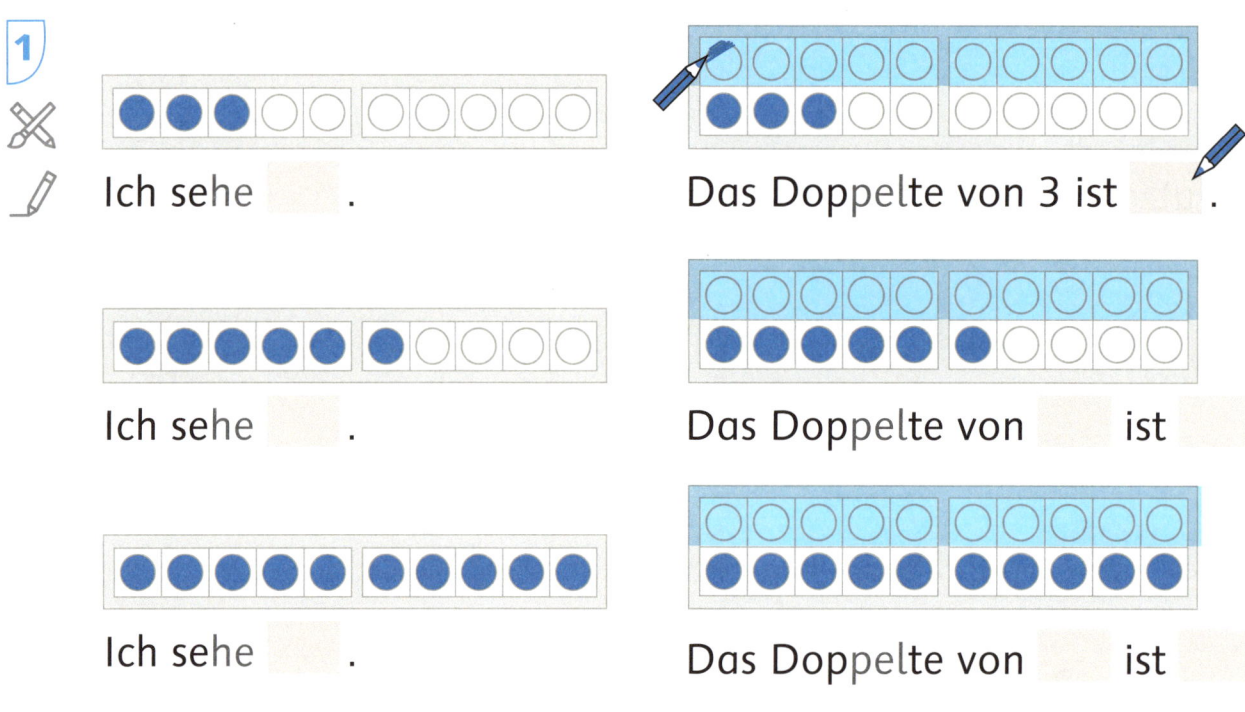

Ich sehe ____ .

Das Doppelte von 3 ist ____ .

Ich sehe ____ .

Das Doppelte von ____ ist ____ .

Ich sehe ____ .

Das Doppelte von ____ ist ____ .

2 Verdopple.

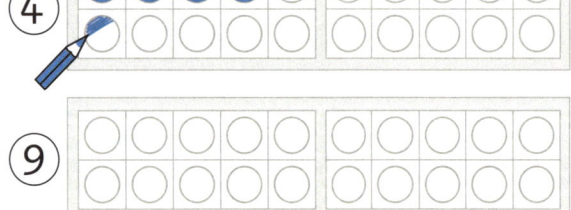

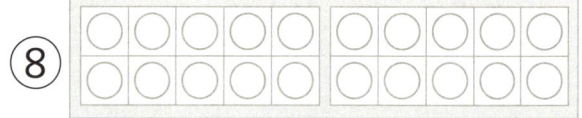

1.–2. ⌨ Statt die Ausmalaufgaben zu lösen, können die SuS das Doppelte legen und das Bild abfotografieren.

3

7 + 7 ist eine Verdopplungsaufgabe.

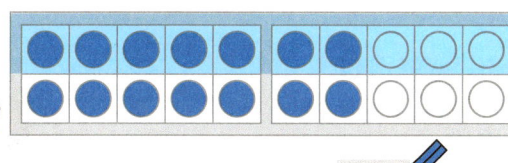

7 + 7 = 14

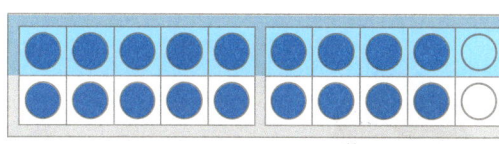

☐ + ☐ = ☐

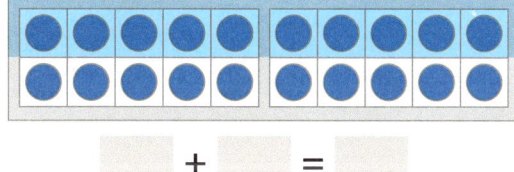

☐ + ☐ = ☐

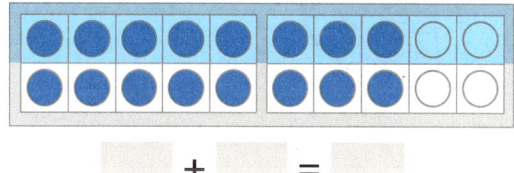

☐ + ☐ = ☐

4

2 + 2 = 4

5 + ☐ = ☐

☐ + ☐ = ☐

☐ + ☐ = ☐

☐ + ☐ = ☐

☐ + ☐ = ☐

5 ✂

Welche Aufgaben kannst du im Kopf lösen? Lerne alle.

1 + 1	7 + 7	10 + 10	4 + 4	8 + 8
6 + 6	2 + 2	5 + 5	9 + 9	3 + 3

6 💬

Kannst du alle Zahlen verdoppeln?

3. Die Verdopplungsaufgabe schreiben. 5. Aufgaben anmalen, die bereits automatisiert sind.

33

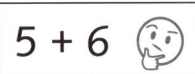

5 + 6

Ich weiß:
5 + 5 = 10

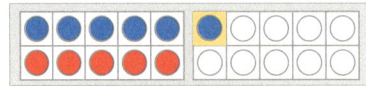

5 + 6 = 11
5 + 5 = 10

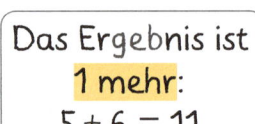

Das Ergebnis ist
1 mehr:
5 + 6 = 11

1 Welche Aufgabe hilft?

7 + 6

8 + 7

6 + 6

8 + 8

7 + 7

2 Welche Rechnung passt?

7 + 8 =

6 + 5 =

7 + 7 ⊕ 1 =

5 + 5 ⊕ 1 =

6 + 6 ⊖ 1 =

8 + 8 ⊖ 1 =

1.–2. Jeweils zwei Verbindungen möglich.

3

Löse erst die einfache Aufgabe.

2 + 2 = 4

2 + 3 =

3 + 3 =

3 + 3 =

3 + 4 =

4 + 4 =

___ + ___ = ___

5 + 6 = ___

___ + ___ = ___

___ + ___ = ___

4 + 5 = ___

___ + ___ = ___

___ + ___ = ___

6 + 7 = ___

___ + ___ = ___

___ + ___ = ___

9 + 8 = ___

___ + ___ = ___

___ + ___ = ___

7 + 8 = ___

___ + ___ = ___

___ + ___ = ___

6 + 5 = ___

___ + ___ = ___

4 Nutze ••.

8 + 7 = ___

8 + ___ = ___

8 + 9 = ___

___ = ___

9 + 8 = ___

___ = ___

6 + 7 = ___

___ = ___

7 + 6 = ___

___ = ___

6 + 5 = ___

___ = ___

Schritt 1

Schritt 2

Schritt 3

4. Die Aufgabe kann auch in Partnerarbeit nach der Checkliste (vgl. S. 29) bearbeitet werden.

> Jeder Rechenweg hat ein Symbol.

Riesen und Zwerge	Verliebt in die 10	Aufgaben mit 10 helfen	Verdoppeln hilft
		+/– 10	
12 + 4	8 + 5	9 + 7	5 + 6
2 + 4	8 + 2 + 3	10 + 7 – 1	5 + 5 + 1 oder 6 + 6 – 1

1 🪧

$12 + 4 = $ ▭ $11 + 7 = $ ▭ $13 + 6 = $ ▭

$2 + 4 = $ ▭   ▭ $+ $ ▭ $= $ ▭   ▭ $+ $ ▭ $= $ ▭

2

$7 + 6 \quad = $ ▭ $8 + 7 = $ ▭ $6 + 8 = $ ▭

$7 + 3 + 3 = $ ▭   ▭ $= $ ▭   ▭ $= $ ▭

3 +/– 10

$4 + 9 = $ ▭ | $9 + 7 = $ ▭ | $5 + 9 = $ ▭

$4 + 10 – 1 = $ ▭ | ▭ $= $ ▭ | ▭ $= $ ▭

4 ●●

$6 + 7 = $ ▭ | $8 + 9 = $ ▭ | $5 + 4 = $ ▭

$6 + 6 + 1 = $ ▭ | ▭ $= $ ▭ | ▭ $= $ ▭

1.–4. Die jeweiligen Rechenwege nutzen und Aufgabe lösen.

Welcher Rechenweg?

$12 + 2 = \boxed{}$

$\underline{} = \boxed{}$

Ich nutze hier

$8 + 6 = \boxed{}$

$\underline{} = \boxed{}$

$3 + 9 = \boxed{}$

$\underline{} = \boxed{}$

$9 + 6 = \boxed{}$

$\underline{} = \boxed{}$

$6 + 5 = \boxed{}$

$\underline{} = \boxed{}$

$7 + 5 = \boxed{}$

$\underline{} = \boxed{}$

6

$13 + 4 = \boxed{}$

$5 + 6 = \boxed{}$

Welche Aufgaben fallen dir jetzt noch schwer?

$3 + 8 = \boxed{}$

$3 + 9 = \boxed{}$

$9 + 8 = \boxed{}$

$9 + 4 = \boxed{}$

$6 + 7 = \boxed{}$

$12 + 8 = \boxed{}$

$4 + 7 = \boxed{}$

$17 + 2 = \boxed{}$

---

5. In täglichen Übungen wiederholen. SuS begründen ihren Rechenweg.
6. Aufgaben entsprechen denen auf S. 22. Hier kann der Lernfortschritt abgelesen werden.

Die Plustafel

S. 69

1+1	1+2	1+3	1+4	1+5	1+6	1+7	1+8	1+9	1+10
2+1	2+2	2+3	2+4	2+5	2+6	2+7	2+8	2+9	2+10
3+1	3+2	3+3	3+4	3+5	3+6	3+7	3+8	3+9	3+10
4+1	4+2	4+3	4+4	4+5	4+6	4+7	4+8	4+9	4+10
5+1	5+2	5+3	5+4	5+5	5+6	5+7	5+8	5+9	5+10
6+1	6+2	6+3	6+4	6+5	6+6	6+7	6+8	6+9	6+10
7+1	7+2	7+3	7+4	7+5	7+6	7+7	7+8	7+9	7+10
8+1	8+2	8+3	8+4	8+5	8+6	8+7	8+8	8+9	8+10
9+1	9+2	9+3	9+4	9+5	9+6	9+7	9+8	9+9	9+10
10+1	10+2	10+3	10+4	10+5	10+6	10+7	10+8	10+9	10+10

1 Das ist die Plustafel.
Was entdeckst du?

die Spalte
die Zeile

2 Male die Aufgaben in der Tafel an.

Aufgaben mit 10	Verliebte Zahlen	Verdoppeln

1. ↑ SuS schreiben ihre Entdeckungen ins Heft.
2. Plustafel entsprechend der Farbe der Kästen anmalen.

3 Ergänze die Ausschnitte aus der Plustafel.

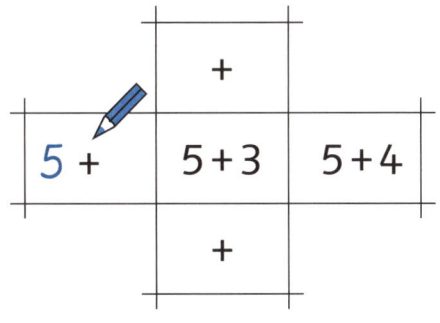

	+	
5 +	5+3	5+4
	+	

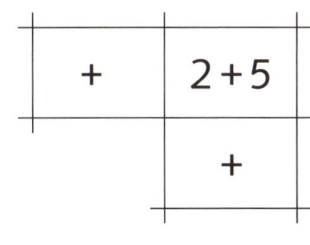

	+	2+5
		+

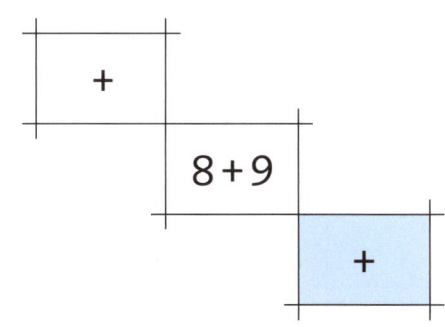

	+	
		8+9
			+

4 Finde und ergänze.

10+1 = 11	1+9 = 10	1+1 = ☐
10+2 = ☐	2+8 = ☐	2+2 = ☐
+3 = ☐	+7 = ☐	+ = ☐
+ = ☐	+ = ☐	+ = ☐
+ = ☐	+ = ☐	+ = ☐
+ = ☐	+ = ☐	+ = ☐

5 Welche Aufgabe?

5 + 4!

4. ↑ Weitere Aufgaben im Heft sortiert aufschreiben.
5. Partnerarbeit: Ein Kind deckt Aufgabe in Plustafel ab, das andere nennt die verdeckte Aufgabe.

39

Die Plustafel

S. 69

6 Rechne. Verbinde die Sätze passend.

6 + 3	=		1 + 9	=		4 + 5	=
7 + 3	=		2 + 9	=		5 + 5	=
8 + 3	=		3 + 9	=		6 +	=

Die erste Zahl		bleibt immer gleich.
Die zweite Zahl		wird immer um 1 größer.
Das Ergebnis		wird immer um 1 größer.

7 Finde und ergänze. Verbinde die Sätze passend.

9+8	9+9	9 +
6 + 4	+	+
+	+	+

7+2	7+3	+
1+2	+	+
+	+	+

 Was verändert sich?

Die erste Zahl		bleibt immer gleich.
Die zweite Zahl		wird immer um 1 größer.
Das Ergebnis		wird immer um 1 größer.

7. Bei der letzten Aufgabe einen eigenen Ausschnitt wählen und entsprechend einfärben.

8 Finde die Nachbaraufgaben.

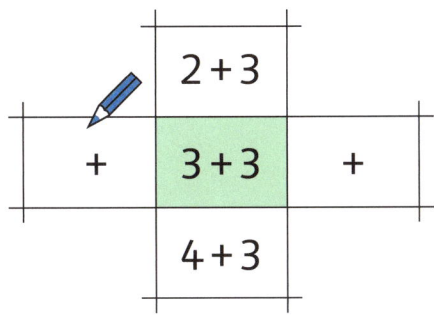

	2+3	
+	**3+3**	+
	4+3	

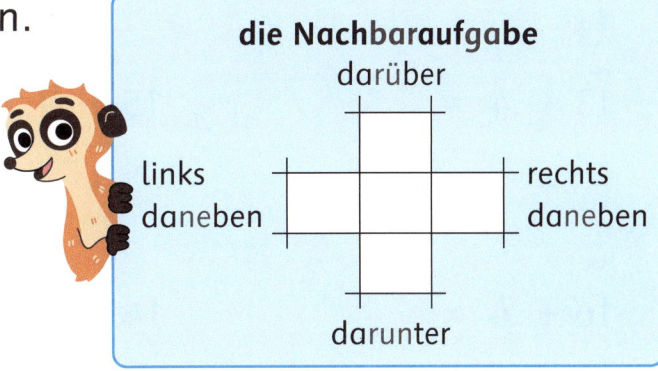

die Nachbaraufgabe

darüber

links daneben — rechts daneben

darunter

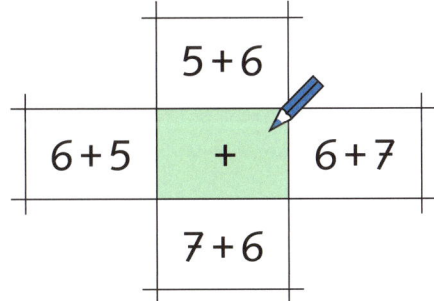

	5+6	
6+5	**+**	6+7
	7+6	

9 + 8 hat 4 Nachbaraufgaben.

	8+8	
9+7	9+8	9+9
	10+8	

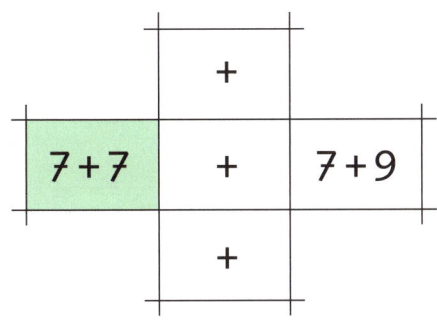

	+	
7+7	+	7+9
	+	

9

3+10 = 13, also ist 3+9 = 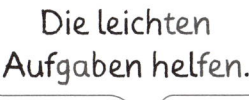 .

7+10 = 17, also ist 7+9 = .

Die leichten Aufgaben helfen.

5+5 = , also ist 6+5 = .

4+4 = , also ist 3+4 = .

Zeig, was du kannst!

1

 13 + 4 = ☐   15 + 3 = ☐   12 + 7 = ☐

☐ + ☐ = ☐   ☐ + ☐ = ☐   ☐ + ☐ = ☐

16 + 4 = ☐   14 + 5 = ☐   2 + 16 = ☐

☐ + ☐ = ☐   ☐ + ☐ = ☐   ☐ + ☐ = ☐

2 🔟

 8 + 3 = ☐   9 + 7 = ☐   8 + 5 = ☐

 = ☐   = ☐   = ☐

7 + 6 = ☐   6 + 8 = ☐   7 + 8 = ☐

= ☐   = ☐   = ☐

3 +/– 10

9 + 6 = ☐   7 + 9 = ☐   4 + 9 = ☐

= ☐   = ☐   = ☐

4 ••

5 + 6 = ☐   8 + 9 = ☐   10 + 9 = ☐

= ☐   = ☐   = ☐

= ☐   = ☐   = ☐

5

+	1+10
+	+

+	9+3
	+

+	+
7+1	

☺ 🤔

6

2+7	=
3+7	=
4+7	=

Die erste Zahl ● ─────● bleibt immer gleich.

Die zweite Zahl ● ─────● wird immer um 1 größer.

Das Ergebnis ● ─────● wird immer um 1 größer.

☺ 🤔

7

	4+5	
5+4	+	5+6
	6+5	

	7+9	
+	8+9	+
	+	

☺ 🤔

8

6+6 = 12, also ist 6+5 = ☐ .

10+6 = 16, also ist 9+6 = ☐ .

7+7 = 14, also ist 8+7 = ☐ .

☺ 🤔

1 Dein Muster:

2 Ist es ein Muster? ✔ oder ✘ ?

   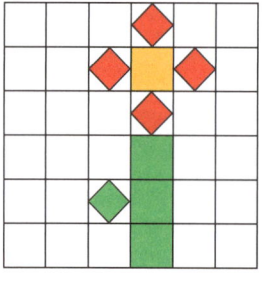      

---

1. Muster mit Kartonbeilagen legen. 2. ↑ SuS begründen ihre Entscheidung.

Bandornamente

S. 71

das Bandornament:
Das Muster kann in 2 Richtungen fortgesetzt werden. ↔

1

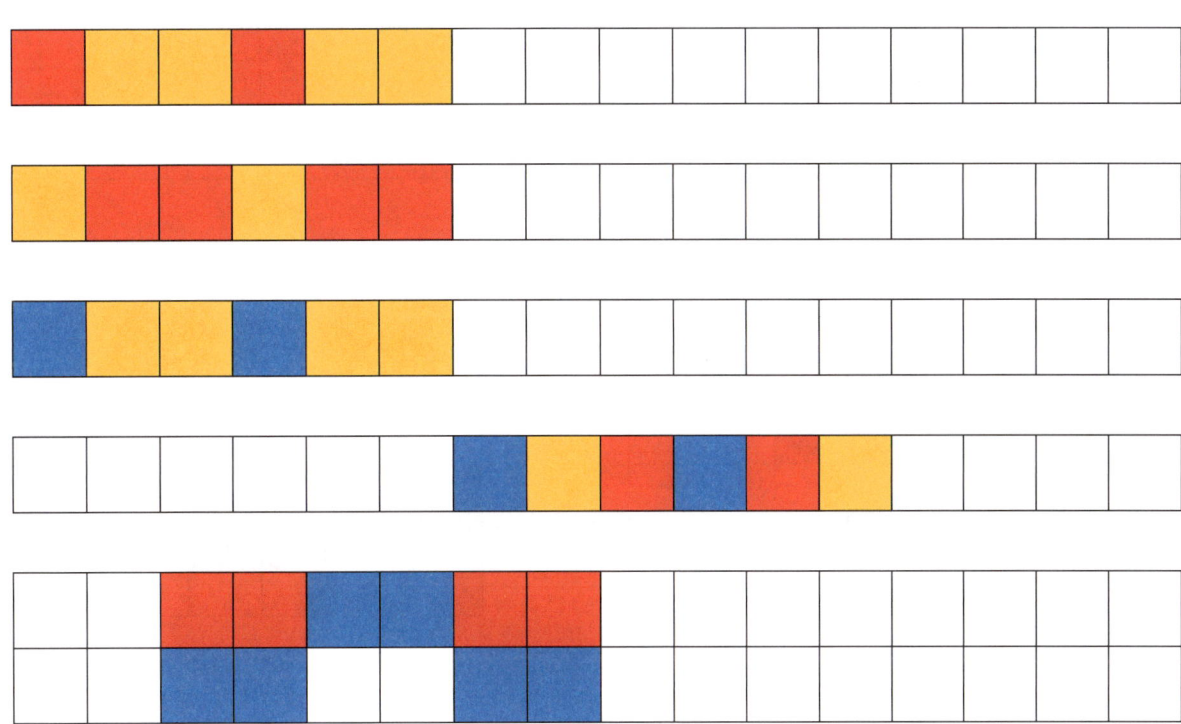

2 Ist das Muster richtig fortgesetzt? ✔ oder ✘ ?

---

1. ↓ Sus legen die Muster vor dem Malen. **2.** SuS begründen ihre Entscheidung und erklären ggf., wie das Muster richtig fortgesetzt werden muss. Sie können die Fehler auch durch Einkreisen o. Ä. markieren.

die Parkettierung:
Das Muster kann in alle
Richtungen fortgesetzt werden.

1

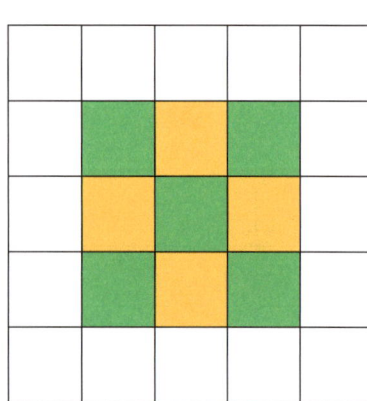

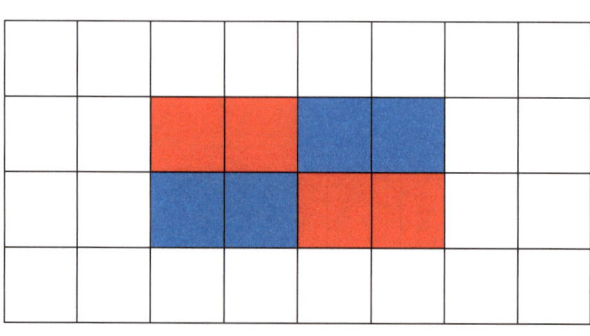

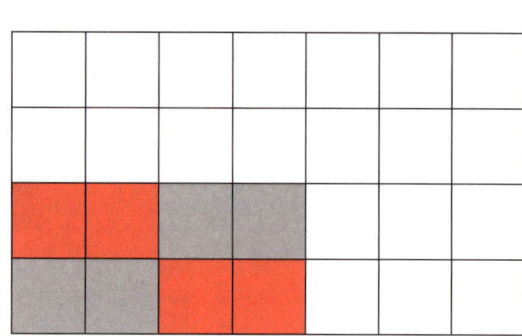

2 Ist das Muster richtig fortgesetzt? ✔ oder ✘ ?

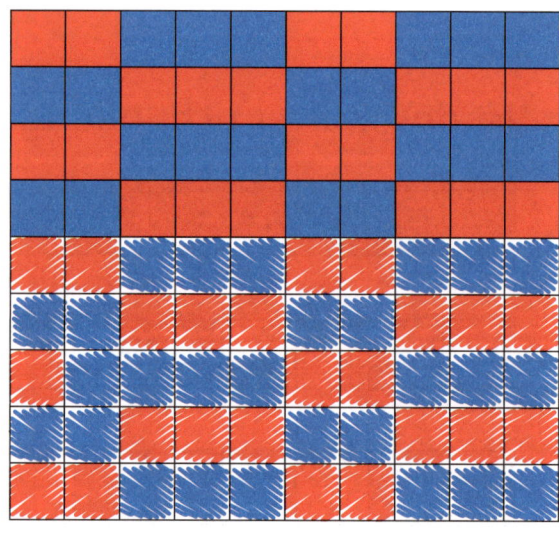

1. ↓ Sus legen die Muster vor dem Malen. **2.** SuS begründen ihre Entscheidung und erklären ggf., wie das Muster richtig fortgesetzt werden muss. Sie können die Fehler auch durch Einkreisen o. Ä. markieren.

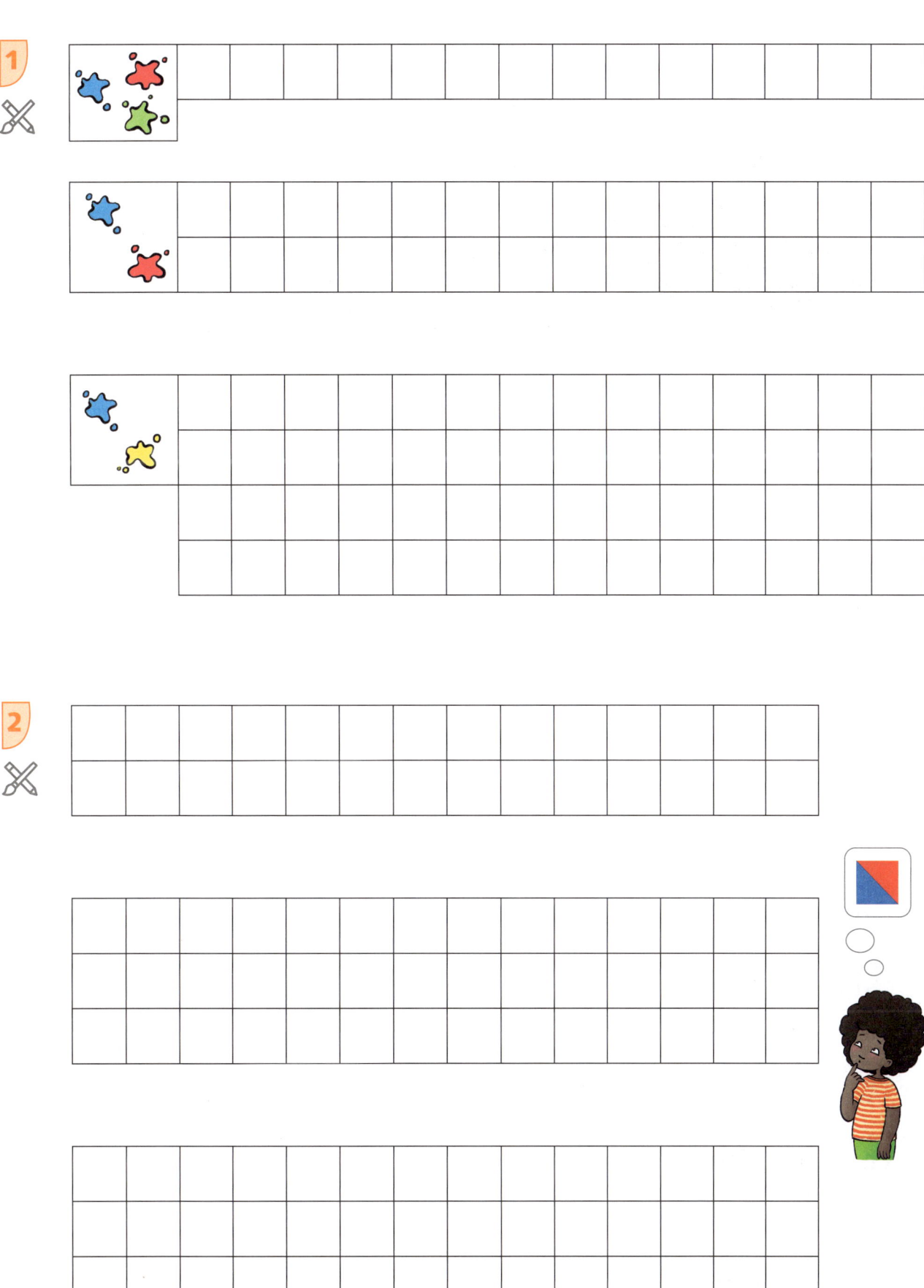

1. SuS malen Muster mit den vorgegebenen Farben.
2. SuS malen eigene Muster mit frei gewählten Farben. Sie können pro Kästchen auch mehrere Farben nutzen.

der Rechenweg

1

16 – 2		6 – 2
10 – 5		11 – 5
10 – 8		11 – 8
13 – 10	leicht	13 – 9
4 – 3		14 – 3
10 – 5		5 – 2
15 – 2	schwer	10 – 6
11 – 6		17 – 4
7 – 4		12 – 3

2 Löse die leichten Aufgaben im Heft.

So schreibe ich.

S. 4 8   N r. 2

1 0 ⊝ 8 ⊜

6 ⊝ 2 ⊜

Rechenzeichen
untereinander

2. SuS lösen die Aufgaben im Heft, die sie als leicht eingestuft haben.

16 − 4

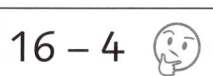

Ich weiß:
6 − 4 = 2

16 − 4 = 12
6 − 4 = 2

Das Ergebnis ist 10 mehr:
16 − 4 = 12

1 Welche Aufgaben gehören zusammen?

16 − 3 =

17 − 2 =

18 − 1 =

8 − 1 =

7 − 2 =

6 − 3 =

2 Rechne erst die Zwergenaufgabe.

17 − 4 =

15 − 3 =

19 − 6 =

— 4 =

— 3 =

— 6 =

13 − 2 =

19 − 7 =

14 − 4 =

— =

— =

— =

3 Nutze.

17 − 6	14 − 3	17 − 5
15 − 4	18 − 2	18 − 6
16 − 5	13 − 1	19 − 8

S. 49   Nr. 3

17 − 6 =

7 − 6 =

2./3. ↓ Aufgabe mit Material legen.

$$13 - 5 = 8$$
$$13 - 3 - 2 = 8$$

1 19 − ☐ = 10   20 − ☐ = 10   18 − ☐ = 10   16 − ☐ = 10

17 − ☐ = 10   15 − ☐ = 10   13 − ☐ = 10   12 − ☐ = 10

2 13 − 7 = ☐
13 − 3 − 4 = ☐

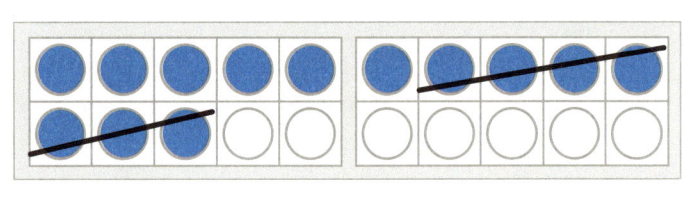

12 − 9 = ☐
12 − 2 − 7 = ☐

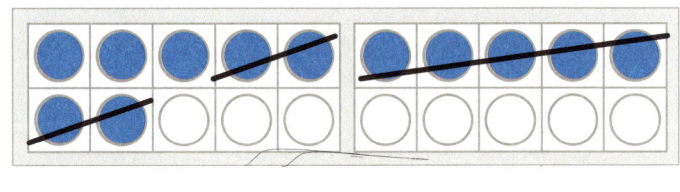

11 − 5 = ☐
11 − ☐ − ☐ = ☐

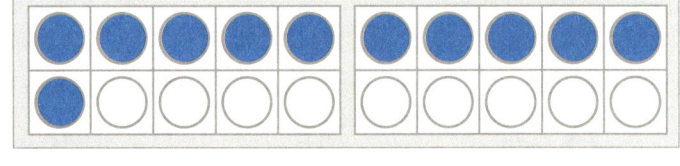

15 – 6 = ☐

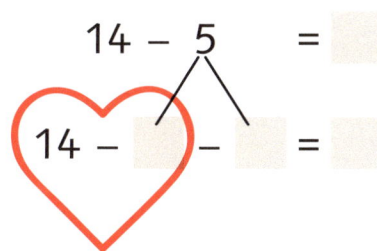

15 – ☐ – ☐ = ☐

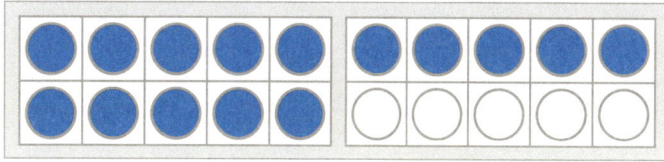

14 – 5 = ☐

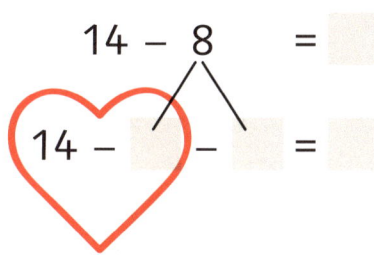

14 – ☐ – ☐ = ☐

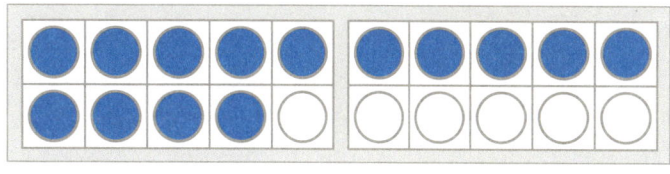

14 – 8 = ☐

14 – ☐ – ☐ = ☐

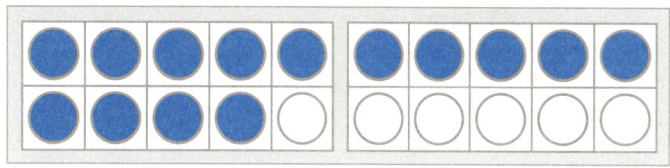

3

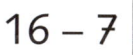

13 – 8	16 – 6 – 2 = ☐
16 – 7	14 – 4 – 2 = ☐
14 – 6	13 – 3 – 5 = ☐
16 – 8	16 – 6 – 1 = ☐
13 – 9	13 – 3 – 4 = ☐
13 – 7	13 – 3 – 6 = ☐

Erst bis 10 rechnen.
Dann weiter.

3. Aufgabe und passende Zerlegung verbinden.

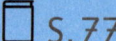

$15 - 7 =$ ☐

$\qquad = $ ☐

$11 - 3 =$ ☐

$\qquad = $ ☐

$17 - 8 =$ ☐

$\qquad = $ ☐

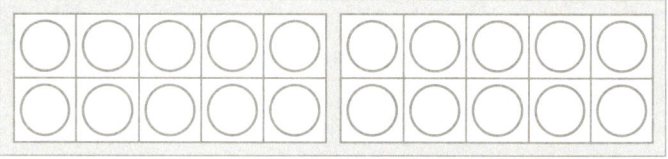

$13 - 5 =$ ☐

$\qquad = $ ☐

5

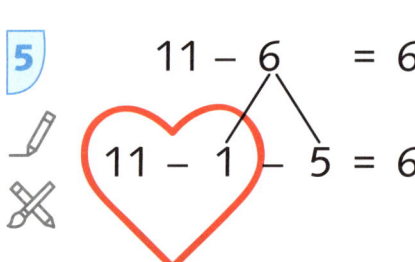

$11 - 6 = 6$

$11 - 1 - 5 = 6$

Stimmt das?

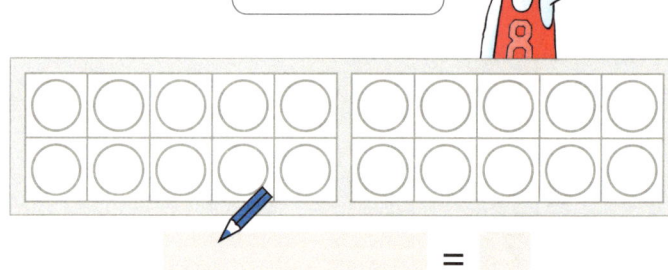

$\qquad = $ ☐

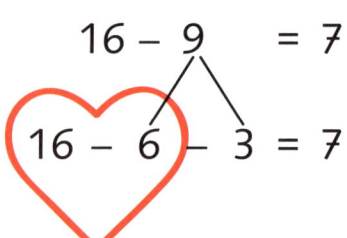

$16 - 9 = 7$

$16 - 6 - 3 = 7$

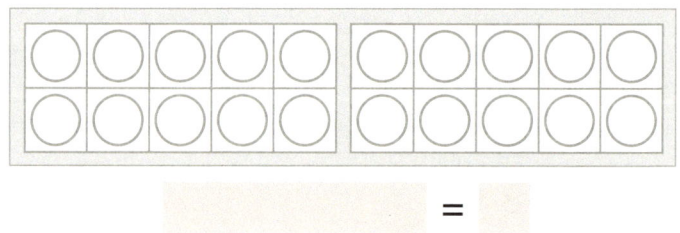

$\qquad = $ ☐

$12 - 5 = 7$

$12 - 2 - 3 = 7$

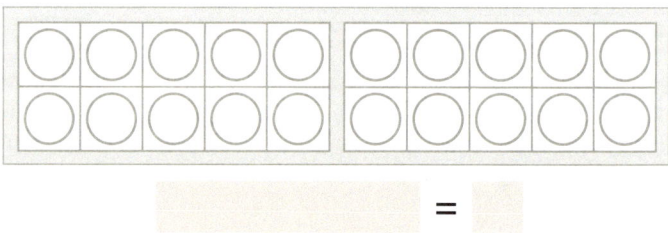

$\qquad = $ ☐

5. Prüfen und ggf. verbessern. ↑ Erklären, welcher Fehler gemacht wurde.

6 Nutze .

16 – 7	18 – 9	14 – 7	13 – 8
11 – 8	11 – 9	14 – 5	11 – 2
17 – 9	15 – 9	13 – 5	16 – 8
16 – 9	12 – 3	17 – 8	14 – 6

S. 5 3   N r. 6

16 – 7 =

16 – 6 – 1 =

7 Stimmt die Rechnung?
 oder  ?

Hier kannst du verbessern.

12 – 5 = 8

1

17 – 9 = 8

13 – 6 = 4

11 – 5 = 7

20 – 1 = 9

15 – 6 = 9

Erinnerst du dich an die Checkliste?

Schritt 1   Schritt 2   Schritt 3

Aufgaben mit 10 helfen

S. 78

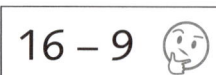

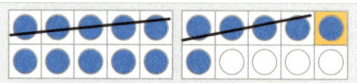

Ich weiß:
16 – 10 = 6

$$16 - 9 = 7$$
$$16 - 10 = 6$$

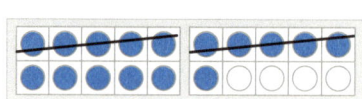

Das Ergebnis ist
1 mehr:
16 – 9 = 7

16 – 10 + 1 =

1

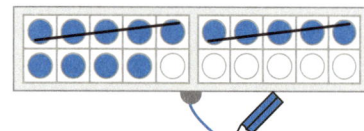

14 – 10 =

16 – 10 =

12 – 10 =

2

15 – 10 =

13 – 10 =

20 – 10 =

11 – 10 =

19 – 10 =

17 – 10 =

3 Welche Aufgabe hilft?

18 – 9

14 – 9

12 – 9

15 – 10

12 – 10

14 – 10

18 – 10

1./3. Die Zuordnung ist eindeutig.

4 Welche Rechnung passt?

17 – 9 = ▢	13 – 9 = ▢	15 – 9 = ▢

13 – 10 + 1 = ▢	15 – 10 + 1 = ▢	17 – 10 + 1 = ▢

5 Finde erst die Aufgabe mit 10.

13 – 9 = ▢   11 – 9 = ▢

13 – *10* = ▢   11 – ▢ = ▢

17 – 9 = ▢   15 – 9 = ▢

▢ – ▢ = ▢   ▢ – ▢ = ▢

14 – 9 = ▢   16 – 9 = ▢

▢ – ▢ = ▢   ▢ – ▢ = ▢

Schritt 1

Schritt 2

Schritt 3

6 Nutze ⊞.

11 – 9 = ▢ | 14 – 9 = ▢ | 18 – 9 = ▢

▢ – ▢ + 1 = ▢ | ▢ = ▢ | ▢ = ▢

7 Schreibe den Rechenweg.

12 – 9	16 – 9	13 – 8
17 – 9	13 – 9	17 – 8

S. 5 5   N r. 7

1 2 – 9 =

1 2 – 1 0 + 1 =

---

5. Die Aufgabe kann auch in Partnerarbeit nach der Checkliste (vgl. S. 29) bearbeitet werden.

1 Die Hälfte von …

halbieren
die Hälfte

12 ist ___ .   ___ ist ___ .   ___ ist ___ .   ___ ist ___ .

2 Kannst du hier halbieren? ✔ oder ✘ ?

Ich kann nur <u>gerade Zahlen</u> wie 4, 6 … halbieren.

<u>Ungerade Zahlen</u> wie 3, 5 … kann ich nicht halbieren.

1. Mengen an Plättchen durch einen Strich halbieren und Anzahl schreiben.
2. ↑ SuS begründen, warum nicht alle Zahlen halbiert werden können.

3

 8 – 4 ist eine Halbierungsaufgabe.

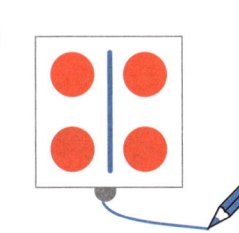 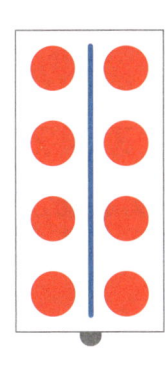 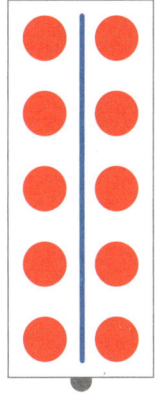 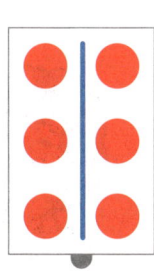

8 – 4 = ☐   10 – 5 = ☐   4 – 2 = ☐   6 – 3 = ☐

4

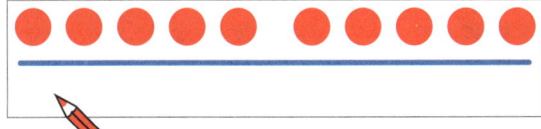

20 – 10 = ☐

☐ – ☐ = ☐

☐ – ☐ = ☐

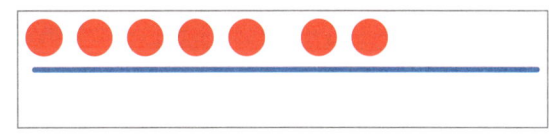

☐ – ☐ = ☐

5 Welche Aufgaben kannst du im Kopf lösen? Lerne alle.

2 – 1 = ☐   4 – 2 = ☐   8 – 4 = ☐   10 – 5 = ☐

12 – 6 = ☐   6 – 3 = ☐   14 – 7 = ☐   20 – 10 = ☐

6

Die Hälfte von 12 ist 6.

---

4. Aufgaben legen und abdecken.
6. Auch ungerade Zahlen befinden sich im Kartendeck.

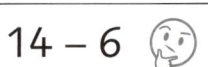

14 – 6 = 8
14 – 7 = 7

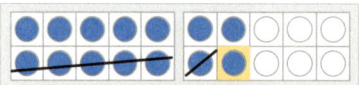

1 Welche Aufgabe hilft?

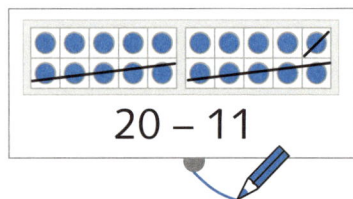

20 – 11 · 16 – 9 · 12 – 5

| 20 – 10 | 16 – 8 | 12 – 6 | 18 – 9 |

2 Welche Rechnung passt?

14 – 8 =   12 – 6 – 1 =

20 – 11 =   20 – 10 + 1 =

12 – 7 =   14 – 7 – 1 =

20 – 9 =   20 – 10 – 1 =

1.–2. Verbindungsaufgaben: Die Zuordnung ist eindeutig.

3  Löse erst die einfache Aufgabe.

13 – 7 = ☐   15 – 7 = ☐

☐ – 7 = ☐   ☐ – 7 = ☐

11 – 6 = ☐   15 – 8 = ☐   11 – 5 = ☐

☐ – ☐ = ☐   ☐ – ☐ = ☐   ☐ – ☐ = ☐

4   Nutze •|•.

15 – 8 = ☐   13 – 6 = ☐

☐ – ☐ – 1 = ☐   ☐ – ☐ + 1 = ☐

11 – 5 = ☐   17 – 9 = ☐

☐ = ☐   ☐ = ☐

Schritt 1

Schritt 2

Schritt 3

5   Stimmt die Rechnung? ✔ oder ✗ ?

Hier kannst du verbessern.

17 – 8 = 7 ☐
16 – 8 – 1 = 7

11 – 6 = 4 ☐
12 – 7 – 1 = 4

15 – 7 = 8 ☐
14 – 7 + 1 = 8

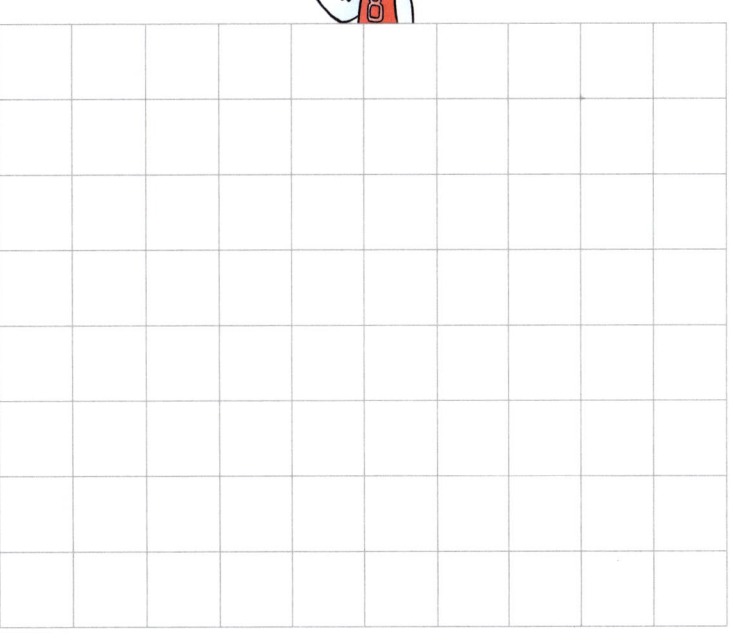

5. Aufgaben prüfen und ggf. neu berechnen. Begründen.

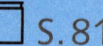

Jeder Rechenweg hat ein Symbol.

Riesen und Zwerge	Verliebt in die 10	Aufgaben mit 10 helfen	Halbieren hilft
		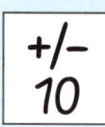	
$16 - 4$	$12 - 6$	$16 - 9$	$13 - 7$
$6 - 4$	$12 - 2 - 4$	$16 - 10 + 1$	$14 - 7 - 1$
			$15 - 7$
			$14 - 7 + 1$

1

$15 - 3 = \boxed{}$ $17 - 3 = \boxed{}$ $19 - 6 = \boxed{}$

$5 - 3 = \boxed{}$ $\boxed{} - \boxed{} = \boxed{}$ $\boxed{} - \boxed{} = \boxed{}$

2

$13 - 6 = \boxed{}$ $16 - 7 = \boxed{}$ $14 - 8 = \boxed{}$

$13 - 3 - 3 = \boxed{}$ $\boxed{} = \boxed{}$ $\boxed{} = \boxed{}$

3

$14 - 9 = \boxed{}$ $15 - 8 = \boxed{}$ $12 - 9 = \boxed{}$

$14 - 10 + 1 = \boxed{}$ $\boxed{} = \boxed{}$ $\boxed{} = \boxed{}$

4

$12 - 7 = \boxed{}$ $17 - 9 = \boxed{}$ $15 - 7 = \boxed{}$

$12 - 6 - 1 = \boxed{}$ $\boxed{} = \boxed{}$ $\boxed{} = \boxed{}$

Welcher Rechenweg?

$14 - 5 =$ ☐

_____ $=$ ☐

Ich nutze hier …

$18 - 7 =$ ☐

_____ $=$ ☐

$16 - 9 =$ ☐

_____ $=$ ☐

$14 - 8 =$ ☐

_____ $=$ ☐

$12 - 5 =$ ☐

_____ $=$ ☐

$16 - 2 =$ ☐

$11 - 8 =$ ☐

Welche Aufgaben fallen dir jetzt noch schwer?

$13 - 10 =$ ☐

$13 - 9 =$ ☐

$15 - 2 =$ ☐

$11 - 5 =$ ☐

$11 - 6 =$ ☐

$17 - 4 =$ ☐

$14 - 3 =$ ☐

$18 - 9 =$ ☐

6. Aufgaben entsprechen denen auf S. 48. Hier kann der Lernfortschritt abgelesen werden.
Die Aufgabe kann auch in Partnerarbeit nach der Checkliste (vgl. S. 29) bearbeitet werden.

20−1	20−2	20−3	20−4	20−5	20−6	20−7	20−8	20−9	20−10
19−1	19−2	19−3	19−4	19−5	19−6	19−7	19−8	19−9	19−10
18−1	18−2	18−3	18−4	18−5	18−6	18−7	18−8	18−9	18−10
17−1	17−2	17−3	17−4	17−5	17−6	17−7	17−8	17−9	17−10
16−1	16−2	16−3	16−4	16−5	16−6	16−7	16−8	16−9	16−10
15−1	15−2	15−3	15−4	15−5	15−6	15−7	15−8	15−9	15−10
14−1	14−2	14−3	14−4	14−5	14−6	14−7	14−8	14−9	14−10
13−1	13−2	13−3	13−4	13−5	13−6	13−7	13−8	13−9	13−10
12−1	12−2	12−3	12−4	12−5	12−6	12−7	12−8	12−9	12−10
11−1	11−2	11−3	11−4	11−5	11−6	11−7	11−8	11−9	11−10
10−1	10−2	10−3	10−4	10−5	10−6	10−7	10−8	10−9	10−10

1 Das ist die Minustafel.
Was entdeckst du?

2 Male die Aufgaben in der Tafel an.

| Aufgaben mit 10 | Verliebt in die 10 | Halbieren |

1. ↑ SuS schreiben ihre Entdeckungen ins Heft.
2. Minustafel entsprechend der Farbe der Kästen anmalen.

3 Ergänze die Ausschnitte aus der Minustafel.

–	19–4
	–

	12–7	
11–6	–	–

	–
	14–4

–

4 Finde und Ergänze.

10 – 1	=	9

19 – 9	=	10

18 – 9	=	

10 – 2	=	

18 – 8	=	

16 – 8	=	

– 3	=	

– 7	=	

– 7	=	

–	=	

–	=	

–	=	

–	=	

–	=	

–	=	

–	=	

–	=	

5

Welche Aufgabe?

13 – 7!

14–6	14–7	14–8
13–6		13–8
12–6	12–7	12–8
11–6	11–7	11–8

---

4. ↑ Weitere Aufgaben im Heft sortiert aufschreiben.
5. Partnerarbeit: Ein Kind deckt Aufgabe in Minustafel ab, das andere nennt die verdeckte Aufgabe.

6 Rechne. Verbinde die Sätze passend.

18 – 7	=	
17 – 7	=	
16 – 7	=	

12 – 2	=	
11 – 2	=	
10 – 2	=	

19 – 5	=	
18 – 5	=	
17 – 5	=	

Die erste Zahl		bleibt immer gleich.
Die zweite Zahl		wird immer um 1 kleiner.
Das Ergebnis		wird immer um 1 kleiner.

7 Finde und ergänze. Verbinde die Sätze passend.

15 – 8	15 – 9	15 –

11 – 3	11 – 4	11 – 5

19 – 4	–	–

17 – 7	–	–

–	–	–

–	–	–

Was verändert sich?

Die erste Zahl		bleibt immer gleich.
Die zweite Zahl		wird immer um 1 größer.
Das Ergebnis		wird immer um 1 kleiner.

7. Bei der letzten Aufgabe einen eigenen Ausschnitt wählen und entsprechend einfärben.

8 Finde die Nachbaraufgaben.

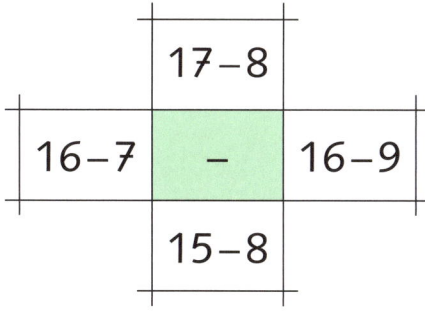

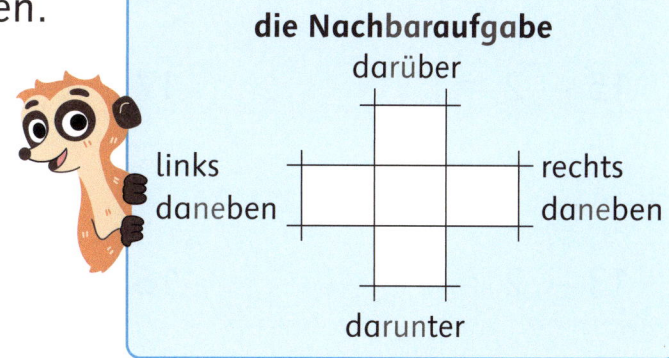

die Nachbaraufgabe

darüber

links daneben — rechts daneben

darunter

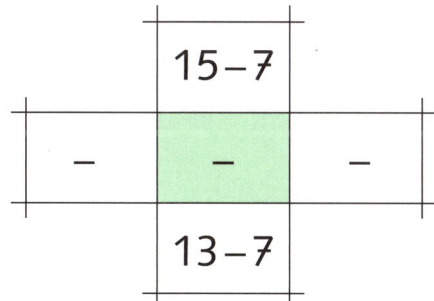

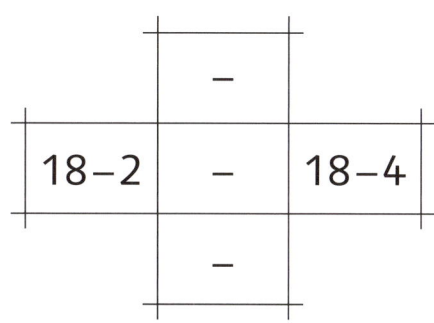

12 – 3 hat 4 Nachbaraufgaben.

9

$15-5$ = 10, also ist $15-6$ = .

$11-1$ = 10, also ist $11-2$ = .

$18-10$ = , also ist $18-9$ = .

$14-7$ = , also ist $14-8$ = .

Die leichten Aufgaben helfen.

Zeig, was du kannst!

1

 15 − 2 = ⬚   17 − 6 = ⬚   18 − 4 = ⬚

⬚ − ⬚ = ⬚   ⬚ − ⬚ = ⬚   ⬚ − ⬚ = ⬚

13 − 2 = ⬚   16 − 3 = ⬚   19 − 7 = ⬚

⬚ − ⬚ = ⬚   ⬚ − ⬚ = ⬚   ⬚ − ⬚ = ⬚

2

 16 − 7 = ⬚ | 13 − 8 = ⬚ | 15 − 6 = ⬚

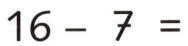 = ⬚ | = ⬚ | = ⬚

14 − 6 = ⬚ | 12 − 5 = ⬚ | 14 − 8 = ⬚

= ⬚ | = ⬚ | = ⬚

3 $\frac{+/-}{10}$

 18 − 9 = ⬚ | 16 − 9 = ⬚ | 12 − 9 = ⬚

 = ⬚ | = ⬚ | = ⬚

4

 14 − 8 = ⬚ | 13 − 6 = ⬚ | 11 − 6 = ⬚

= ⬚ | = ⬚ | = ⬚

16 − 7 = ⬚ | 15 − 8 = ⬚ | 20 − 11 = ⬚

= ⬚ | = ⬚ | = ⬚

5

17−9	−
−	16−10

	12−2
−	−

	−
17−9	
−	

☺ 🤔

6

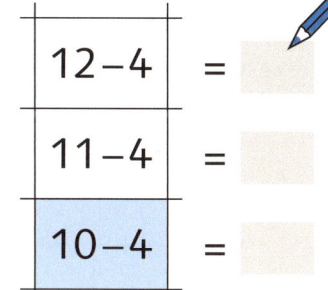

12−4	=
11−4	=
10−4	=

Die erste Zahl

Die zweite Zahl

Das Ergebnis

bleibt immer gleich.

wird immer um 1 kleiner.

wird immer um 1 kleiner.

☺ 🤔

7

	12−5	
−	−	−
	10−5	

	−	
−	15−5	−
	−	

☺ 🤔

8

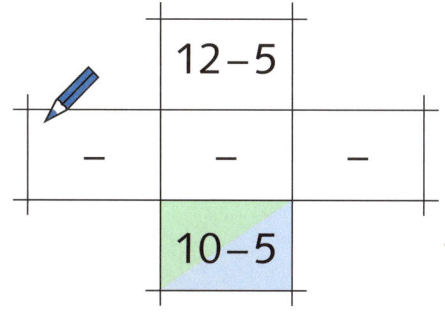

12−6 = 6, also ist 13−6 = ☐.

16−6 = 10, also ist 16−7 = ☐.

18−8 = 10, also ist 18−7 = ☐.

☺ 🤔

Aufgabenfamilien

S. 83

 Aus 3 Zahlen kannst du 4 Aufgaben bilden.

8   6   14

6 + 8 = 14
8 + 6 = 14

14 − 8 = 6
14 − 6 = 8

2 Plusaufgaben.
2 Minusaufgaben.

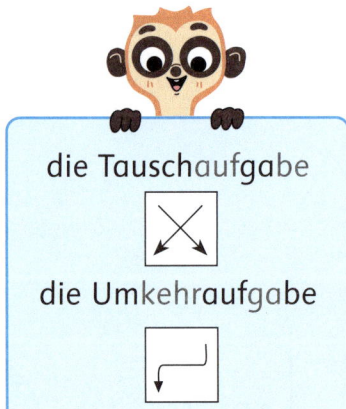

die Tauschaufgabe

die Umkehraufgabe

---

1 Immer 4 Aufgaben.

9	5	14

6	9	15

___ + ___ = ___

___ + ___ = ___

___ − ___ = ___

___ − ___ = ___

___ + ___ = ___

___ + ___ = ___

___ − ___ = ___

___ − ___ = ___

___ + ___ = ___

___ + ___ = ___

___ − ___ = ___

___ − ___ = ___

---

2 Aufgabe und Umkehraufgabe.

6 + 8 = 14   9 + 3 =   7 + 5 =   5 + 7 =

12 − 3 =   12 − 7 =   14 − 8 =   12 − 5 =

---

3 Immer 4 Aufgaben.

8	9	17

6	5	11

9	13	

---

1. Zu den 3 Zahlen jeweils Tausch- und Umkehraufgaben finden.
3. Aufgaben finden, auch zu eigenen Zahlen, und rechnen.

Plus und minus

1

$7 + 5 = \boxed{12}$ $9 - \boxed{} = 4$ $14 - \boxed{} = 7$

$12 - 9 = \boxed{}$ $8 + \boxed{} = 17$ $6 + \boxed{} = 11$

$13 - 4 = \boxed{}$ $9 - \boxed{} = 8$

$4 + 7 = \boxed{}$ $5 + \boxed{} = 14$

> Die Umkehraufgabe hilft mir:
> $9 - \bigcirc = 4$
> $9 - 4 = \boxed{5}$

$11 - 8 = \boxed{}$ $\boxed{} + 8 = 14$ $15 - \boxed{} = 6$

$7 + 7 = \boxed{}$ $\boxed{} - 8 = 5$ $5 + \boxed{} = 12$

$17 - 8 = \boxed{}$ $\boxed{} - 5 = 7$ $14 - \boxed{} = 5$

$7 + 4 = \boxed{}$ $\boxed{} + 9 = 12$ $5 + \boxed{} = 13$

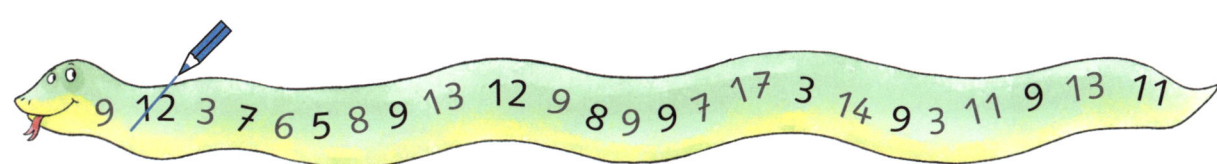

9 12 3 7 6 5 8 9 13 12 9 8 9 9 7 17 3 14 9 3 11 9 13 11

2

1		7	S
$16 - 8 =$		8	Ⓜ
		9	T

2		6	E
$12 - 3 =$		9	A
		8	I

3		8	G
$15 - 4 =$		10	F
		11	T

4		7	U
$17 - 9 =$		9	W
		8	H

5		12	O
$15 - 7 =$		8	E
		9	U

6		5	M
$13 - 8 =$		7	P
		6	R

7		11	A
$20 - 9 =$		9	N
		12	P

8		9	I
$14 - 6 =$		8	T
		7	E

9		6	I
$15 - 9 =$		8	T
		7	B

10		10	S
$13 - 12 =$		11	A
		1	K

Das Lösungswort lautet:

1 M	2	3	4	5	6	7	8	9	10

---

1. Lösungskontrolle: Ergebnisse in der Schlange durchstreichen.

1

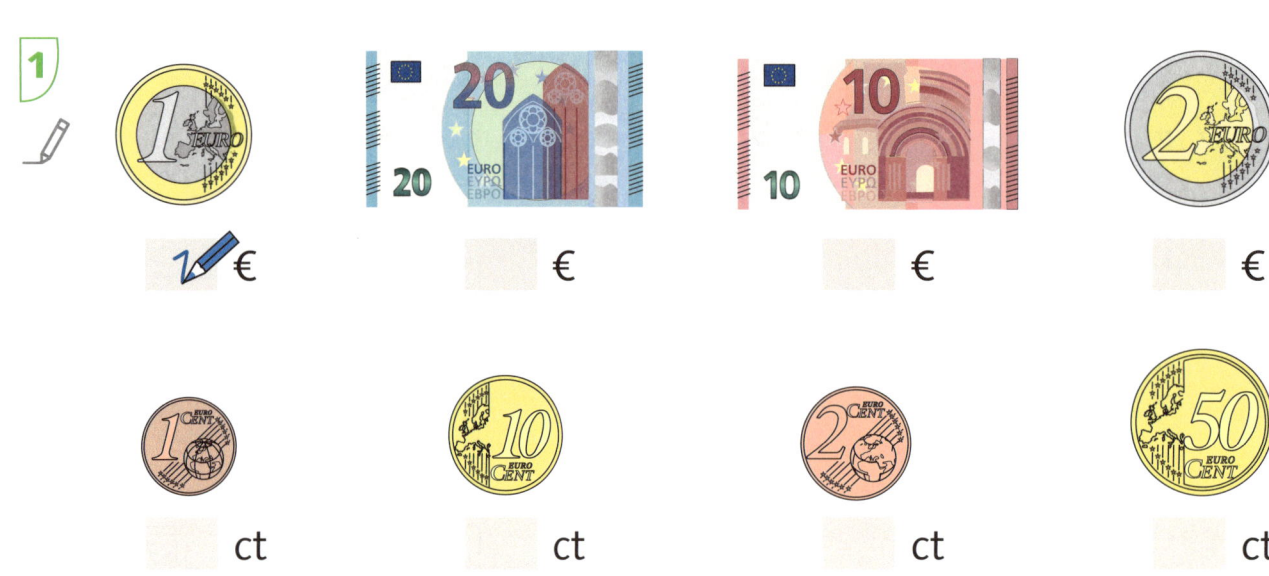

☑ €   € €   € €   € €

ct   ct   ct   ct

2 Fülle den Geldbeutel mit ⓔ und ⓒⓣ.

2. Unterschiedliche Zeichnung von Euro- und Centmünzen thematisieren (Innen- und Außenkreis). Eigene Beträge malen. ↑ Geld in den passenden Farben gestalten.

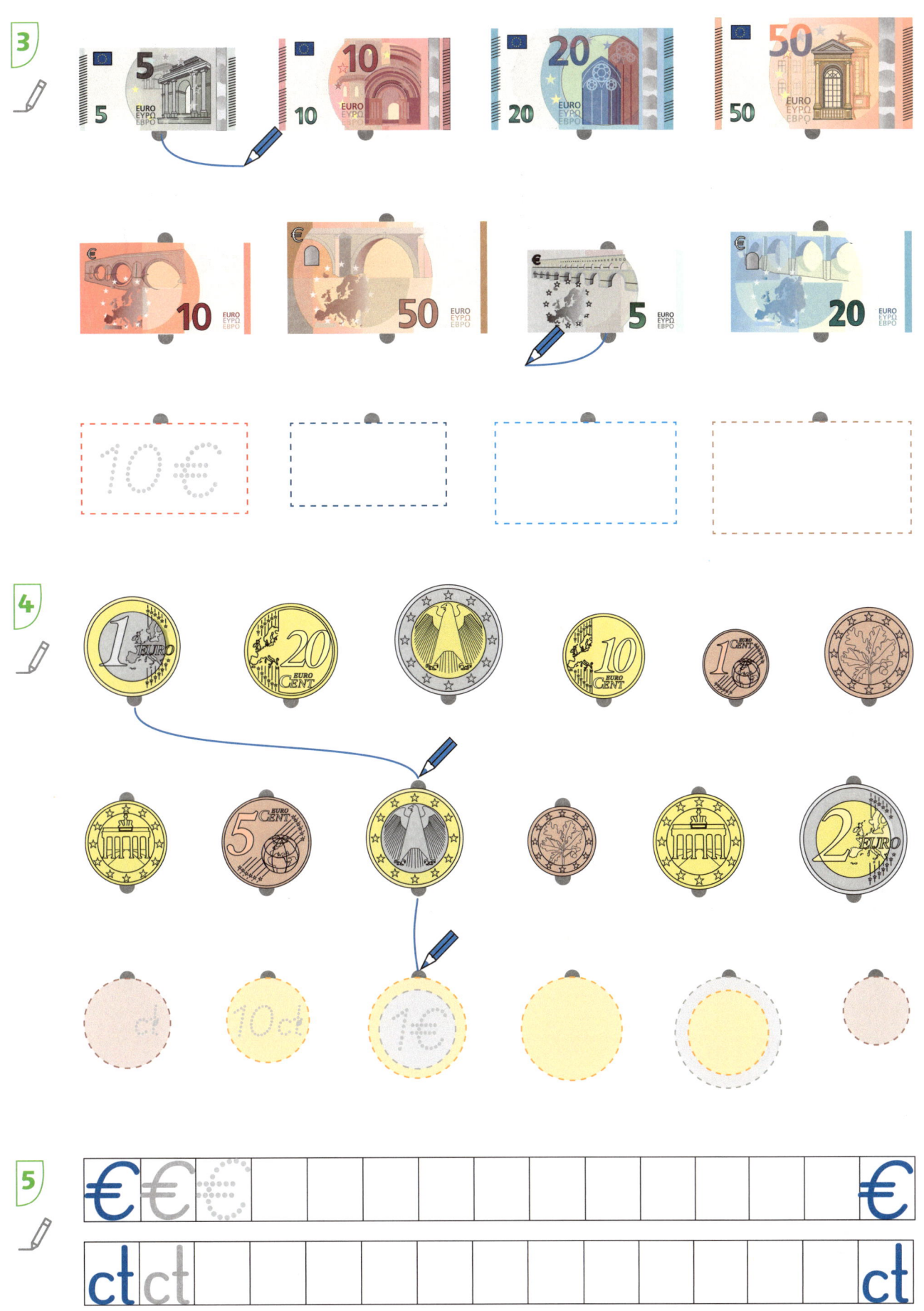

1

Es sind 12 €.

2 Wie viel Euro?

 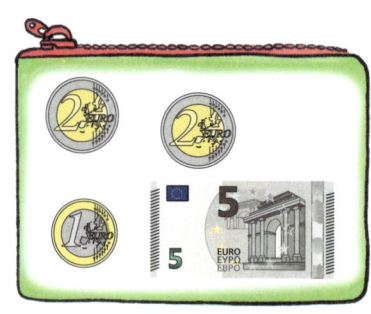 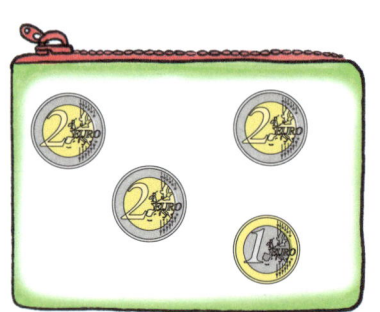

 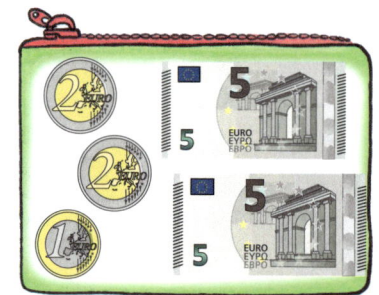 

3 Immer 10 Euro.

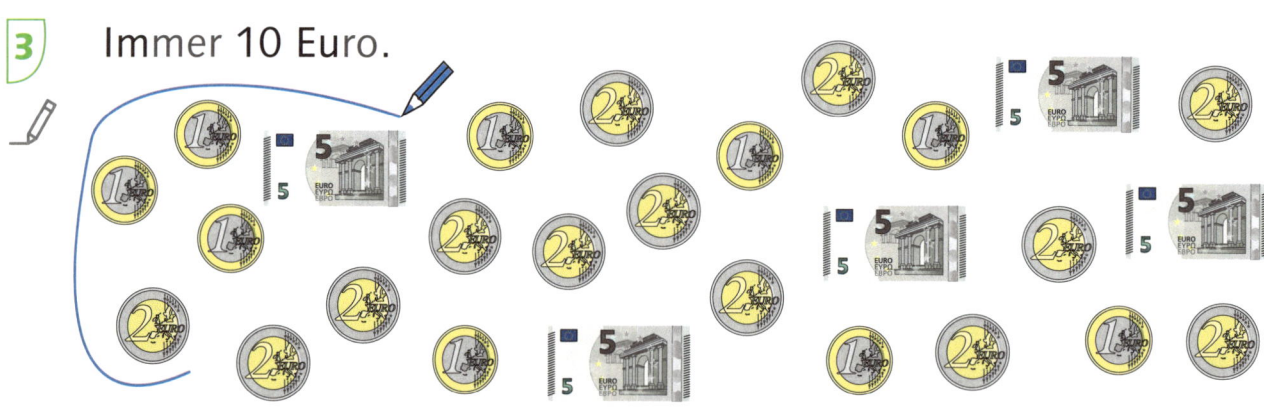

1. In Partnerarbeit Geldbeträge legen und bestimmen.
2. Geldbeträge bestimmen.

4

6 €   9 €   12 €

5 Wie viel fehlt?

8 €   11 €   15 €

6 Welche Münzen und Scheine können es sein?

7 €   13 €   17 €

7 Kannst du mit 3 Münzen legen? ✔ oder ✘ ?

6 €		5 €		8 €		3 €	
9 €		1 €		7 €		4 €	

4. ↑ Betrag mit möglichst wenigen Scheinen und Münzen legen und malen. Beim Malen Doppelkreis für Euro beachten.

Geldbeträge vergleichen

1 Wo ist gleich viel?

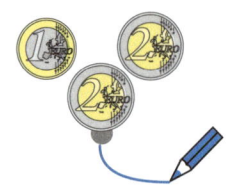   

2 <, > oder =?

 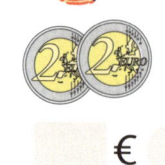   

3 € ⬭ ___ €   ___ € ⬭ ___ €   ___ € ⬭ ___ €

3

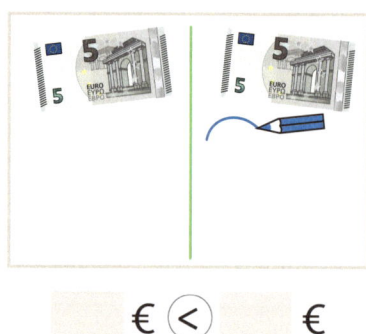 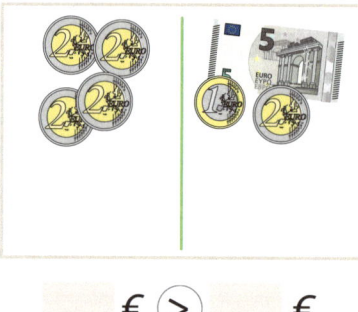 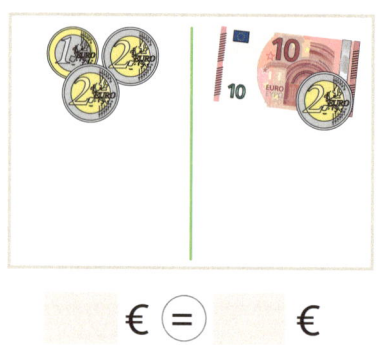

___ € (<) ___ €   ___ € (>) ___ €   ___ € (=) ___ €

4 Wer hat mehr Euro?

Ich habe 5 €.

Ich habe 3 €. Du hast 2 € mehr.

74

4. Partnerarbeit: Das Kind mit der höheren Summe gewinnt die Runde und erhält beide Karten. Am Ende gewinnt das Kind mit den meisten Karten.

Geldbeträge verschieden legen

S. 88

1 Immer 5 Euro.

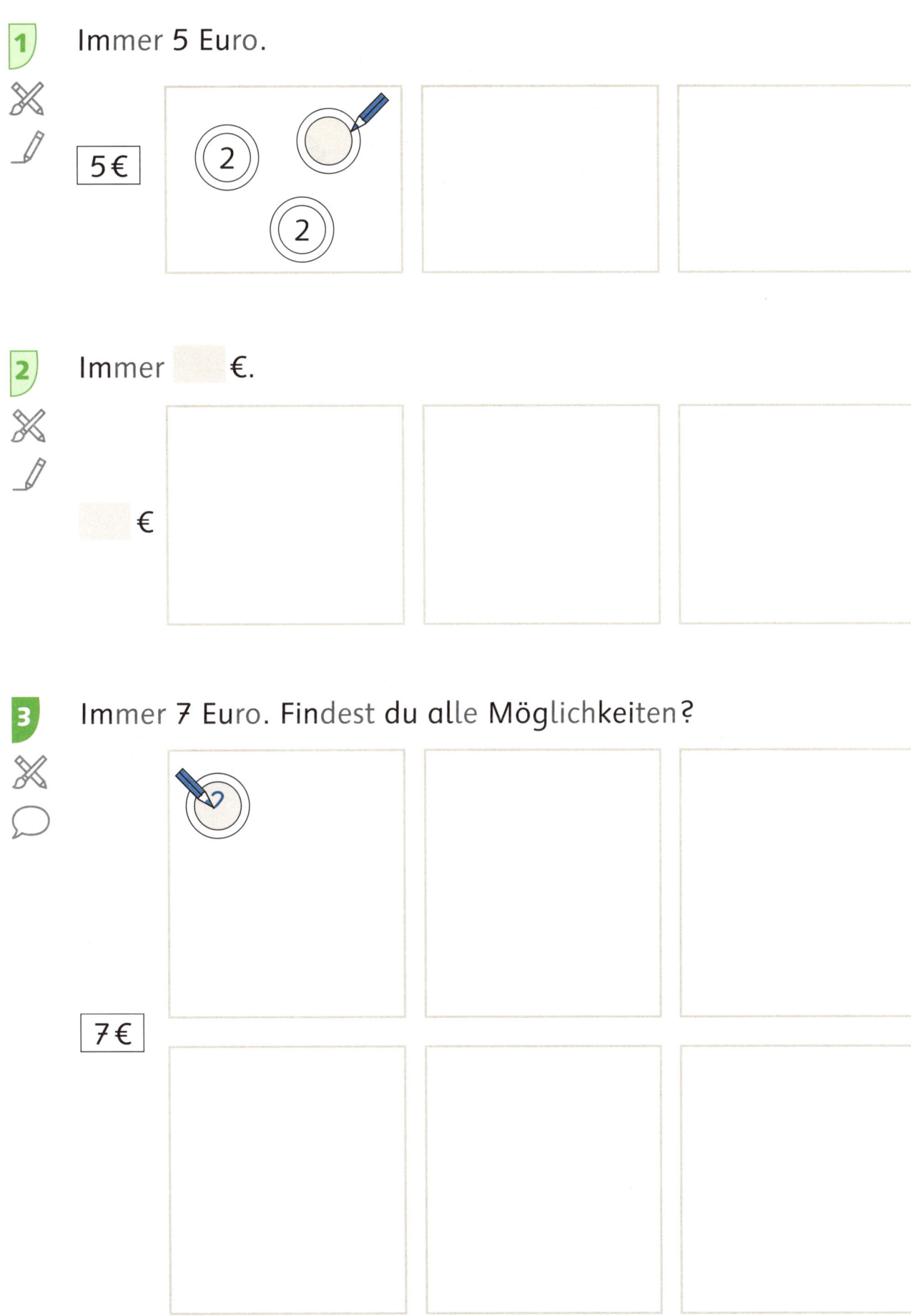

5 €

2 Immer ⬚ €.

⬚ €

3 Immer 7 Euro. Findest du alle Möglichkeiten?

7 €

---

2. Einen eigenen Betrag auswählen und verschieden darstellen.
3. Alle Möglichkeiten für den Betrag von 7 € finden und strukturierte Vorgehensweisen besprechen.

Einkaufen

S. 89

1 Wie viel kostet es?

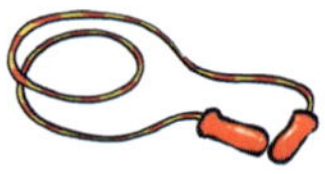

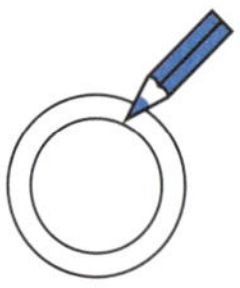

€   €   €

€   €   €

2 Was kannst du kaufen?

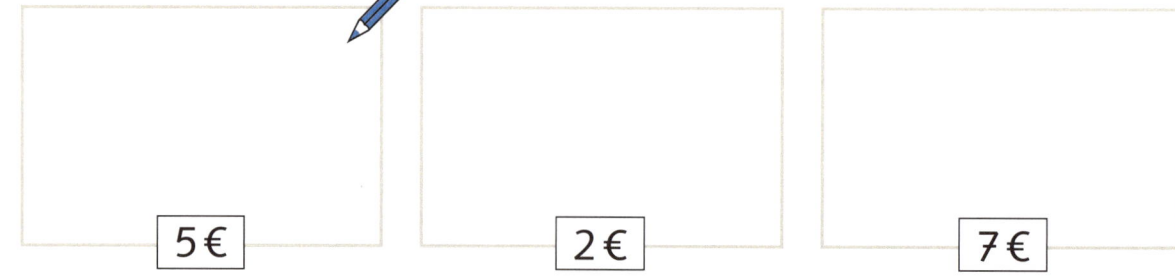

5 €   2 €   7 €

1. Mit Spielgeld legen, zeichnen und Betrag ergänzen.
2. Gegenstände aus der Abbildung oben für 5 €, 2 € bzw. 7 € zeichnen.

3 Wie viel Rückgeld?

kauft:

gibt:

bekommt ⬜ € zurück.

kauft:

gibt:

bekommt ⬜ € zurück.

4 Wie viel Rückgeld?

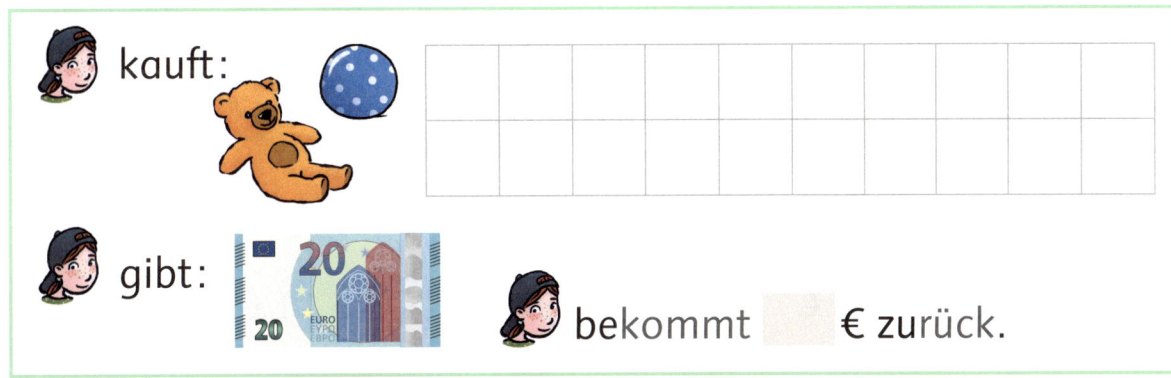

kauft:

gibt:

bekommt ⬜ € zurück.

5 Kaufe 3 Sachen für genau 20 Euro.

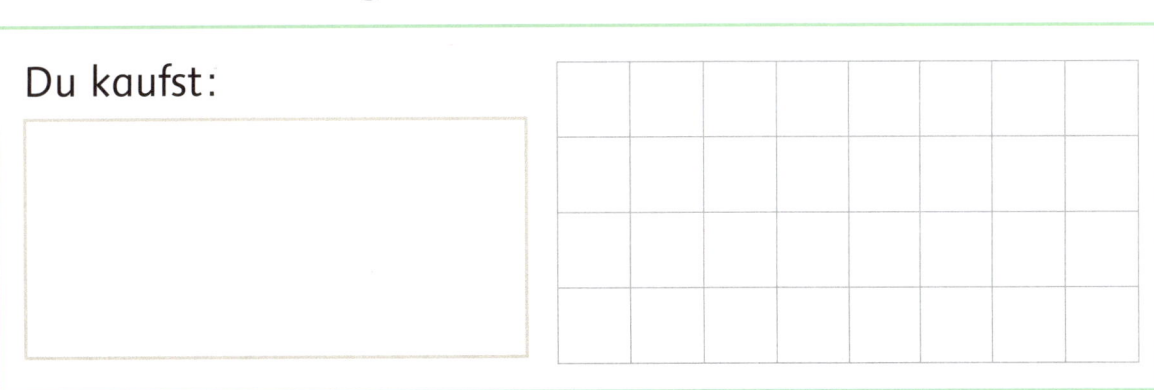

Du kaufst:

3.–5. Rückgeld ermitteln, z.B. Münzen zeichnen, Rechnung als Additions-/Subtraktionsaufgabe notieren.
5. Begründen, welche drei Sachen für 20 € gekauft werden können.

77

Rechnen mit Euro

1

4 € + ____ € = ____ €   ____ € + ____ € = ____ €

2

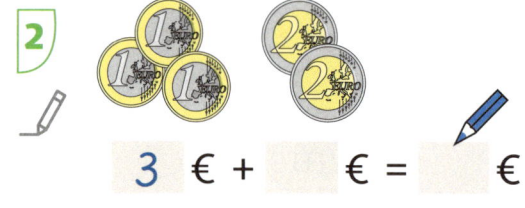

3 € + ____ € = ____ €   ____ € + ____ € = ____ €

3

8 € – ____ € = ____ €   ____ € – ____ € = ____ €

4

4 € + 6 € = ____ €	7 € – 4 € = ____ €	11 € – 4 € = ____ €
5 € + 8 € = ____ €	8 € + 3 € = ____ €	14 € – 8 € = ____ €
9 € + 4 € = ____ €	9 € – 6 € = ____ €	20 € – 5 € = ____ €

5

4 € + ____ € = 8 €	9 € – ____ € = 2 €	11 € – ____ € = 1 €
11 € + ____ € = 20 €	2 € + ____ € = 7 €	15 € – ____ € = 8 €
9 € + ____ € = 15 €	1 € – ____ € = 1 €	7 € – ____ € = 5 €

1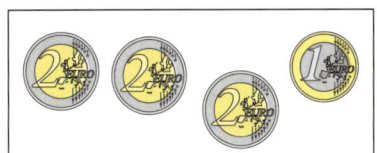

_____ €   _____ €   _____ €

2 Wie viel fehlt?

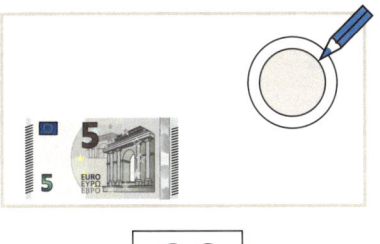  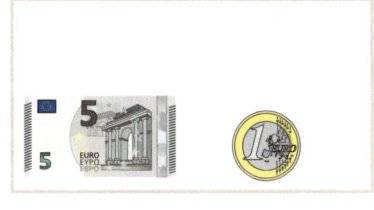

| 8 € | 12 € | 17 € |

3 Immer 6 Euro.

| 6 € | | | |

4 Wie viel Rückgeld?

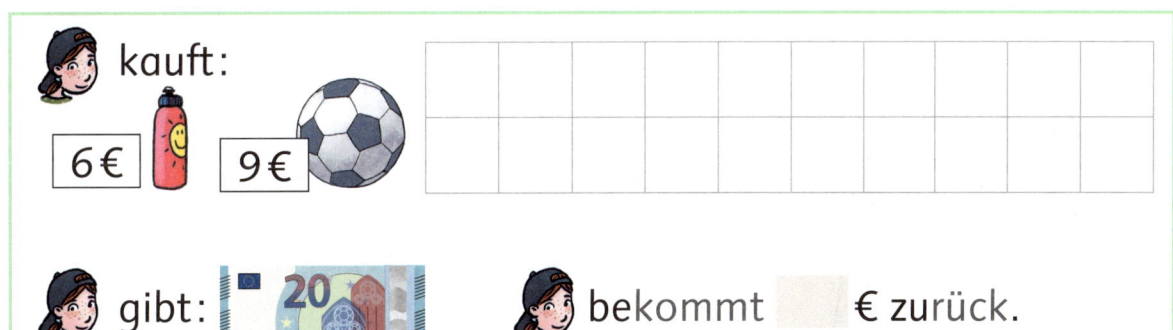

kauft: 6 €   9 €

gibt: 20

bekommt ____ € zurück.

5   6 € + 3 € = ____ €   9 € – 5 € = ____ €   5 € + ____ € = 9 €

12 € + 4 € = ____ €   18 € – 4 € = ____ €   12 € – ____ € = 8 €

1 Uhr 2 Uhr 3 Uhr 4 Uhr 5 Uhr 6 Uhr 7 Uhr 8 Uhr 9 Uhr 10 Uhr 11 Uhr 12 Uhr

1 Beschreibe den Tag von Team Nase.

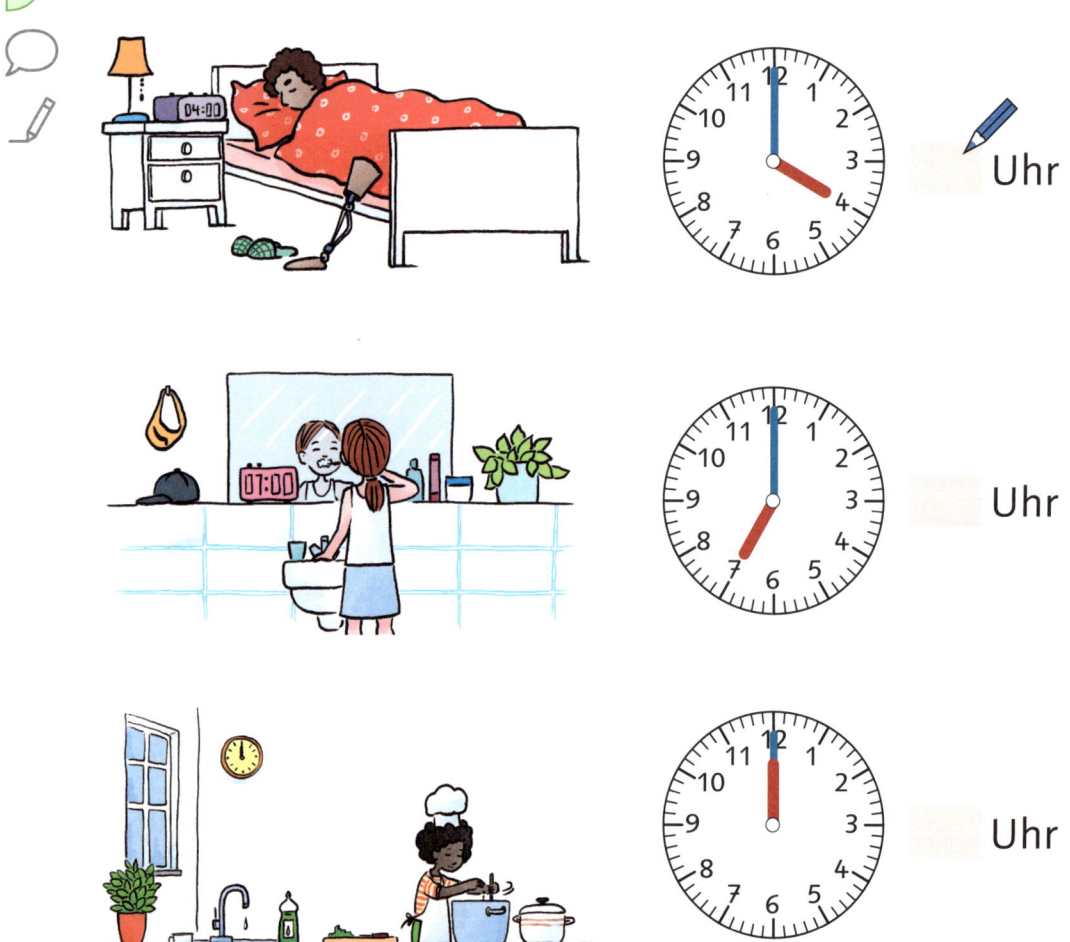

_____ Uhr

_____ Uhr

_____ Uhr

80

1. Uhrzeit eintragen. ↑ Uhrzeit auf der Lernuhr einstellen.

| 13 Uhr | 14 Uhr | 15 Uhr | 16 Uhr | 17 Uhr | 18 Uhr | 19 Uhr | 20 Uhr | 21 Uhr | 22 Uhr | 23 Uhr | 24 Uhr |

0 Uhr

_____ Uhr

_____ Uhr

_____ Uhr

 2 Wie sieht dein Tag aus?

Hinweis: Unterschiedliche Uhrzeiten (Tag und Nacht) thematisieren.

Es ist 4 Uhr oder 16 Uhr.

Der Stundenzeiger ist kürzer als der Minutenzeiger.

die Uhrzeit
der Stundenzeiger
der Minutenzeiger
das Ziffernblatt

Ein Tag hat ___ Stunden.

1 Worauf zeigt der Pfeil?

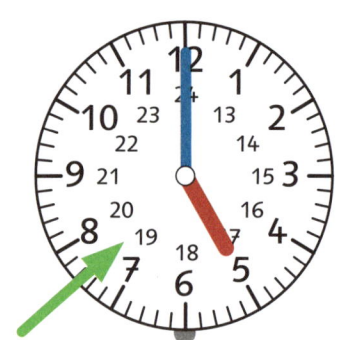 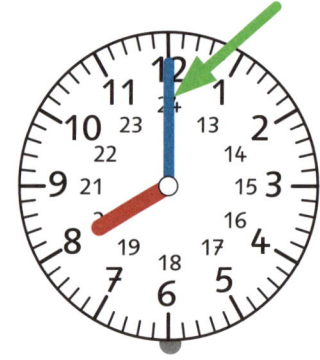 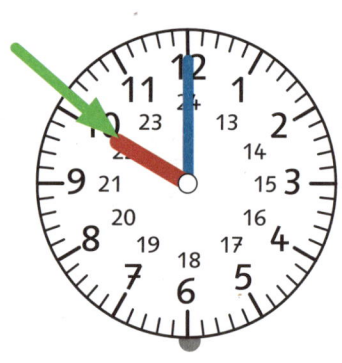

| der Stundenzeiger | der Minutenzeiger | das Ziffernblatt |

2 Der Minutenzeiger zeigt bei vollen Stunden immer auf die 12.

Es ist ___ Uhr am Tag.

Es ist ___ Uhr in der Nacht.

1.–2. SuS Entdeckungen an der Uhr beschreiben lassen. Den Aufbau der Lernuhr besprechen. Unterschied zur Alltagsuhr thematisieren. Unterschiedliche Uhrzeiten (Tag und Nacht) thematisieren.

3

Es ist 11 Uhr am Tag. Es ist 23 Uhr in der Nacht.

☀ *11* Uhr
🌙 ___ Uhr

☀ ___ Uhr
🌙 ___ Uhr

☀ ___ Uhr
🌙 ___ Uhr

☀ ___ Uhr
🌙 ___ Uhr

☀ ___ Uhr
🌙 ___ Uhr

☀ ___ Uhr
🌙 ___ Uhr

☀ ___ Uhr
🌙 ___ Uhr

4

19 Uhr

9 Uhr

18 Uhr

___ Uhr

5

Wie spät ist es?

Es ist 3 Uhr in der Nacht oder 15 Uhr am Tag.

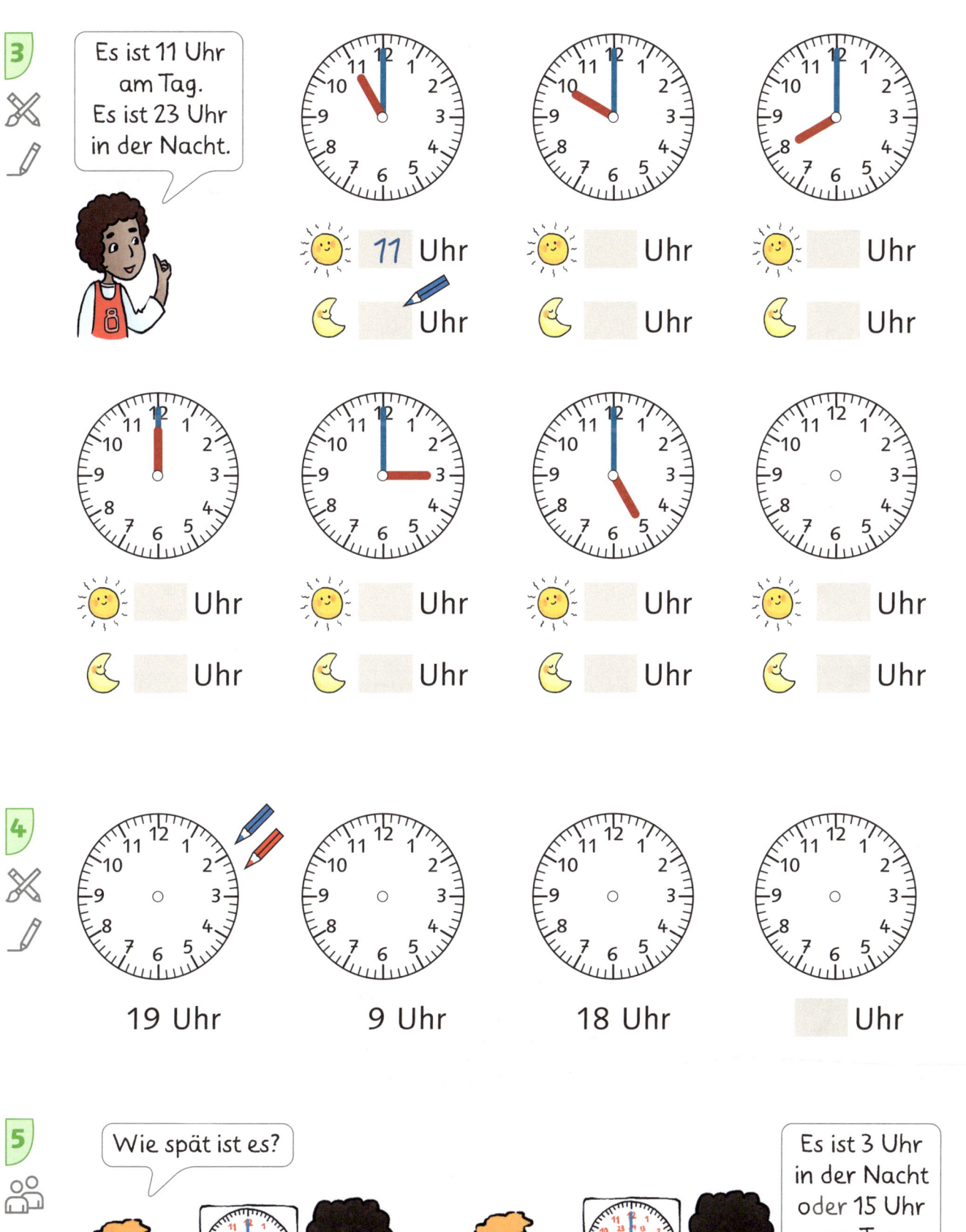

5. Partnerarbeit: Gegenseitig Uhrzeiten an der Lernuhr einstellen und ablesen.
Alternative: SuS stellen Uhrzeit an digitaler Uhr ein.

1 Wie lange dauert es ungefähr?

| 2 Stunden | 1 Stunde | 3 Stunden |

2 Wie lange dauert es?

Beginn   **Ende**

☐ Uhr   Es dauert ☐ Stunden.   ☐ Uhr

☐ Uhr   Es dauert ☐ Stunden.   ☐ Uhr

☐ Uhr   Es dauert ☐ Stunden.   ☐ Uhr

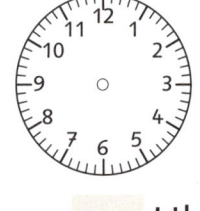      

☐ Uhr   Es dauert ☐ Stunden.   ☐ Uhr

1. Unterschiedliche Lösungen sind möglich. Zuordnung mit einem Partnerkind besprechen.

Zeig, was du kannst!

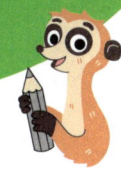

1 Ein Tag hat ___ Stunden.

2

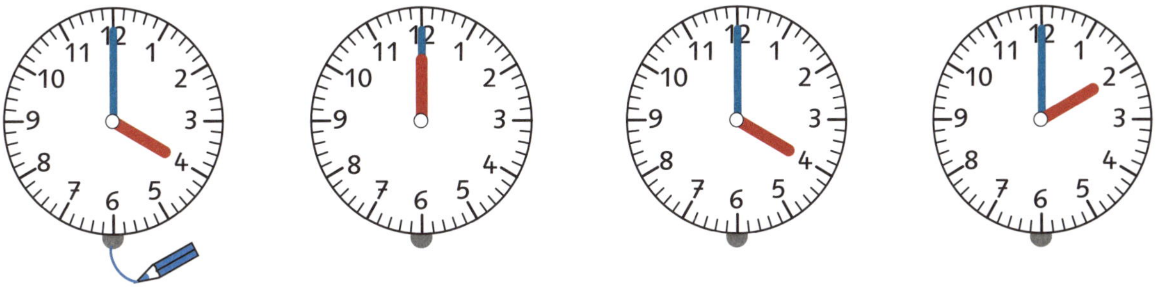

| 16 Uhr | 14 Uhr | 12 Uhr | 4 Uhr |

3

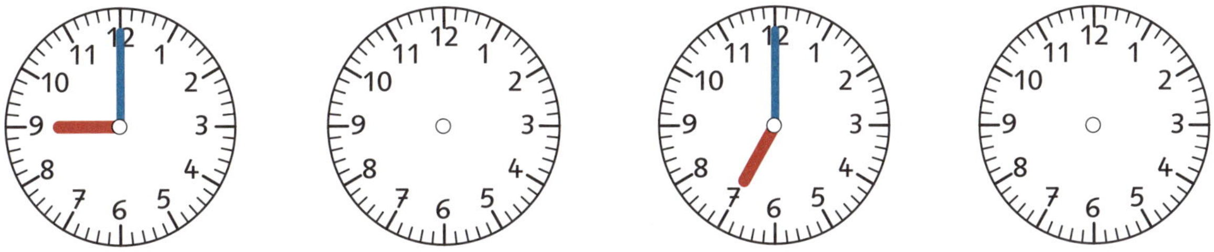

☀ ___ Uhr	☀ 16 Uhr	☀ ___ Uhr	☀ ___ Uhr
☾ ___ Uhr	☾ ___ Uhr	☾ ___ Uhr	☾ 23 Uhr

4

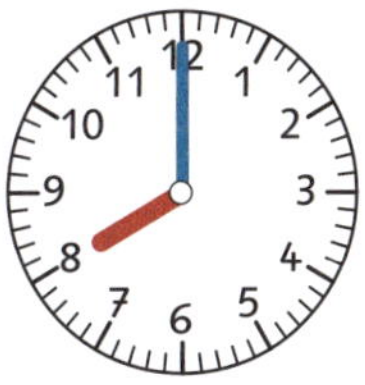

___ Uhr

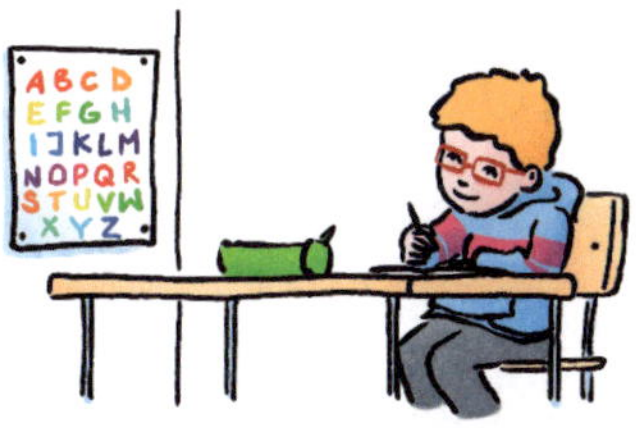

___ Uhr

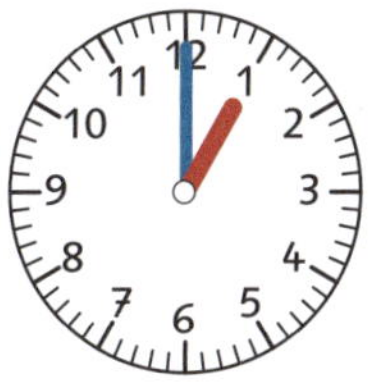

Es dauert ___ Stunden.

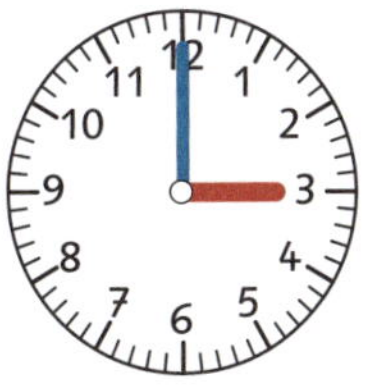

___ Uhr

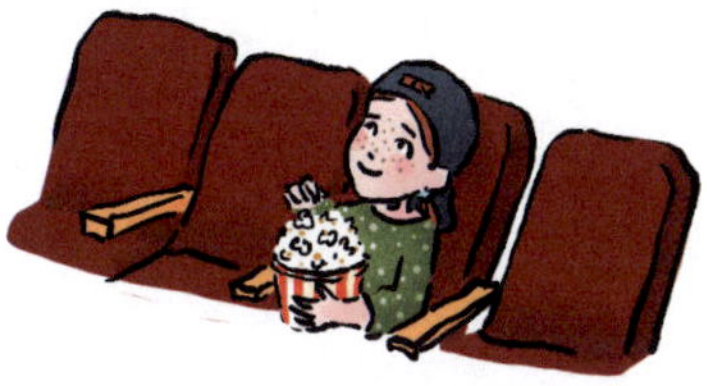

___ Uhr

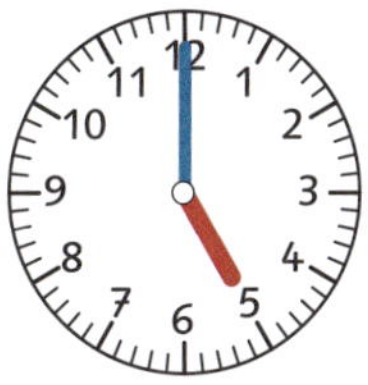

Es dauert ___ Stunden.

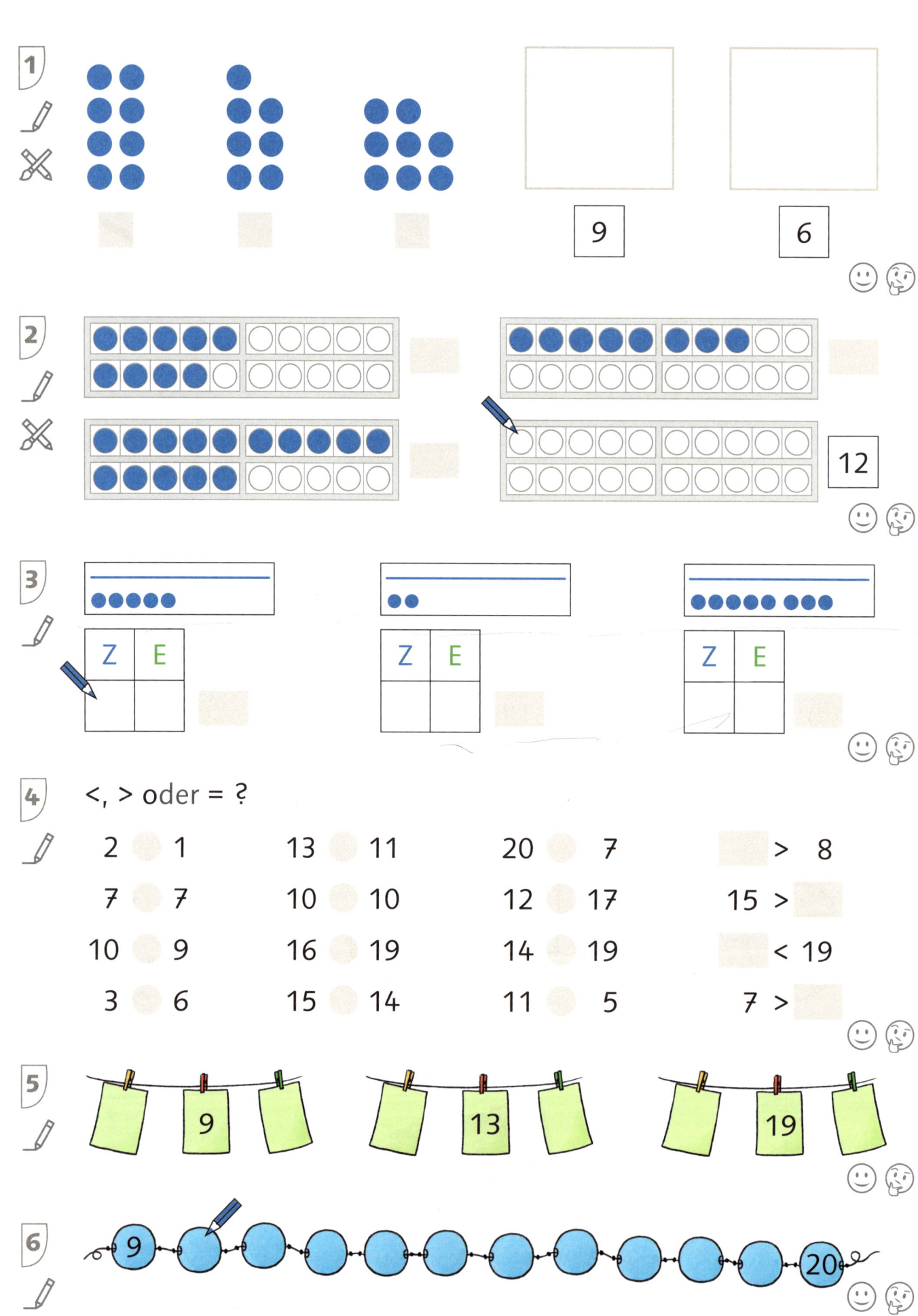

1

9   6

2

12

3

Z	E

Z	E

Z	E

4 <, > oder = ?

2 ◯ 1   13 ◯ 11   20 ◯ 7   ☐ > 8

7 ◯ 7   10 ◯ 10   12 ◯ 17   15 > ☐

10 ◯ 9   16 ◯ 19   14 ◯ 19   ☐ < 19

3 ◯ 6   15 ◯ 14   11 ◯ 5   7 > ☐

5 9   13   19

6 9   20

1
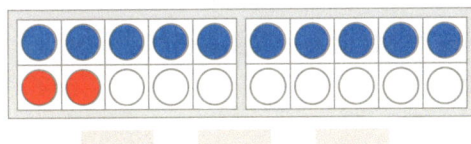 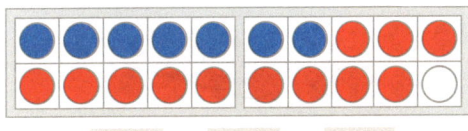

      +   =   +   =   ☺ 🤔

2
 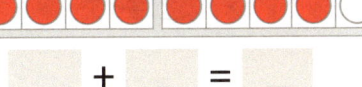

$14 + 3 =$ ☐ $8 + 12 =$ ☐   ☺ 🤔

3 Verdoppeln.

$4 + 4 =$ ☐ $5 + 5 =$ ☐   ☐ $+$ ☐ $=$ ☐

$2 + 2 =$ ☐ $3 + 3 =$ ☐   ☐ $+$ ☐ $=$ ☐

$9 + 9 =$ ☐ $6 + 6 =$ ☐   ☐ $+$ ☐ $=$ ☐

☺ 🤔

4 Welcher Rechenweg hilft dir? 🚶 ❤10 +/−10 ••

$7 + 6 =$ ☐ ☐ $15 + 4 =$ ☐ ☐

$4 + 9 =$ ☐ ☐ $8 + 7 =$ ☐ ☐

$5 + 7 =$ ☐ ☐ $9 + 8 =$ ☐ ☐

$11 + 6 =$ ☐ ☐ $9 + 6 =$ ☐ ☐

☺ 🤔

1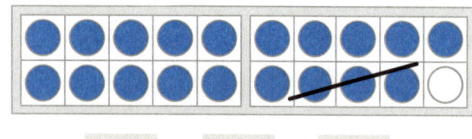

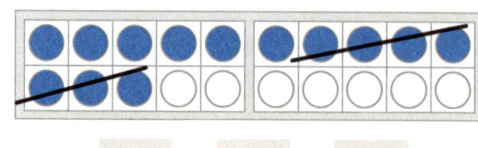

☐ – ☐ = ☐   ☐ – ☐ = ☐   ☺ 🤔

2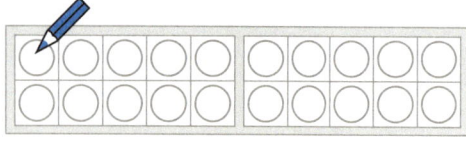

8 – 3 = ☐   11 – 7 = ☐   ☺ 🤔

3

4 – 3 = ☐   12 – 10 = ☐   19 – 2 = ☐

7 – 3 = ☐   12 – 11 = ☐   11 – 10 = ☐

7 – 5 = ☐   20 – 10 = ☐   18 – 16 = ☐

☺ 🤔

4 Halbieren.

10 – 5 = ☐   12 – 6 = ☐   20 – 10 = ☐

8 – 4 = ☐   18 – 9 = ☐   16 – 8 = ☐

6 – 3 = ☐   14 – 7 = ☐   ☐ – ☐ = ☐

☺ 🤔

5 Welcher Rechenweg hilft dir? 🏃 ❤10 ➕➖10 ••

12 – 7 = ☐   15 – 9 = ☐   20 – 9 = ☐

18 – 6 = ☐   19 – 4 = ☐   11 – 6 = ☐

14 – 5 = ☐   16 – 9 = ☐   12 – 5 = ☐

15 – 8 = ☐   17 – 9 = ☐   13 – 8 = ☐

☺ 🤔

1

| 3 | 2 | 3 |

| 2 | 1 | 5 |

| | 6 | |
| | | 1 |

2 Aufgabe und Umkehraufgabe.

16 + 3 = ☐   13 + 7 = ☐   14 + 6 = ☐

19 – *3* = ☐   ☐ – ☐ = ☐   ☐ – ☐ = ☐

11 + 5 = ☐   8 + 7 = ☐   18 – 6 = ☐

☐ – ☐ = ☐   ☐ – ☐ = ☐   ☐ + ☐ = ☐

3 Immer 4 Aufgaben.

| 3 | 6 | 9 |

☐ + ☐ = ☐
☐ + ☐ = ☐
☐ – ☐ = ☐
☐ – ☐ = ☐

| 7 | 8 | 15 |

☐ + ☐ = ☐
☐ + ☐ = ☐
☐ – ☐ = ☐
☐ – ☐ = ☐

| 4 | 9 | |

☐ + ☐ = ☐
☐ + ☐ = ☐
☐ – ☐ = ☐
☐ – ☐ = ☐

4

7 + 7 = ☐   15 – ☐ = 7   ☐ + 5 = 17

11 – 7 = ☐   ☐ + 12 = 19   13 – 6 = ☐

14 – ☐ = 5   10 + ☐ = 17   ☐ + 17 = 20

2 + 4 = ☐   18 – 3 = ☐   14 – ☐ = 8

20 – ☐ = 10   ☐ + 7 = 12   16 – ☐ = 4

Zeig, was du kannst!

1

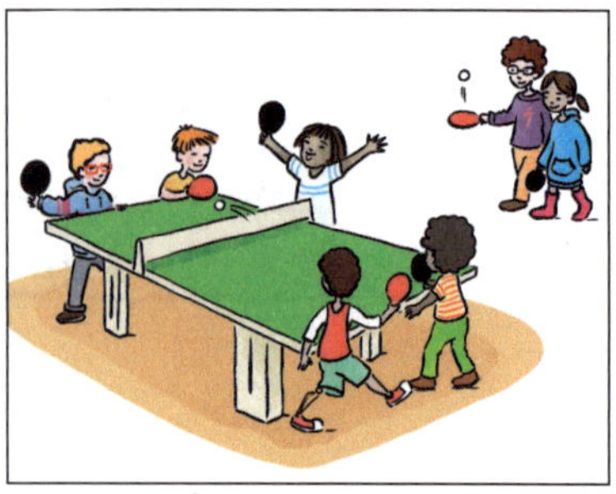

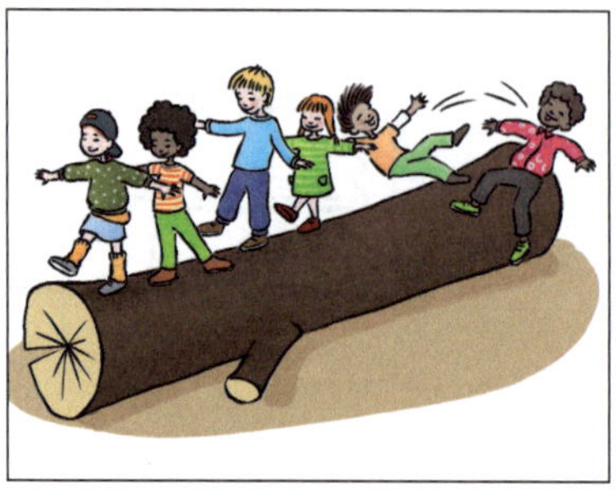

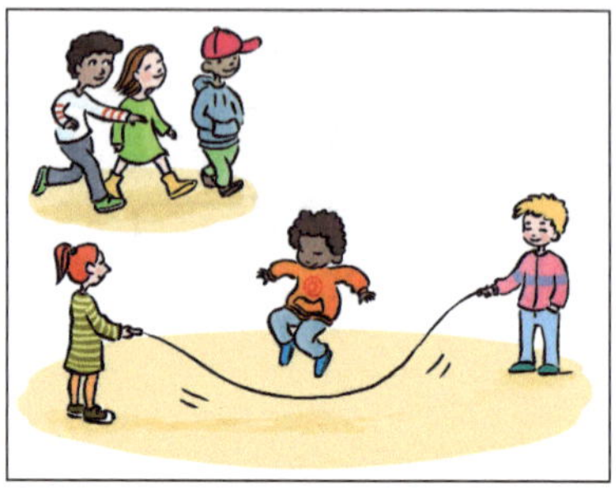

_____ = _____   _____ = _____   _____ = _____

2

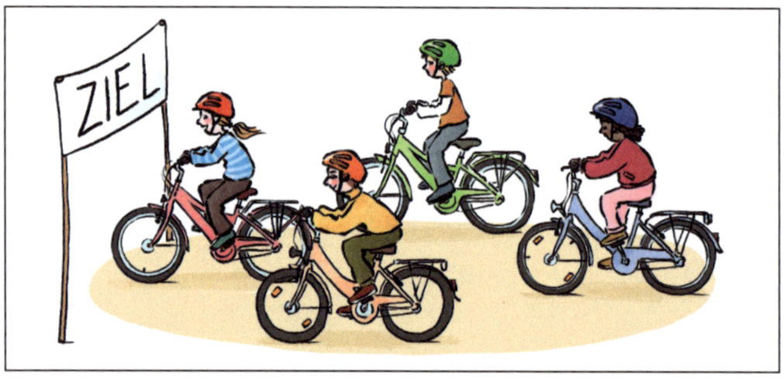

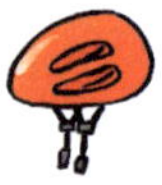 _____   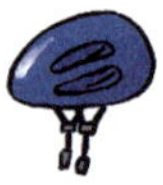 _____

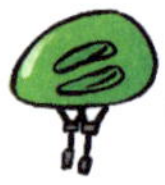 _____   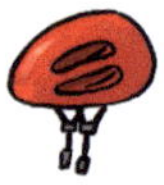 _____

3

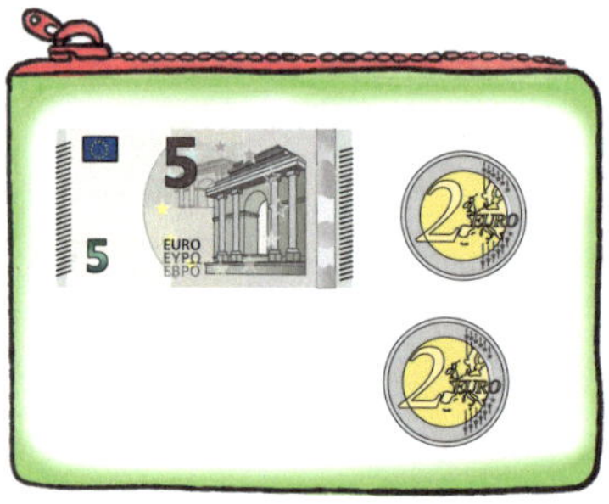

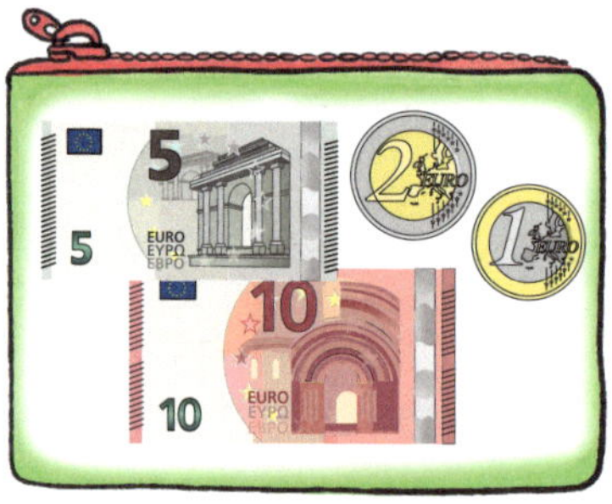

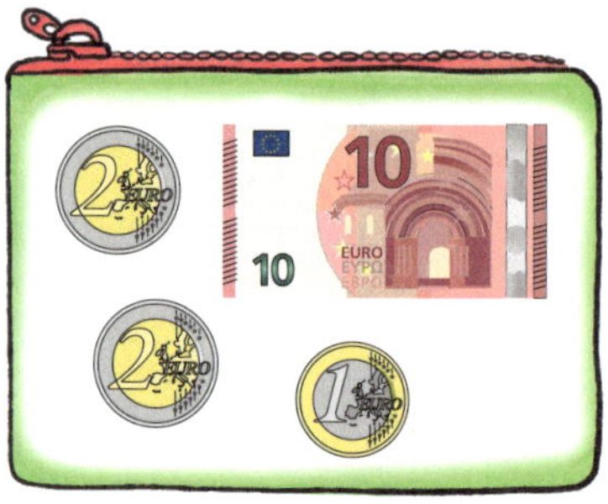

_____ €   _____ €   _____ €

4

Ich kaufe:

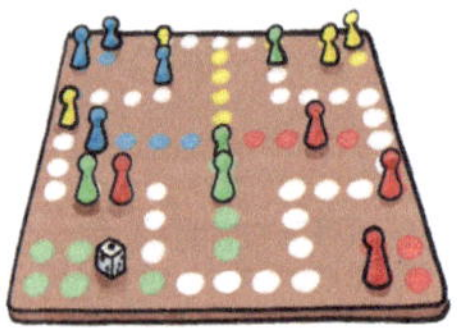

12 €

Ich gebe:

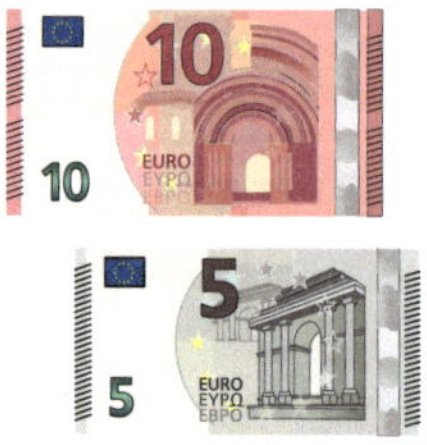

Ich bekomme _____ € zurück.

Ich kaufe:

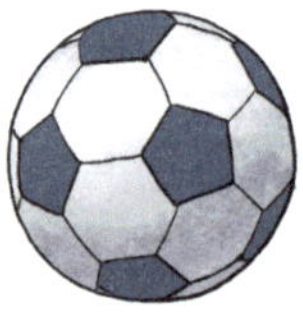

9 €

Ich gebe:

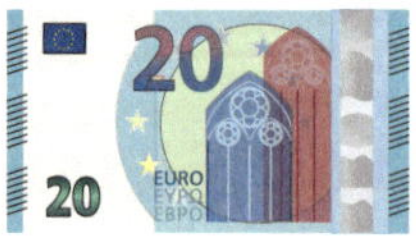

Ich bekomme _____ € zurück.

1

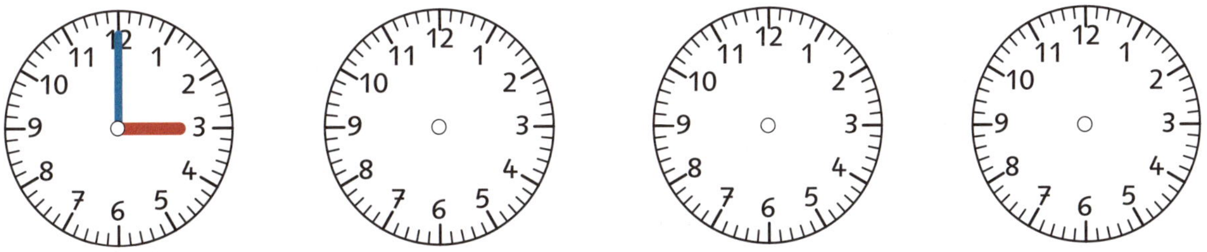

☀ _____ Uhr   ☀ 13 Uhr   ☀ 8 Uhr   ☀ _____ Uhr

🌙 _____ Uhr   🌙 _____ Uhr   🌙 _____ Uhr   🌙 23 Uhr

☺ 🤔

---

2   **Beginn**   **Ende**

_____ Uhr    _____ Uhr

Es dauert _____ Stunden.

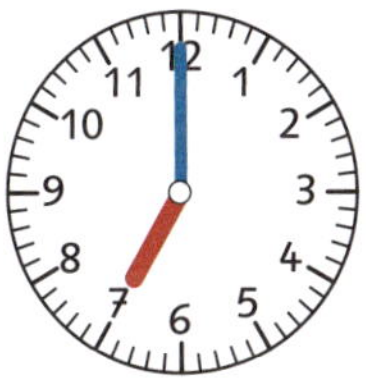

_____ Uhr    _____ Uhr

Es dauert _____ Stunden.

☺ 🤔

3

Die Figur besteht aus:

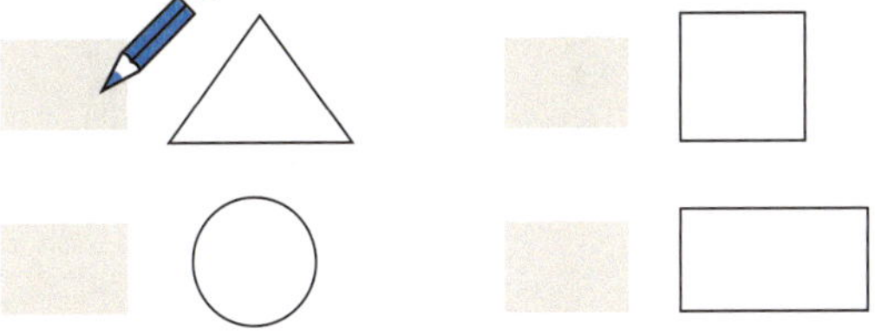

_____ △   _____ □

_____ ○   _____ ▭

Die Figur besteht aus:

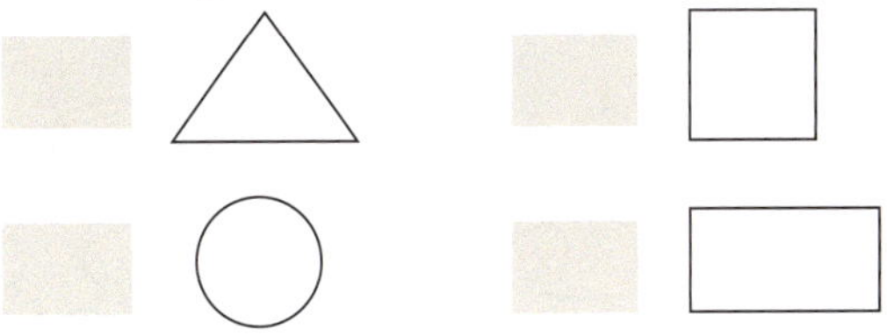

_____ △   _____ □

_____ ○   _____ ▭

☺ 🤔

1 Immer 10.

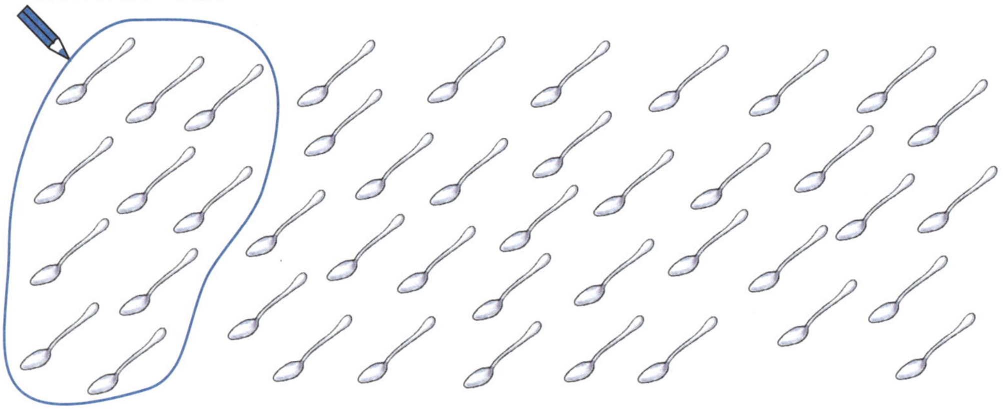

Z	E

Z	E

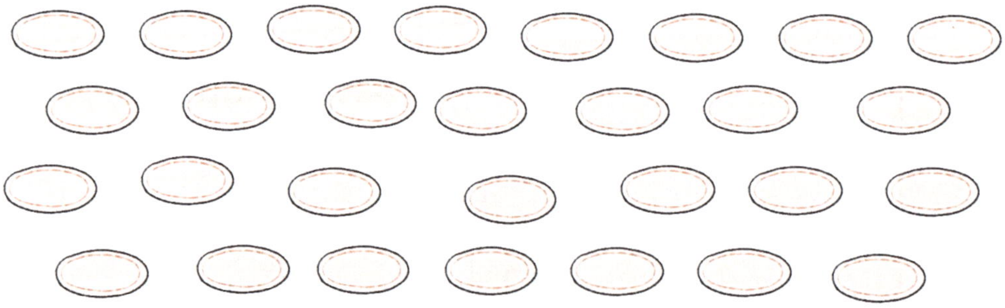

Z	E

1. In Zehnern bündeln, Stellenwerttafel ausfüllen und Anzahl notieren.

2

Z	E
3	6

Z	E

Z	E

3

Z	E
4	2

Z	E
2	4

Z	E
3	2

32

24

4 Vergleiche ⬤ ⬤. Was fällt dir auf?

1 · 10 · 50 · 100

3. Hinweis: Richtige Sprechweise thematisieren.
4. Struktur der Einer- und Zehnerzahlen vergleichen. Auffälligkeiten beschreiben.

93

Merkwissen

Die Zahlenreihe 11 bis 20 S.4–5

Das Zwanzigerfeld S.8

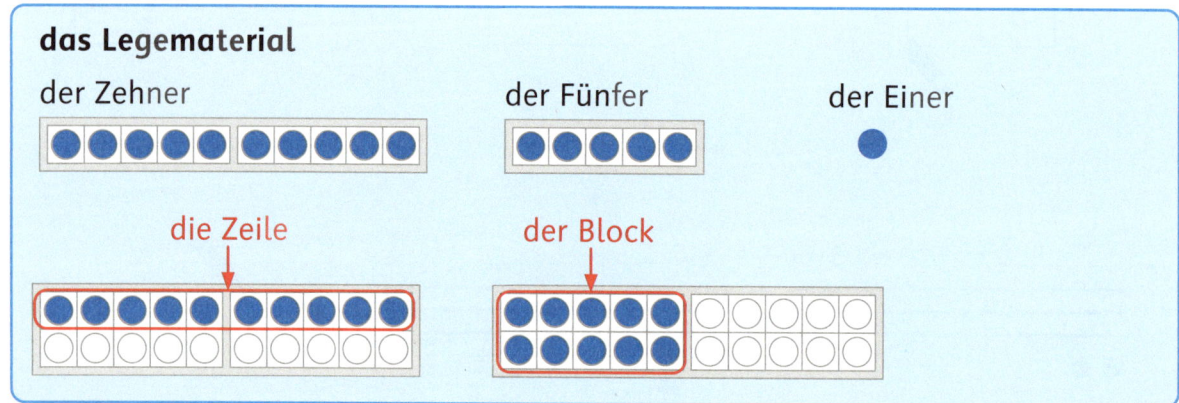

Zehner und Einer S.10–11

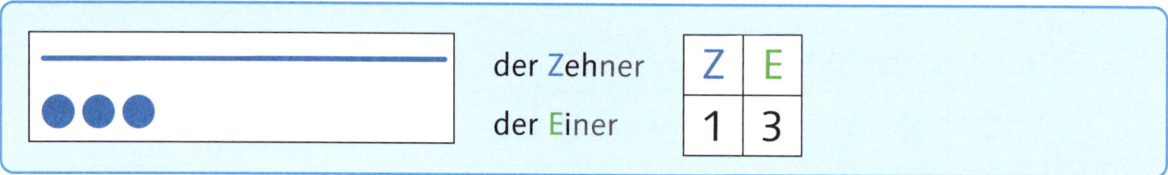

Der Faltschnitt S.18–21

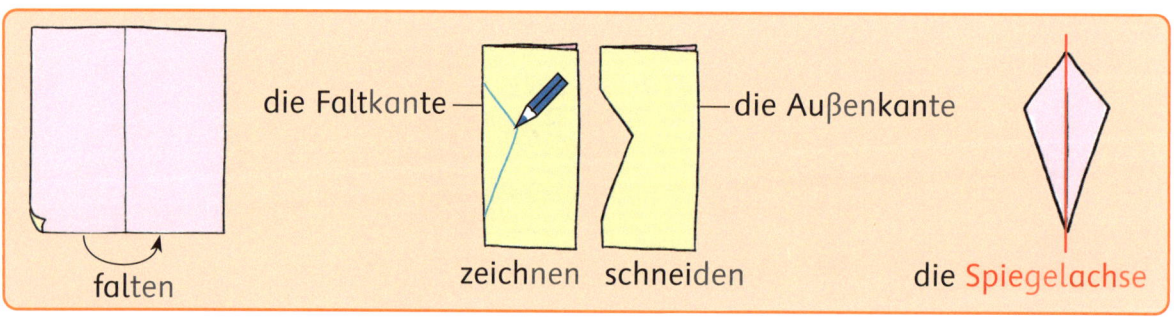

Muster S.44–46

Muster wiederholen sich nach einer Regel. Die Formen liegen lückenlos Seite an Seite. Falsch: Richtig:

das Bandornament Das Muster kann in 2 Richtungen fortgesetzt werden. ↔

die Parkettierung Das Muster kann in alle Richtungen fortgesetzt werden.

Alle Rechenwege
S. 36, 60

Riesen und Zwerge	Verliebt in die 10	Aufgaben mit 10 helfen	Halbieren hilft	Verdoppeln hilft
12 + 4 2 + 4	8 + 5 8 + 2 + 3	9 + 7 10 + 7 − 1	13 − 7 14 − 7 − 1 oder	5 + 6 5 + 5 + 1 oder
16 − 4 6 − 4	12 − 6 12 − 2 − 4	16 − 9 16 − 10 + 1	15 − 7 14 − 7 + 1	6 + 6 − 1

Die Umkehr- und die Tauschaufgabe
S. 68

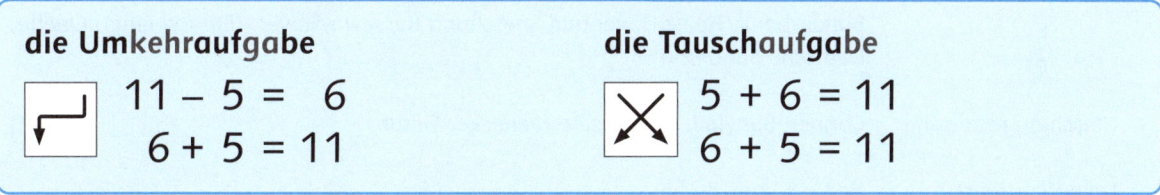

die Umkehraufgabe

11 − 5 = 6
  6 + 5 = 11

die Tauschaufgabe

5 + 6 = 11
6 + 5 = 11

Scheine und Münzen
S. 70

Euro €

Cent ct

Die Uhr
S. 82

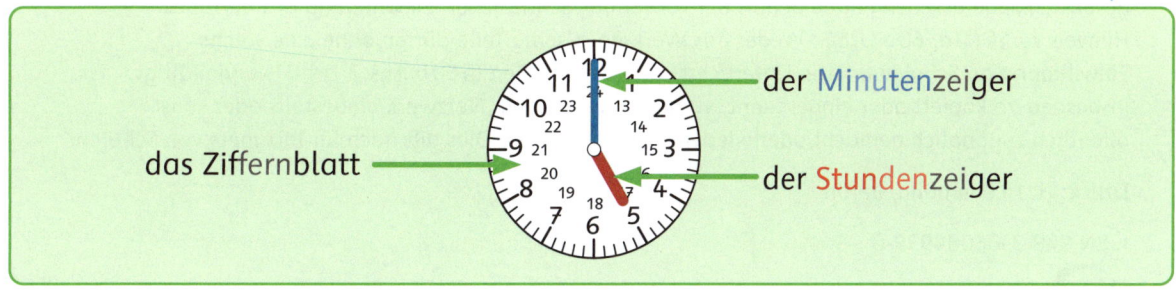

der Minutenzeiger

das Ziffernblatt

der Stundenzeiger

Nase vorn!

Mathematik

Arbeitsheft 1 B

Erarbeitet von:	Anna Harrich-Voßen, Gesa Hochscherff, Uwe Nienhaus, Anna Pöllinger
Begutachtet von:	Christian Grulich, Maria Kruse, Katja Simon
Redaktion:	Juliane Hasselbrink, Angela Lucke, Simone Micek
Illustration:	Friederike Ablang (Team Nase), Berlin, Antje Hagemann, Berlin, Josephine Wolff (Eddi), Berlin
Bildquellen:	S. 70–74, 77–79, 90, 93, 95 sowie Kartonbeilage zu den Arbeitsheften (Euroscheine): Christine Wächter / Deutsche Bundesbank. S. 70–74, 77–79, 90, 93, 95 sowie Kartonbeilage zu den Arbeitsheften (Wertseite aller Euromünzen): Cornelsen / Christine Wächter / Deutsche Bundesbank / Luc Luycx aus Belgien; (nationale Seite der 1-, 2-, 5-Cent-Münze): Cornelsen / Christine Wächter / Deutsche Bundesbank / Prof. Rolf Lederbogen; (nationale Seite der 10-, 20-, 50-Cent-Münze): Cornelsen / Christine Wächter / Deutsche Bundesbank / Reinhart Heinsdorff; (nationale Seite der 1-, 2-Euro-Münze): Cornelsen / Christine Wächter / Deutsche Bundesbank / Heinz Hoyer und Sneschana Russewa-Hoyer; (Euroscheine): Quelle: Deutsche Bundesbank
Umschlaggestaltung:	Corinna Babylon, Berlin, Jule Kienecker, Berlin
Layoutkonzept:	Heike Börner, Berlin
Layout und technische Umsetzung:	Marion Röhr, MeGA14, Berlin

Begleitmaterialien für die Lernenden
Einstiegsbuch	978-3-06-084943-7
BuchTaucher-App	978-3-06-084941-3
Sicher in die 1. Klasse	978-3-06-084113-4
Ziffernschreibkurs	978-3-06-084116-5
Rechnen bis 10	978-3-06-084114-1
Rechnen bis 20	978-3-06-084115-8

www.cornelsen.de

1. Auflage, 1. Druck 2023

Alle Drucke dieser Auflage sind inhaltlich unverändert und können im Unterricht nebeneinander verwendet werden.

© 2023 Cornelsen Verlag GmbH, Berlin

Druck: H. Heenemann, Berlin

ISBN 978-3-06084939-0

PEFC zertifiziert
Dieses Produkt stammt aus nachhaltig bewirtschafteten Wäldern und kontrollierten Quellen.
www.pefc.de
PEFC/04-31-1156

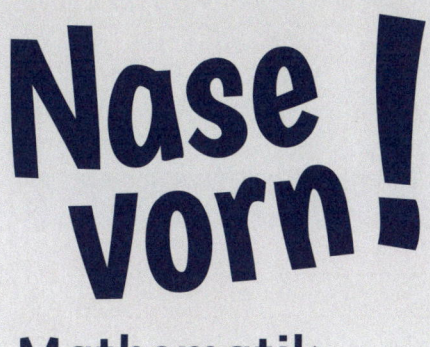

Nase vorn!

Mathematik

1A

Arbeitsheft

Erarbeitet von

Anna Harrich-Voßen

Gesa Hochscherff

Uwe Nienhaus

Anna Pöllinger

Illustriert von

Friederike Ablang

Antje Hagemann

Josephine Wolff

Cornelsen

Inhalt

 1 Name:

 ___ *Eddi* ___

Ich bin __8__ Jahre alt.

Größe: __24__

Größe: __35__ cm

Nummer: __7__

Zahl: __6__

Freunde: __4__

Nummer: __0162208130__

---

1. Beispiele besprechen.

2 Name:

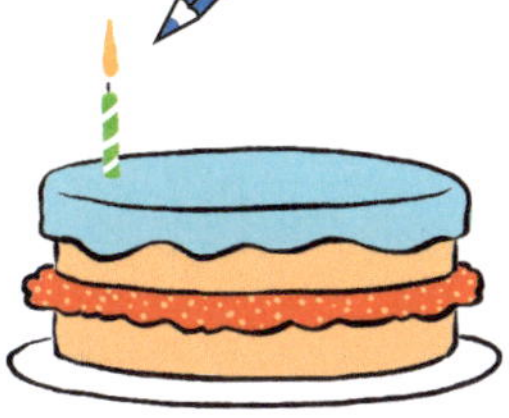

_____

Ich bin _____ Jahre alt.

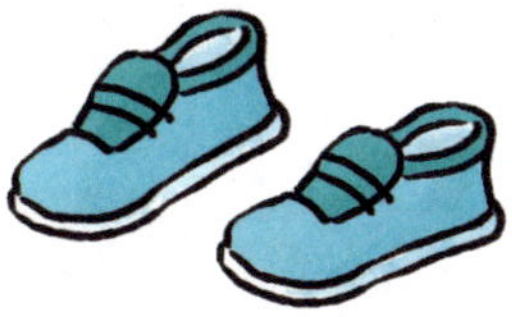

Größe:

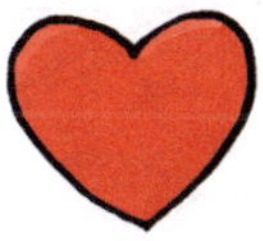

_____

Zahl:

_____

Zahlen in der Umwelt

S. 5

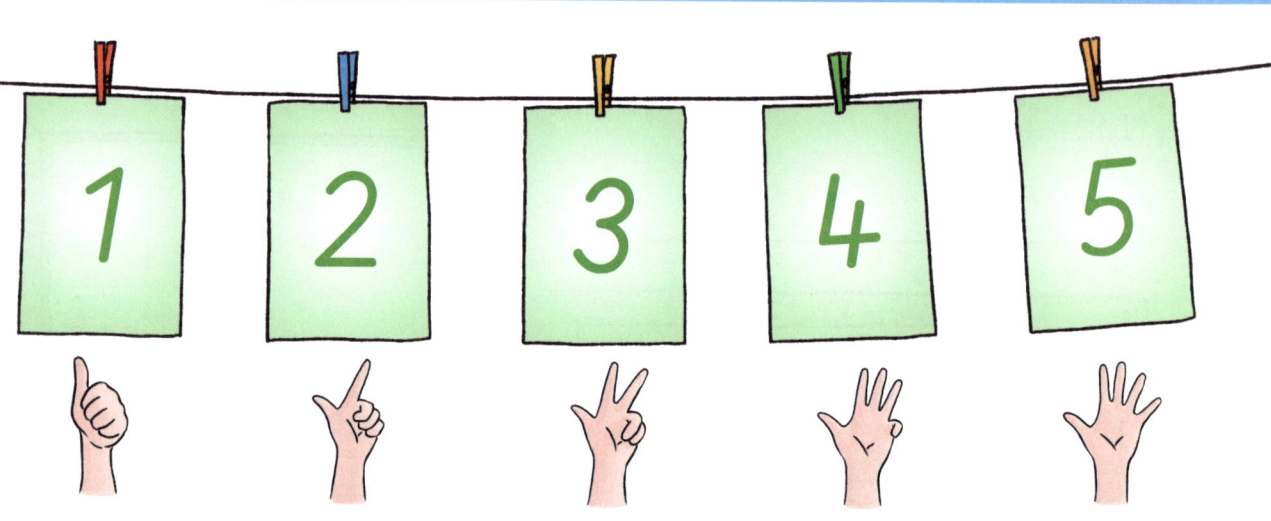

1

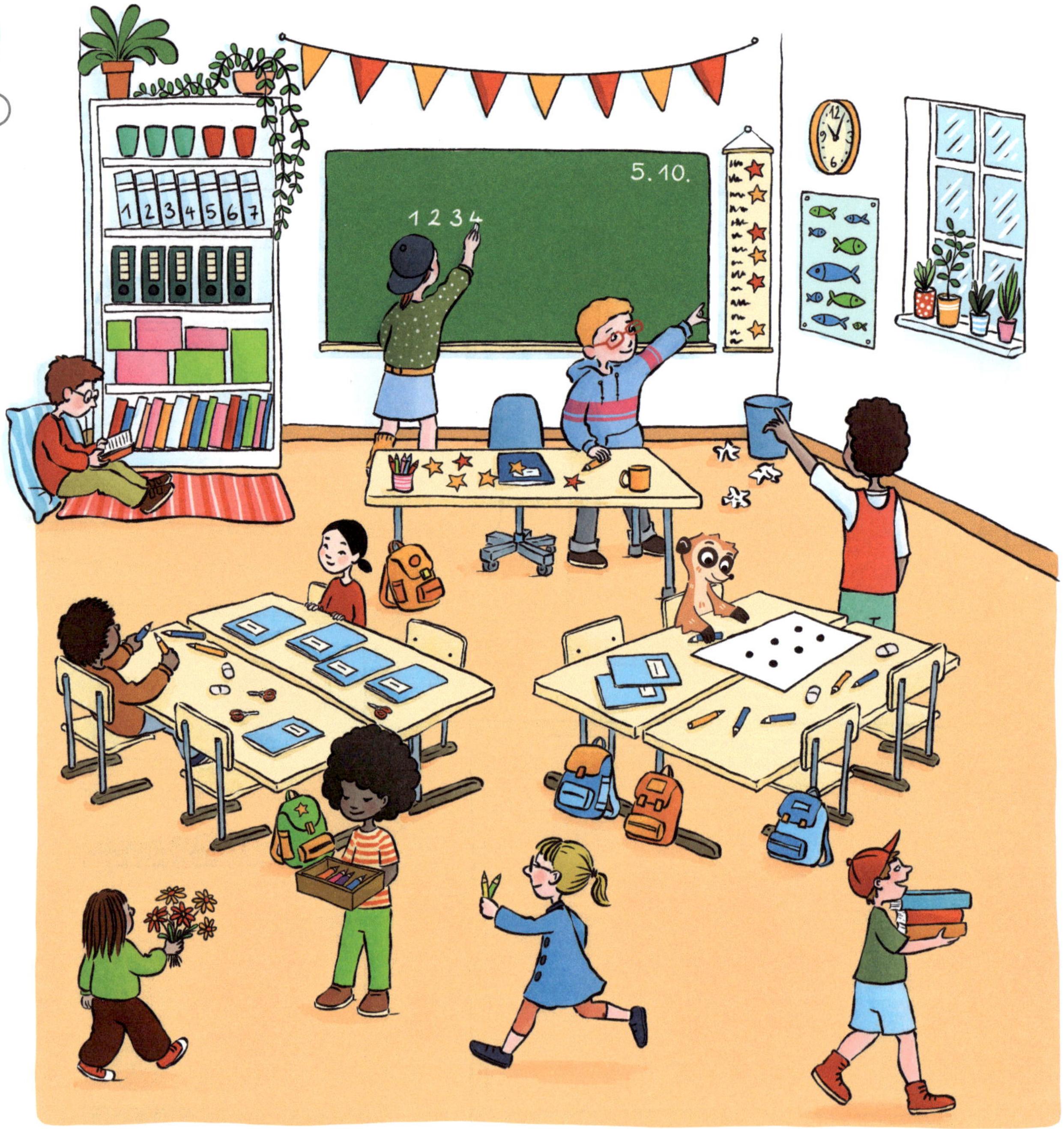

1. Zahlen und Mengen finden. Ggf. einkreisen.
Gespräch auf mathematische Inhalte lenken. Eigenen Raum betrachten.

2 Dein Klassenraum:

2. Zahlen und Mengen aus dem eigenen Klassenraum zeichnen oder abfotografieren.

7

Die Zahl 1

 S. 6

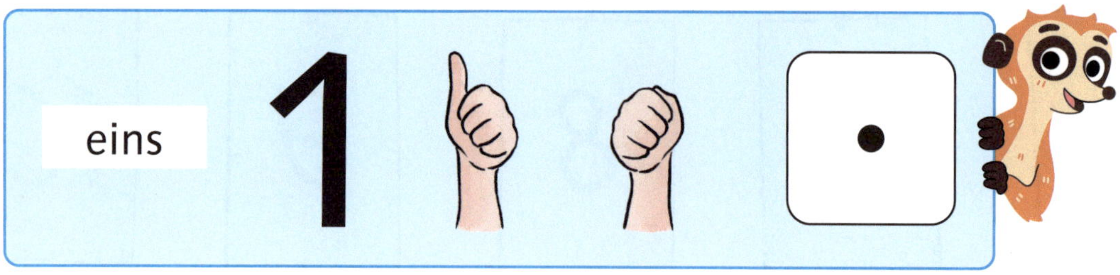

| eins | **1** | 👍 | 👍 | ⚀ |

1 1  2 3 4 5 6 7 8 9 10

2

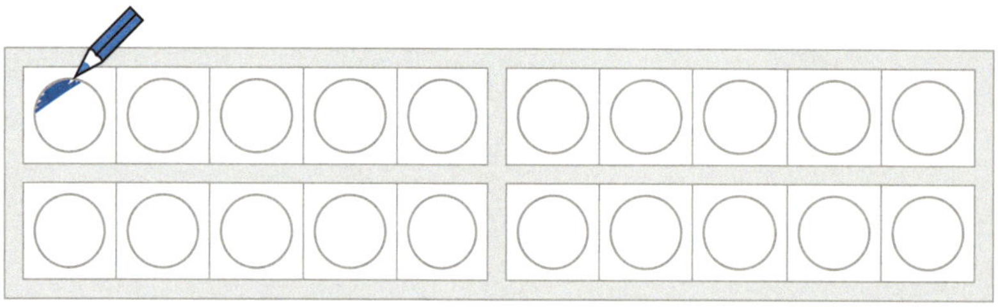

3

1

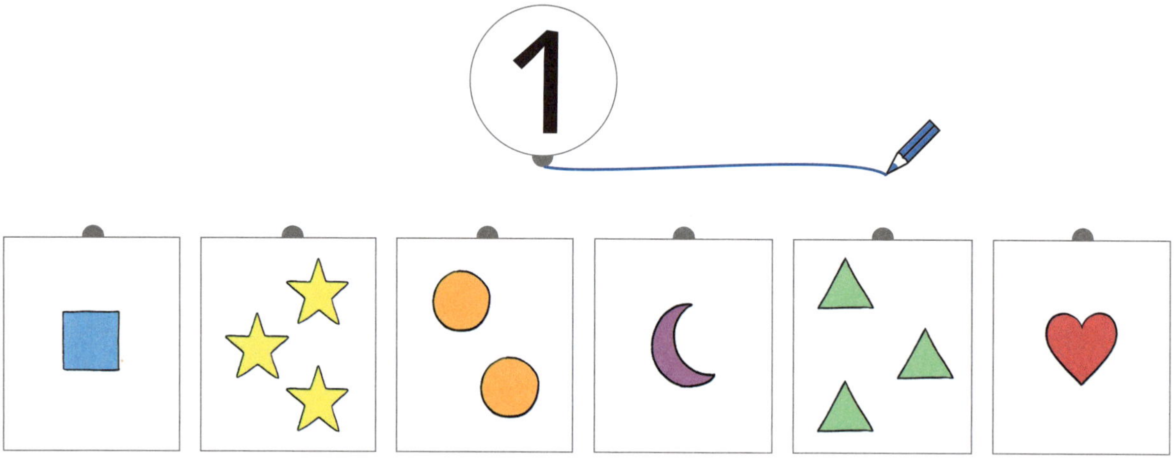

4 Immer 1.

1. Nur die jeweilige Zahl ausmalen. **2.–4.** Jeweilige Zahlmenge ausmalen, verbinden oder einkreisen.
↓ Zählstrategie: Abstreichen beim Zählen.

8

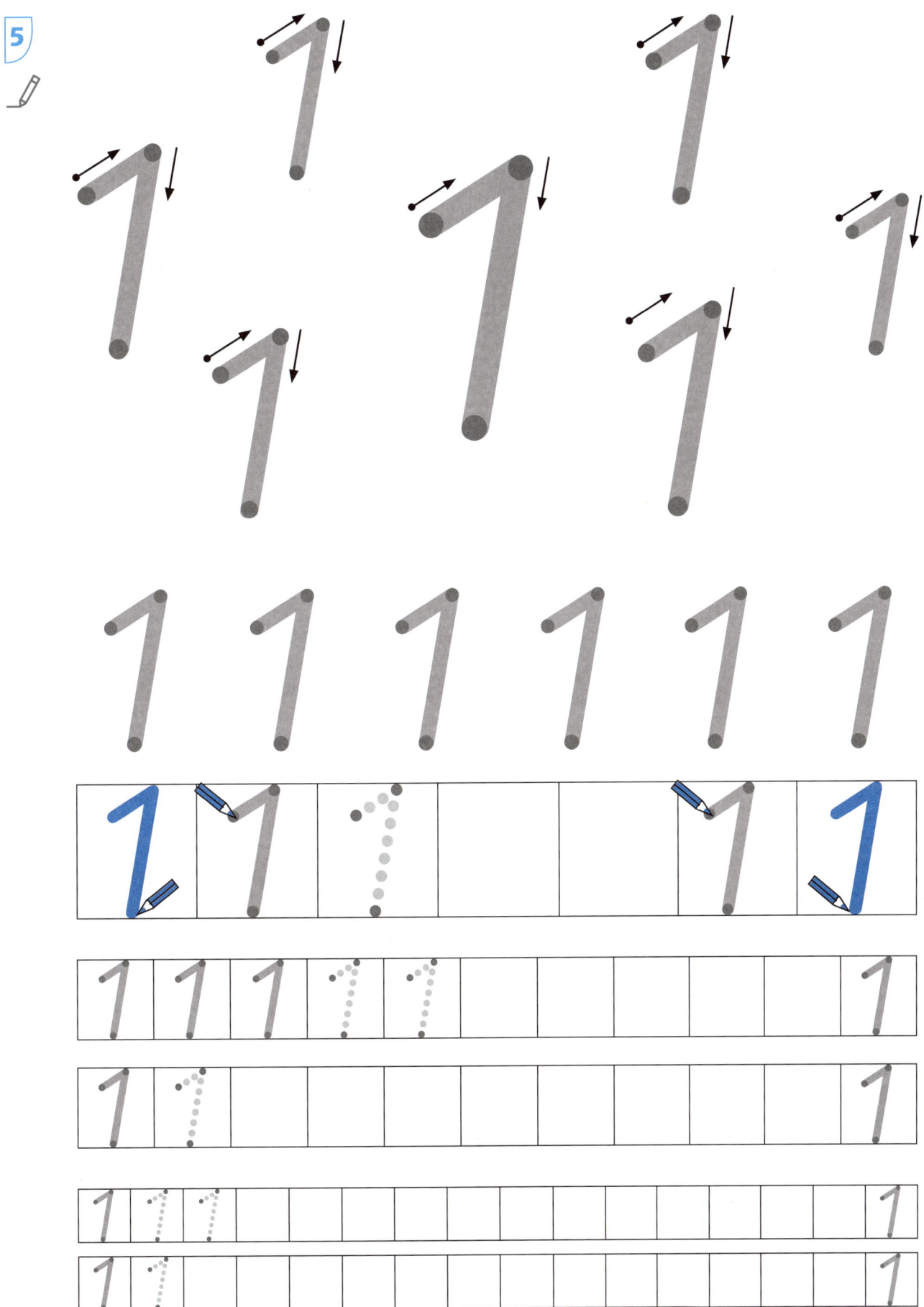

5. Zuerst die Zahl mit dem Finger mehrmals nachspuren, dann schreiben.
Für linkshändige SuS ist die Zahl als Schreibvorlage auch rechts abgebildet.

Die Zahl 2

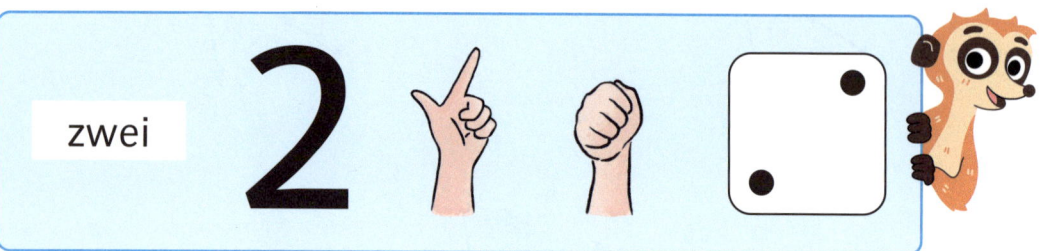

zwei **2**

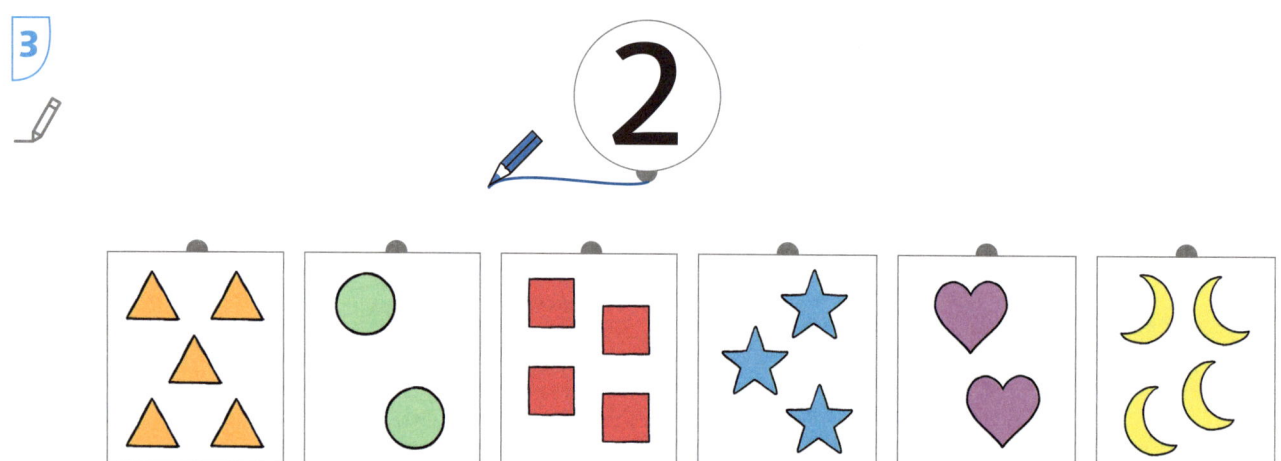

1 | 1 2 3 4 5 6 7 8 9 10

2

3

4 Immer 2.

10 **1.** Neu eingeführte Zahlenkarte ausmalen. **2.–4.** Jeweilige Zahlmenge ausmalen, verbinden oder einkreisen.
↓ Zählstrategie: Abstreichen beim Zählen.

5. Zuerst die Zahl mit dem Finger mehrmals nachspuren, dann schreiben.
Für linkshändige SuS ist die Zahl als Schreibvorlage auch rechts abgebildet.

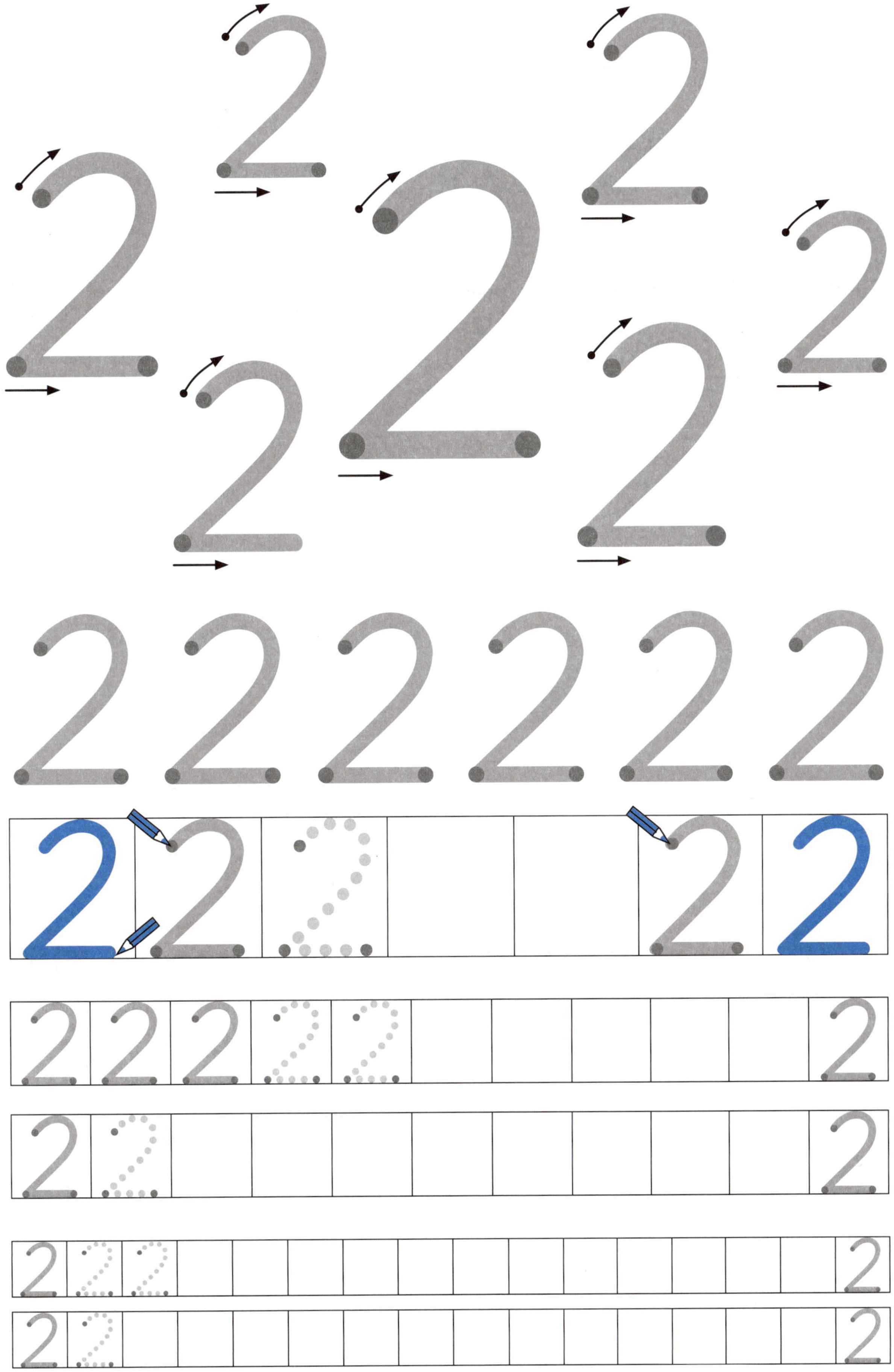

Die Zahl 3

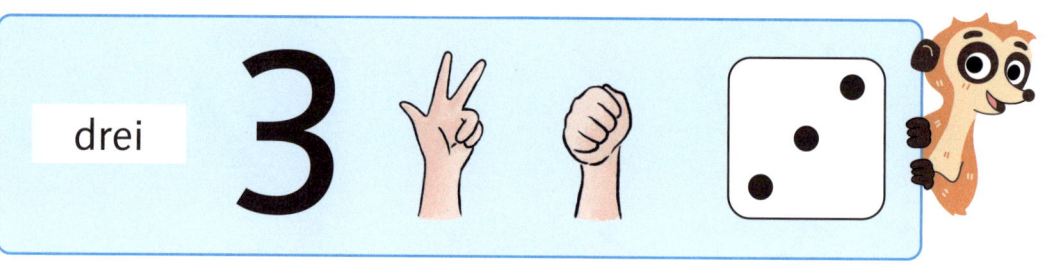

drei **3**

1 | 1 | 2 | 3 | 4 | 5 | 6 | 7 | 8 | 9 | 10

2

3

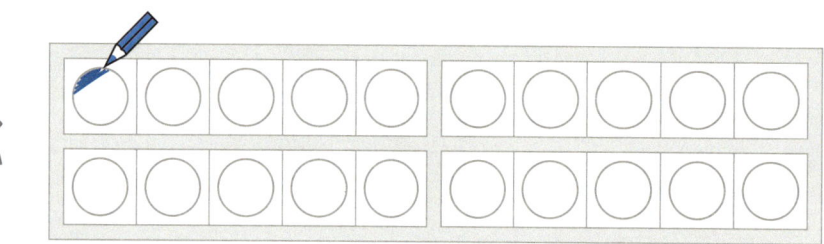

4 Immer 3.

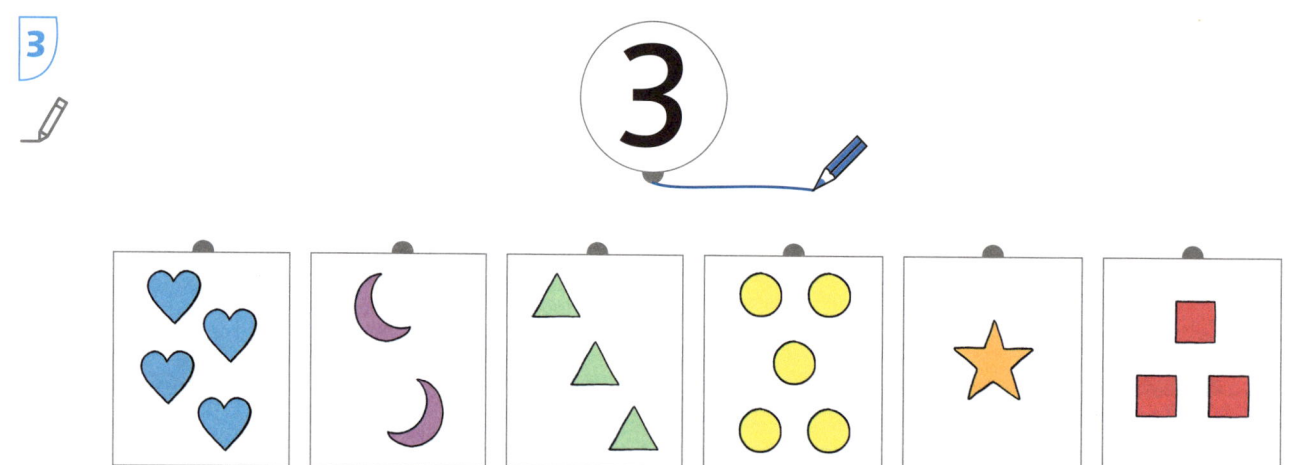

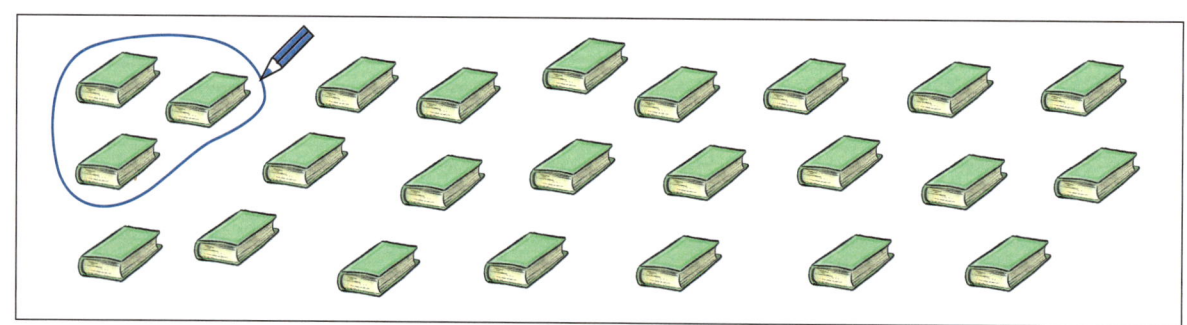

12

1. Neu eingeführte Zahlenkarte ausmalen. **2.–4.** Jeweilige Zahlmenge ausmalen, verbinden oder einkreisen.
↓ Zählstrategie: Abstreichen beim Zählen.

3 3 3 3 3 3

3 3 3 3 3 3 3

3 3 3 0

3 3 3

3 3 3

3 3

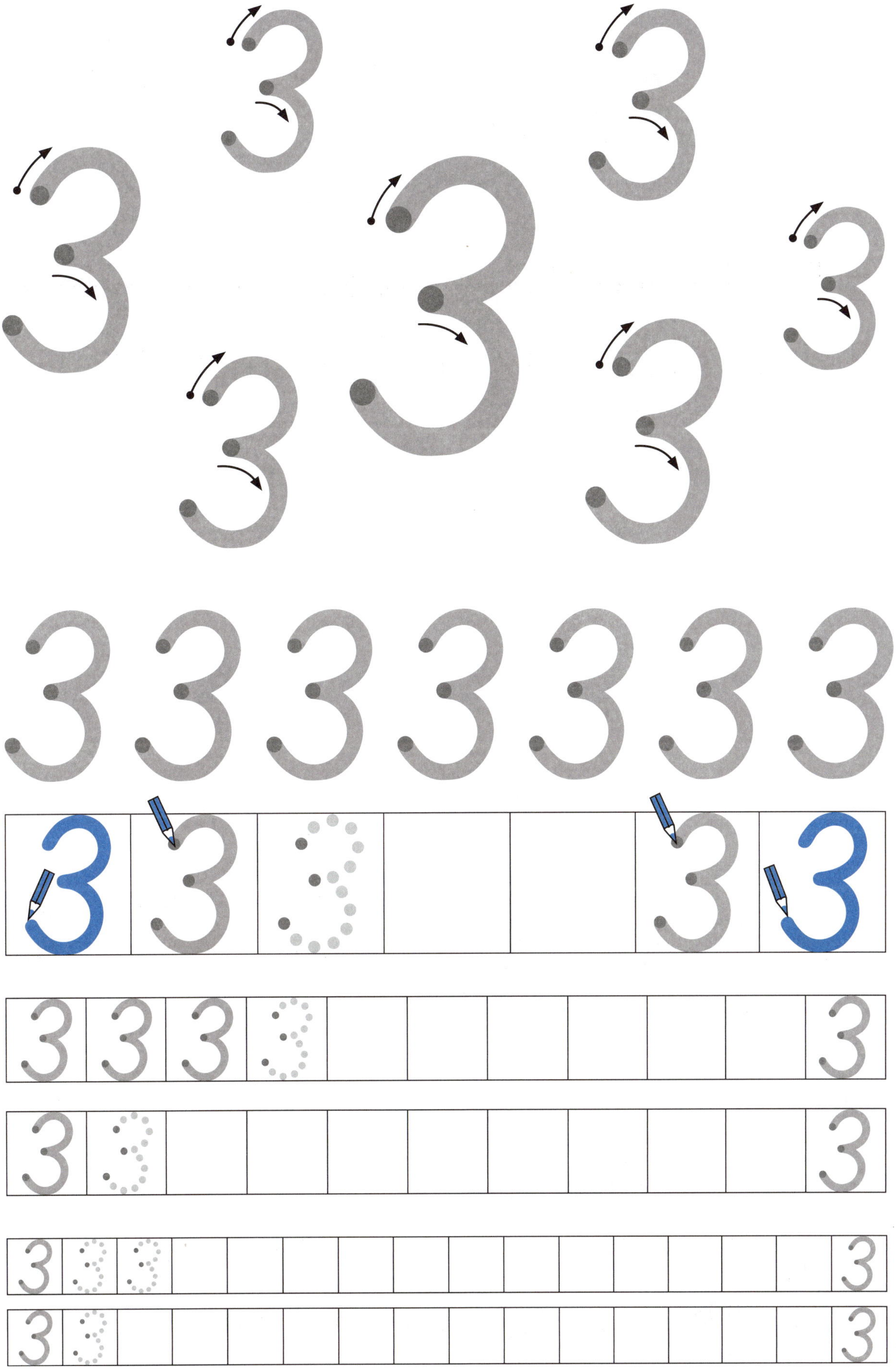

5. Zuerst die Zahl mit dem Finger mehrmals nachspuren, dann schreiben.
Für linkshändige SuS ist die Zahl als Schreibvorlage auch rechts abgebildet.

Die Zahl 4

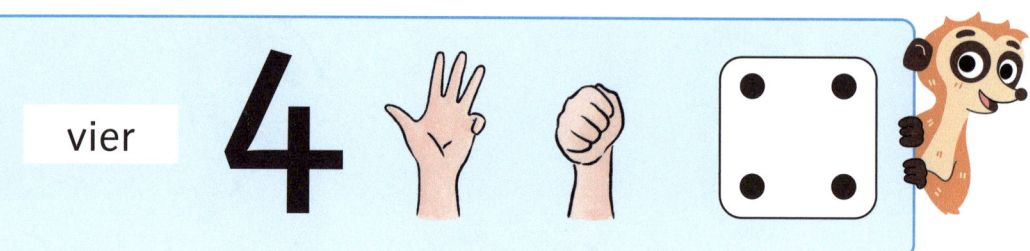

vier **4**

1

| 1 | 2 | 3 | 4 | 5 | 6 | 7 | 8 | 9 | 10 |

2

3

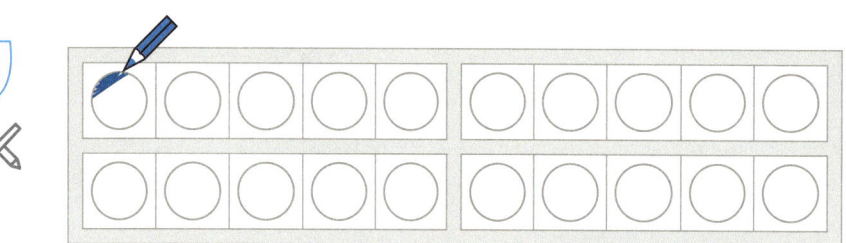

4 Immer 4.

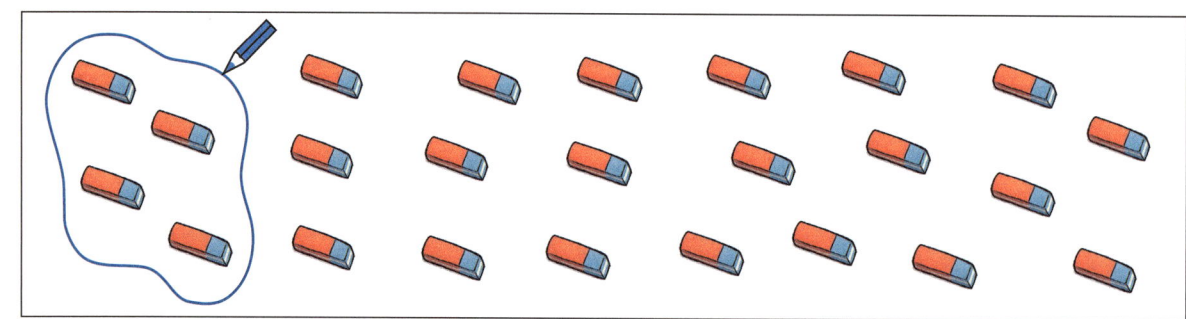

1. Neu eingeführte Zahlenkarte ausmalen. **2.–4.** Jeweilige Zahlmenge ausmalen, verbinden oder einkreisen.
↓ Zählstrategie: Abstreichen beim Zählen.

5

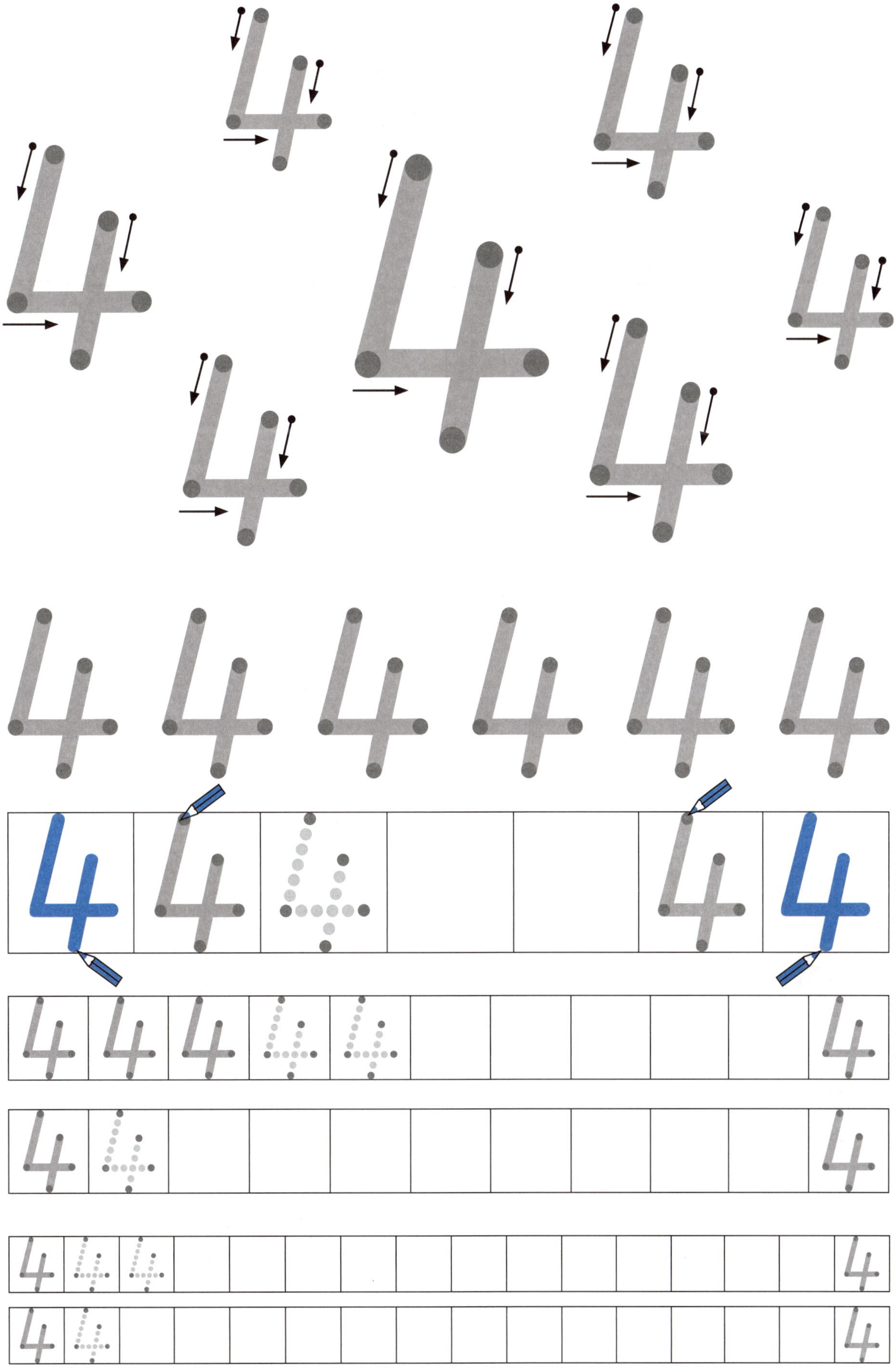

5. Zuerst die Zahl mit dem Finger mehrmals nachspuren, dann schreiben.
Für linkshändige SuS ist die Zahl als Schreibvorlage auch rechts abgebildet.

15

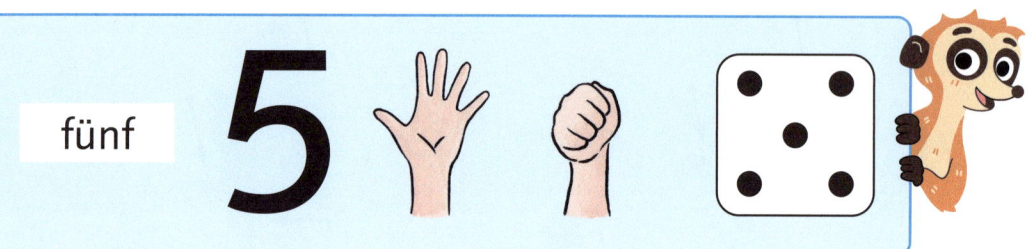

fünf **5**

1

| 1 | 2 | 3 | 4 | 5 | 6 | 7 | 8 | 9 | 10 |

2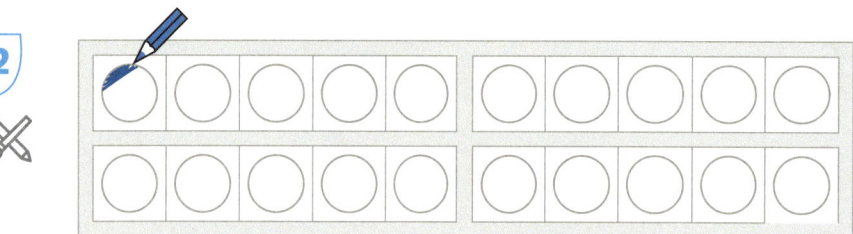

3

5

4 Immer 5.

1. Neu eingeführte Zahlenkarte ausmalen. **2.–4.** Jeweilige Zahlmenge ausmalen, verbinden oder einkreisen.
↓ Zählstrategie: Abstreichen beim Zählen.

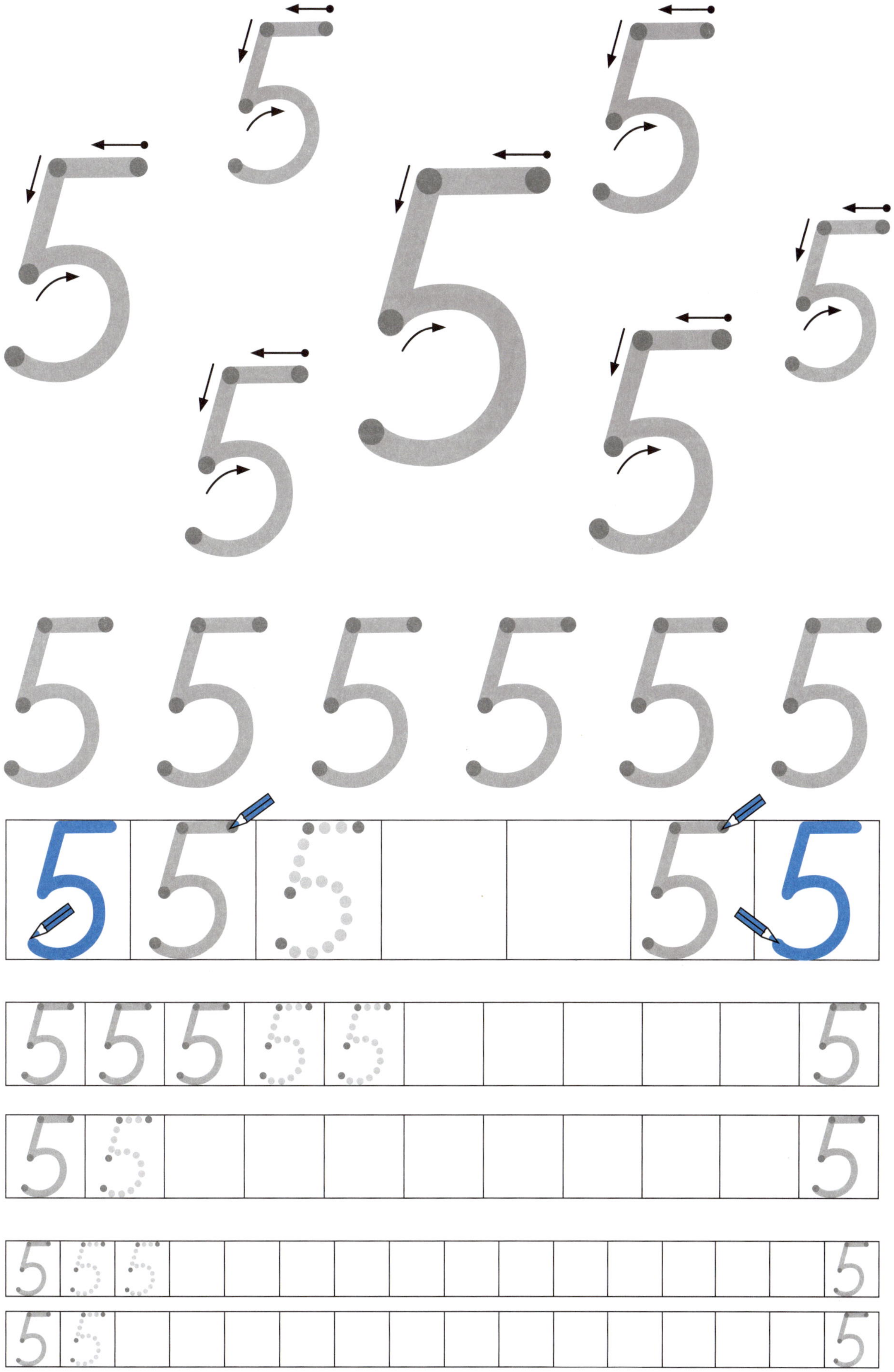

5. Zuerst die Zahl mit dem Finger mehrmals nachspuren, dann schreiben.
Für linkshändige SuS ist die Zahl als Schreibvorlage auch rechts abgebildet.

Die Zahl 6

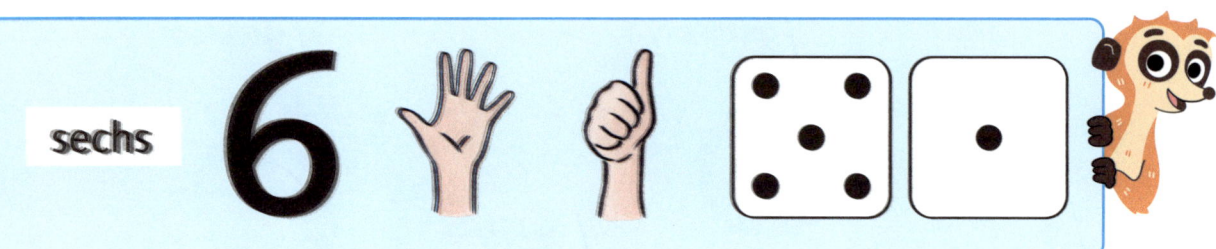

sechs **6**

1

2

3

6

4 Immer 6.

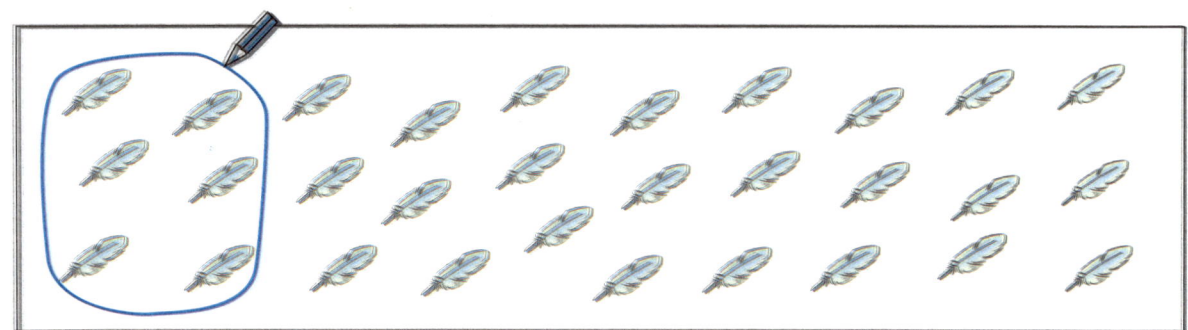

1. Neu eingeführte Zahlenkarte ausmalen. 2.–4. Jeweilige Zahlmenge ausmalen, verbinden oder einkreisen.
↓ Zählstrategie: Abstreichen beim Zählen.

S. 6

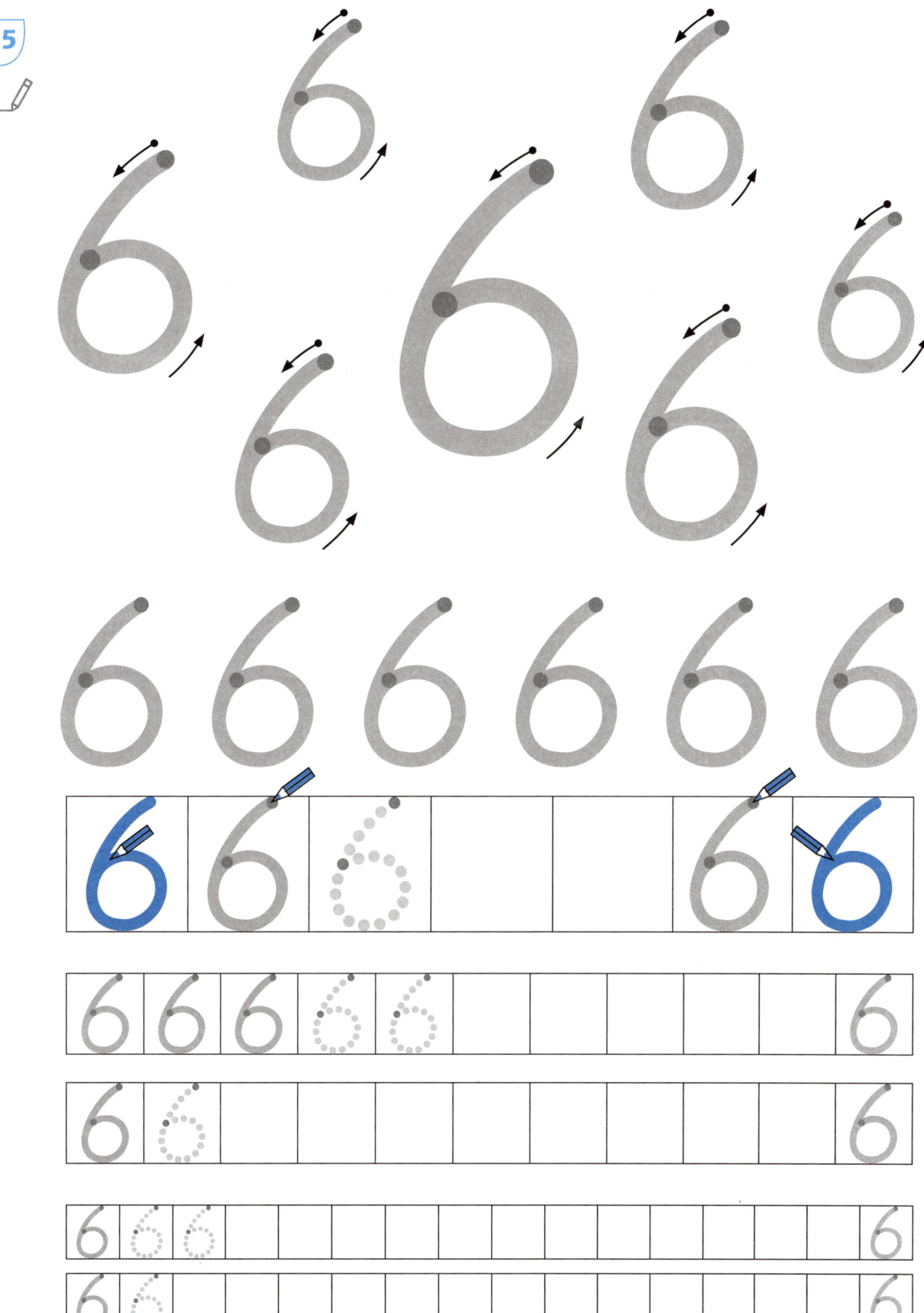

5. Zuerst die Zahl mit dem Finger mehrmals nachspuren, dann schreiben.
Für linkshändige SuS ist die Zahl als Schreibvorlage auch rechts abgebildet.

19

Die Zahl 7

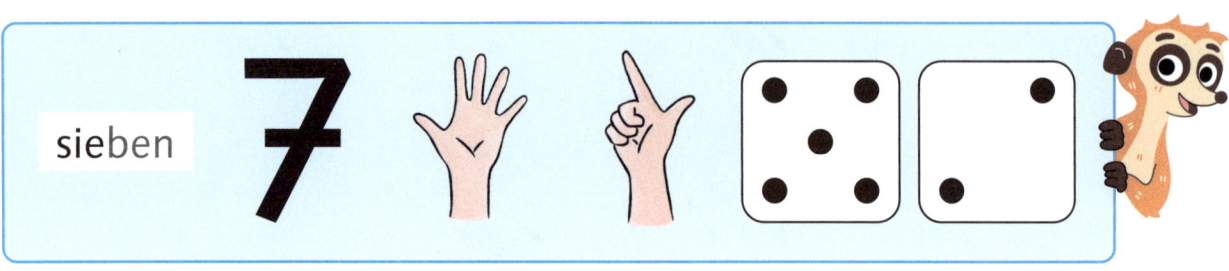

sieben **7**

1

| 1 | 2 | 3 | 4 | 5 | 6 | 7 | 8 | 9 | 10 |

2

3

7

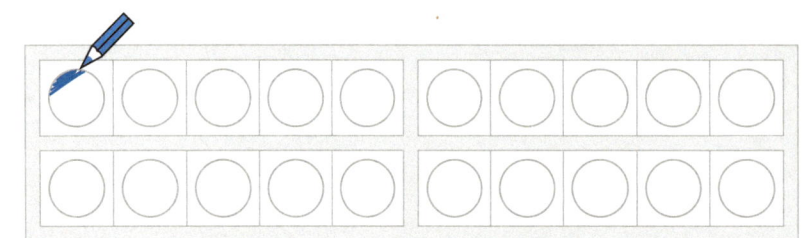

4 Immer **7**.

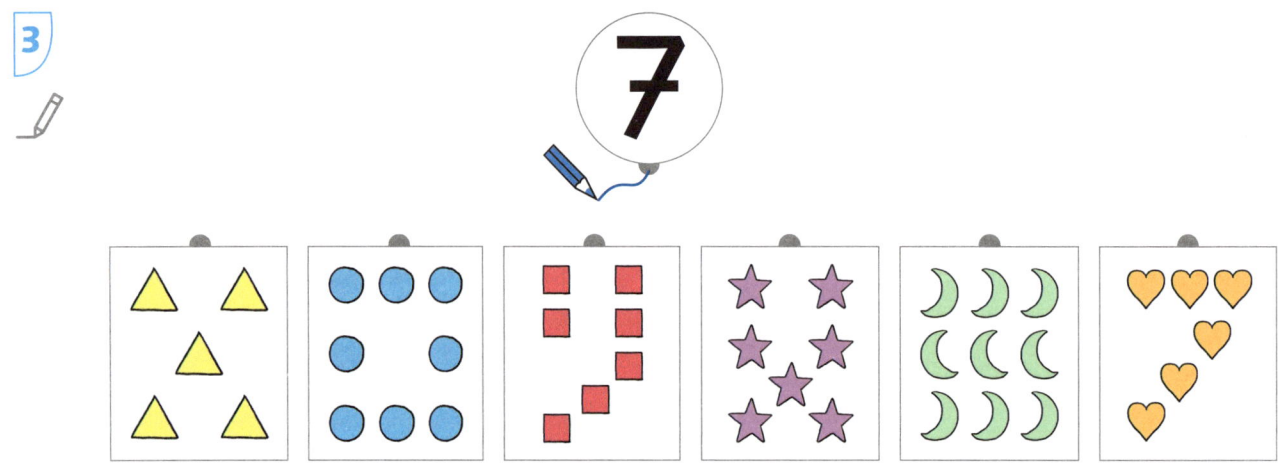

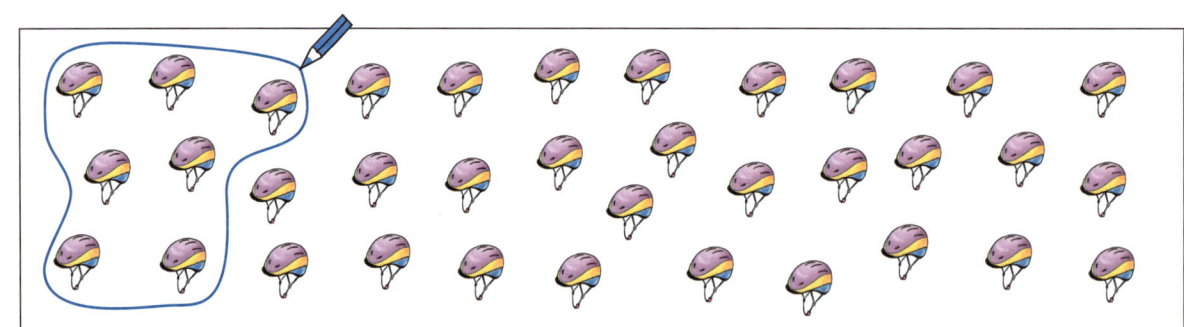

20

1. Neu eingeführte Zahlenkarte ausmalen. **2.–4.** Jeweilige Zahlmenge ausmalen, verbinden oder einkreisen.
↓ Zählstrategie: Abstreichen beim Zählen.

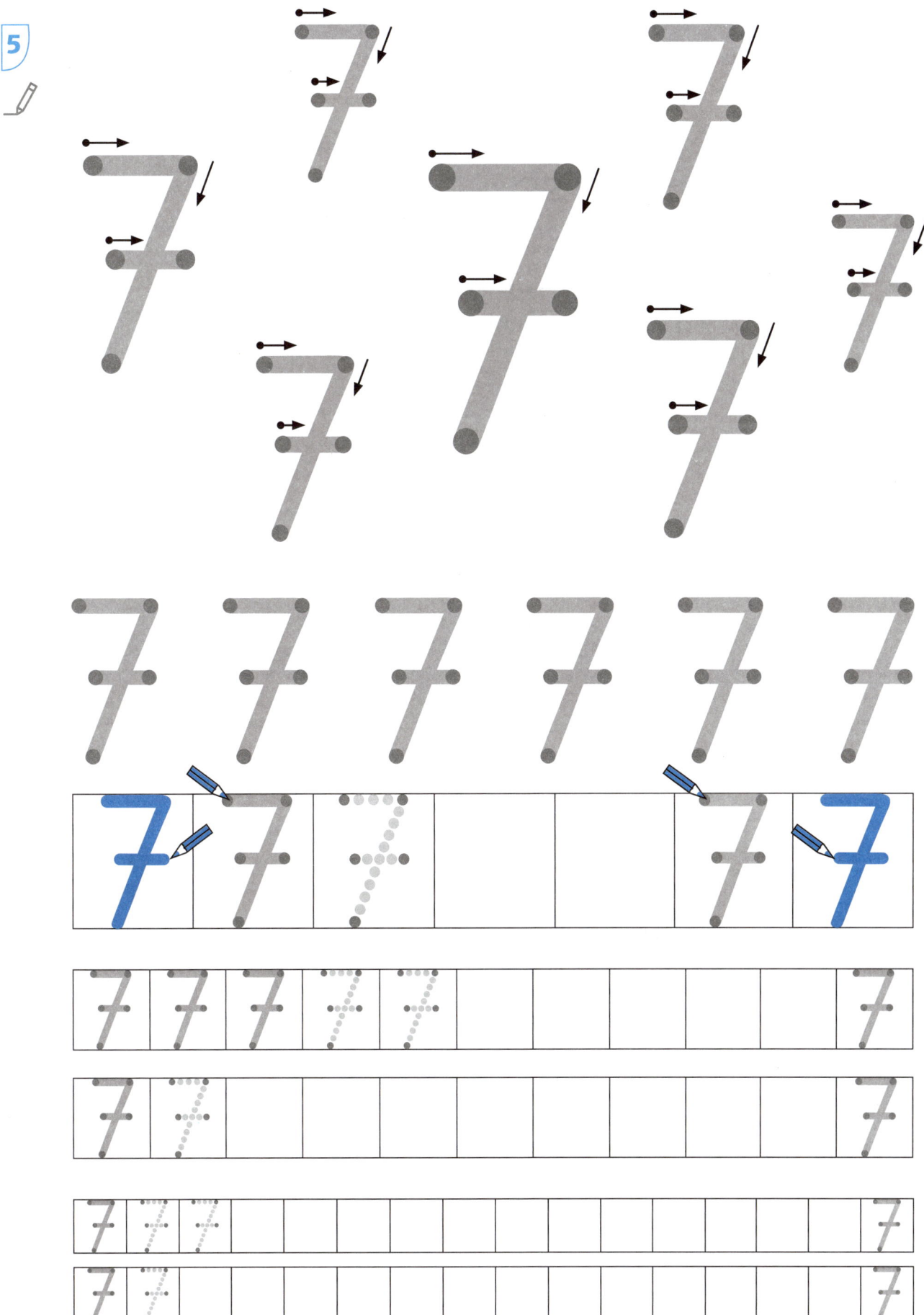

5. Zuerst die Zahl mit dem Finger mehrmals nachspuren, dann schreiben.
Für linkshändige SuS ist die Zahl als Schreibvorlage auch rechts abgebildet.

21

Die Zahl 8

S. 6

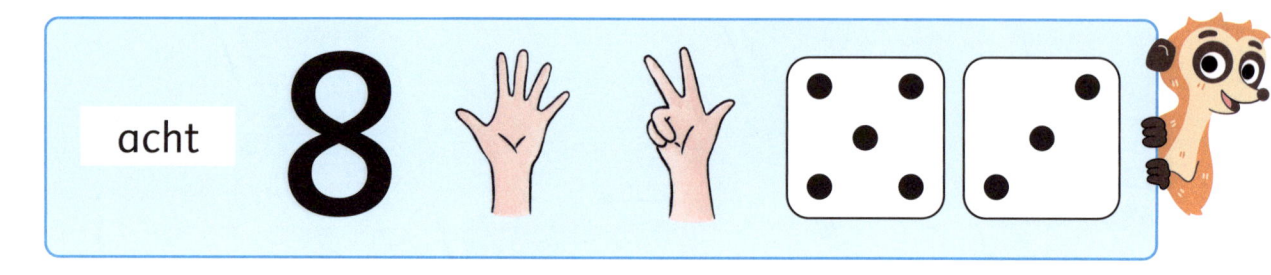

acht 8

1

| 1 | 2 | 3 | 4 | 5 | 6 | 7 | 8 | 9 | 10 |

2

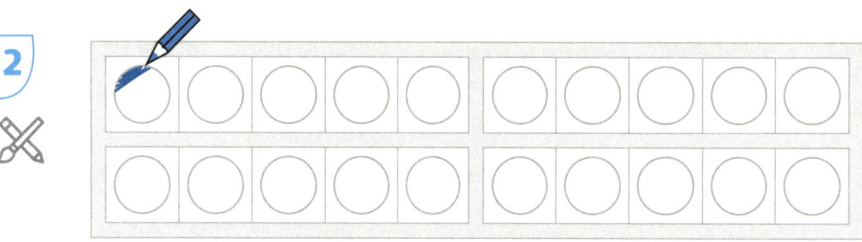

3

8

4 Immer 8.

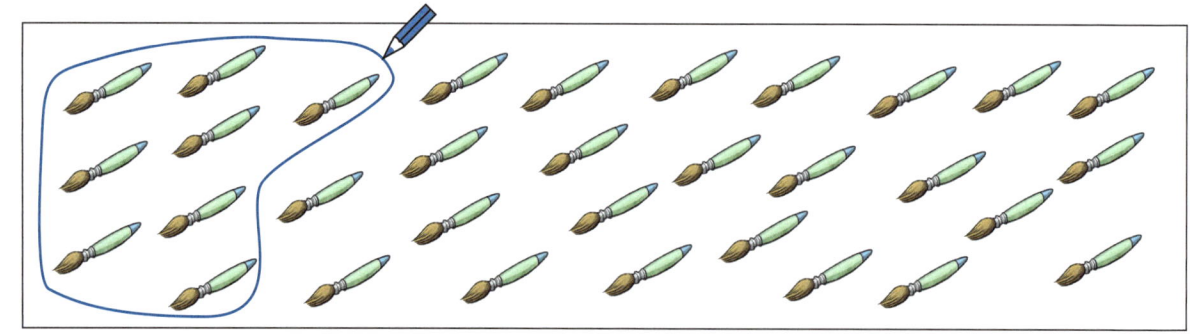

1. Neu eingeführte Zahlenkarte ausmalen. **2.–4.** Jeweilige Zahlmenge ausmalen, verbinden oder einkreisen.
↓ Zählstrategie: Abstreichen beim Zählen.

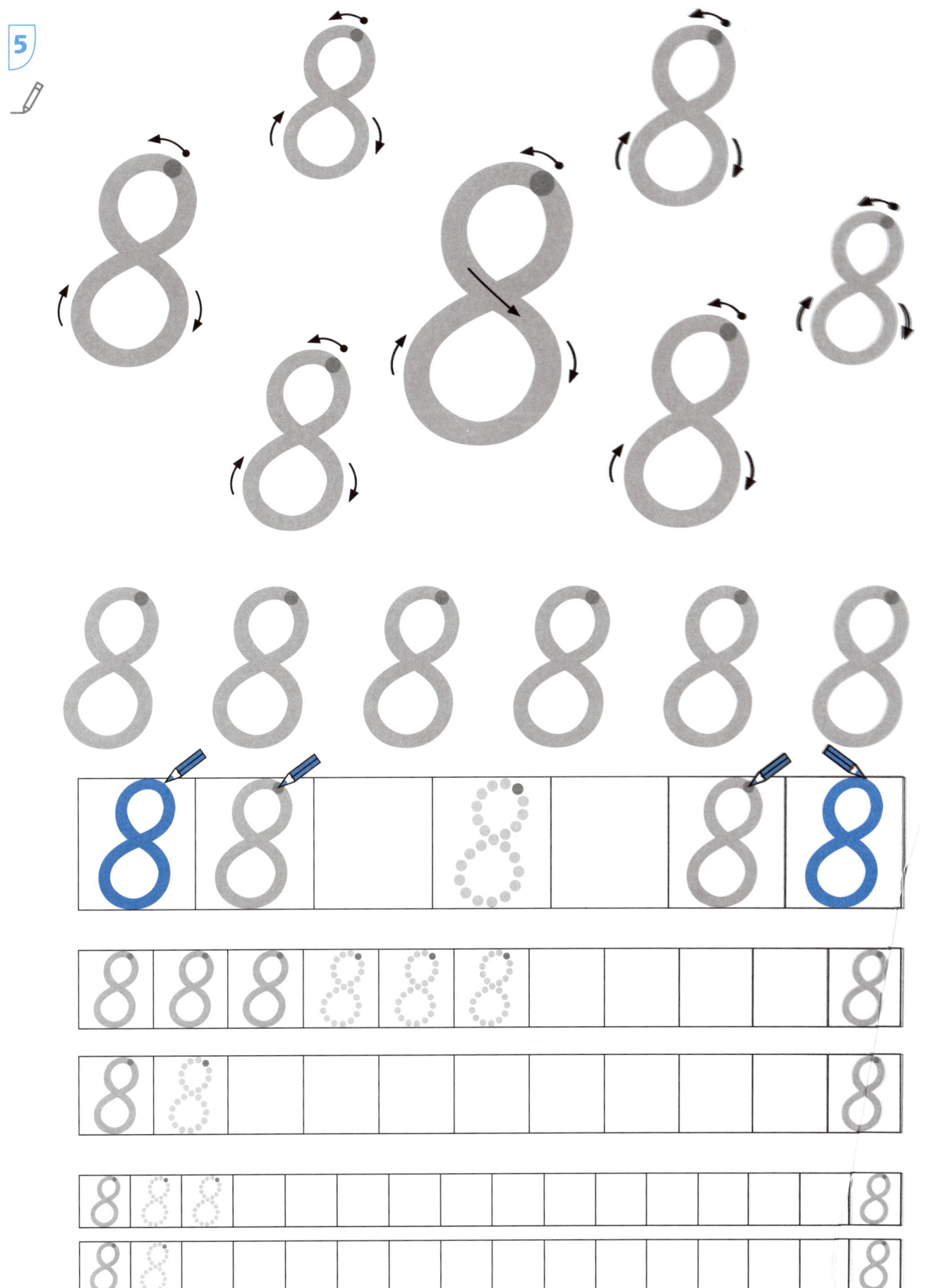

5. Zuerst die Zahl mit dem Finger mehrmals nachspuren, dann schreiben.
Für linkshändige SuS ist die Zahl als Schreibvorlage auch rechts abgebildet.

Die Zahl 9

☐ S. 6

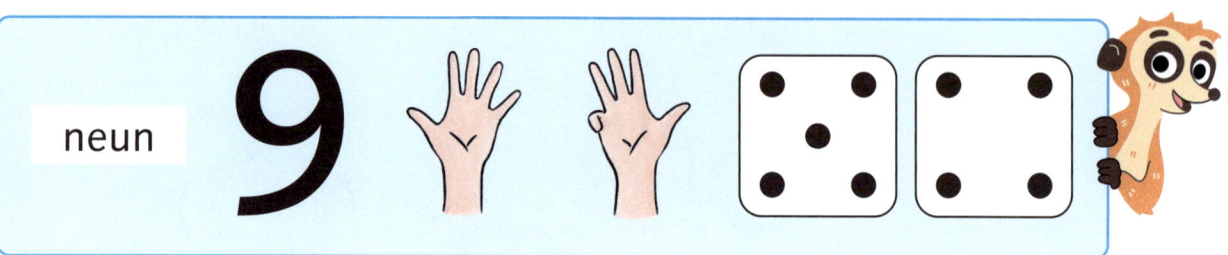

neun **9**

1

| 1 | 2 | 3 | 4 | 5 | 6 | 7 | 8 | 9 | 10 |

2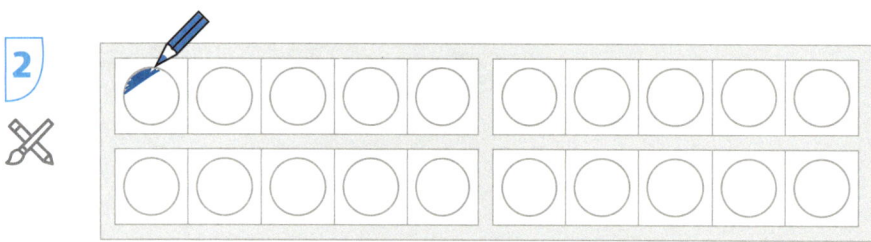

3

9

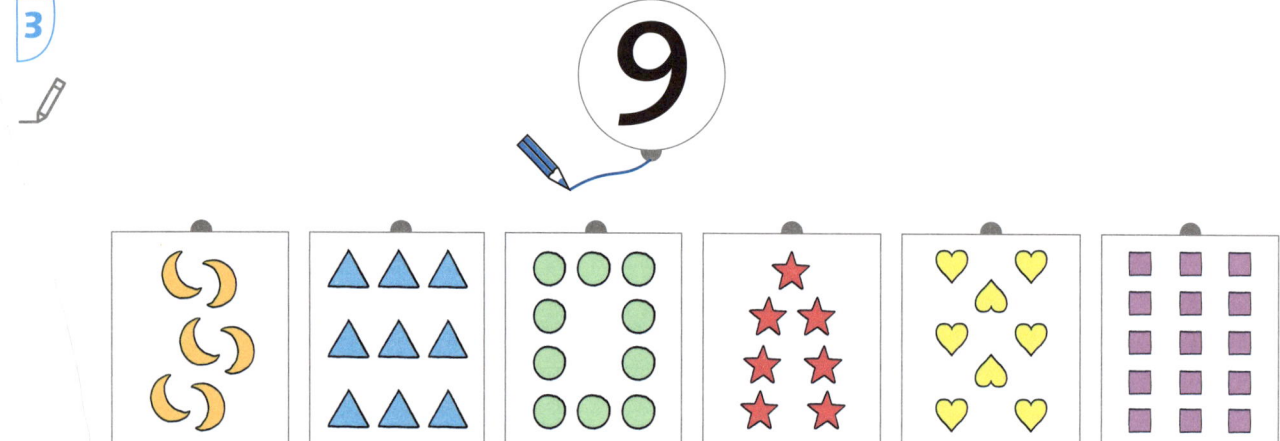

4 Immer 9.

---

1. Neu eingeführte Zahlenkarte ausmalen. **2.–4.** Jeweilige Zahlmenge ausmalen, verbinden oder einkreisen.
↓ **Zählstrategie:** Abstreichen beim Zählen.

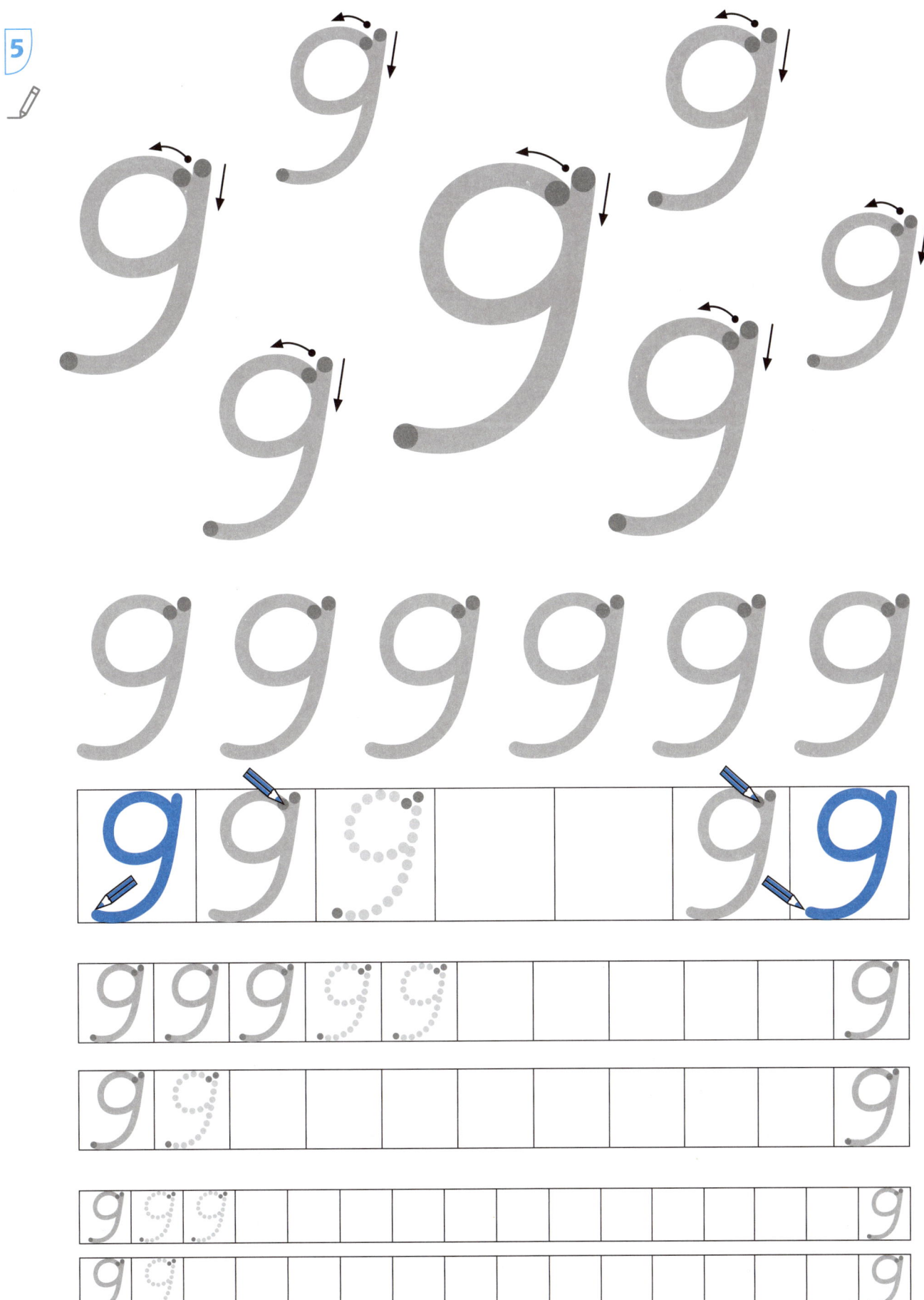

5. Zuerst die Zahl mit dem Finger mehrmals nachspuren, dann schreiben.
Für linkshändige SuS ist die Zahl als Schreibvorlage auch rechts abgebildet.

25

Die Zahl 0

S. 6

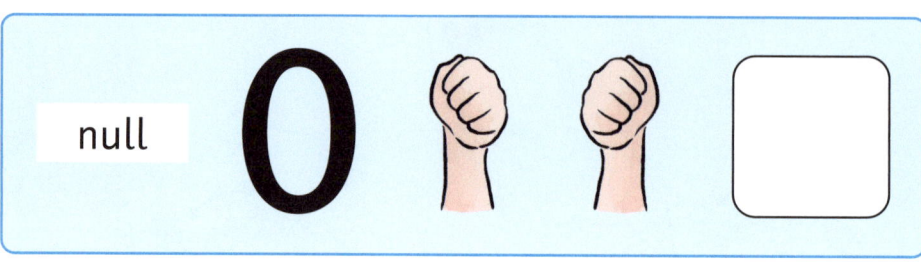

null | 0

1

| 1 | 2 | 3 | 4 | 5 | 6 | 7 | 8 | 9 | 10 |

2
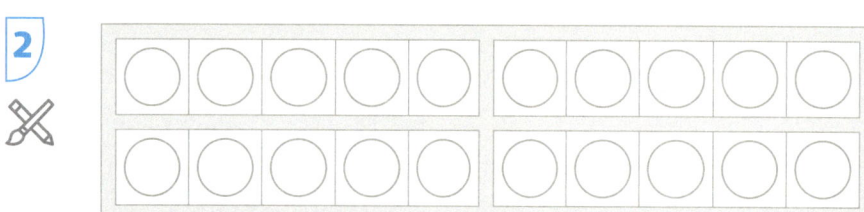

3

4
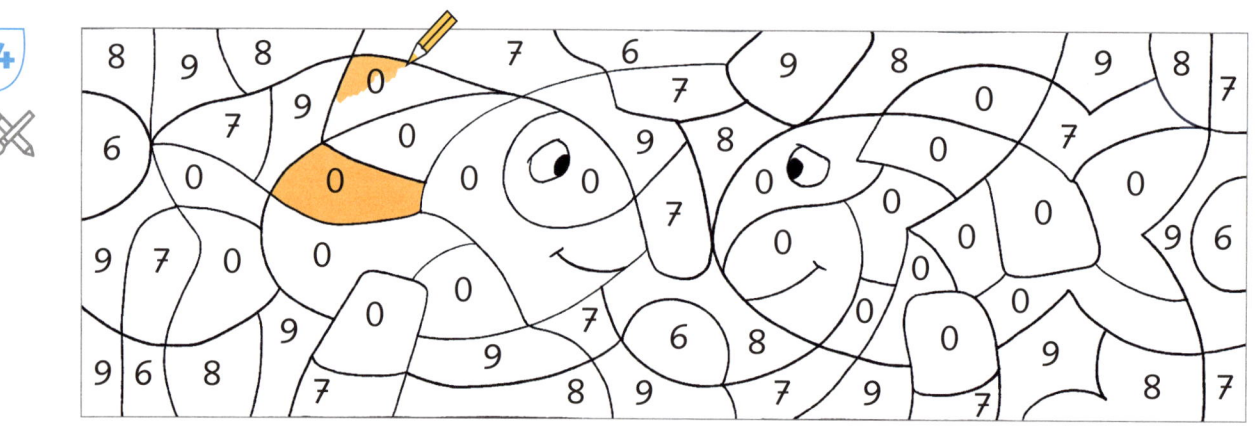

---

1. Neu eingeführte Zahlenkarte ausmalen. 3. Null ausmalen.
4. Null-Felder gelb ausmalen, für andere Zahlen Farben individuell festlegen.

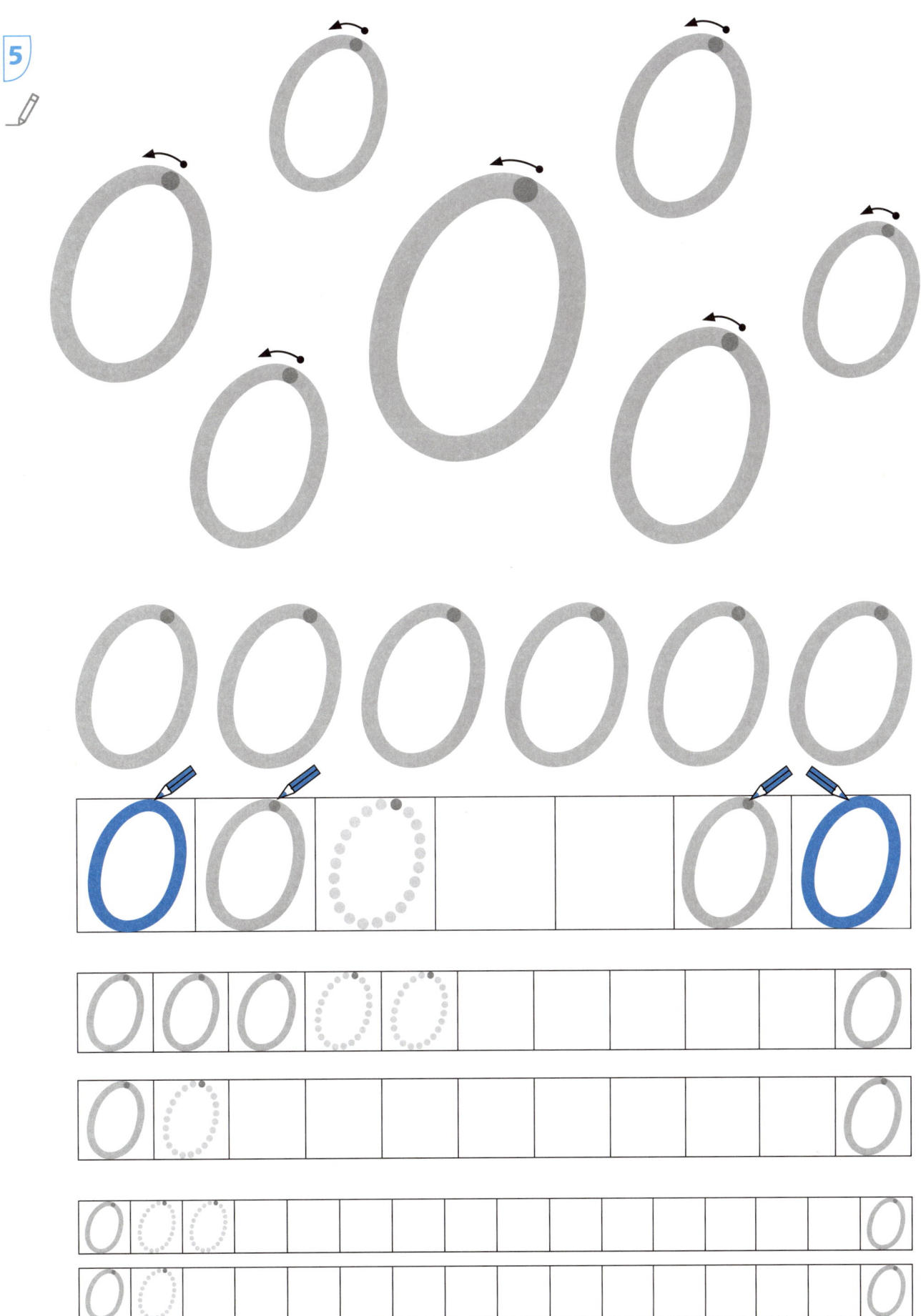

5. Zuerst die Zahl mit dem Finger mehrmals nachspuren, dann schreiben.
Für linkshändige SuS ist die Zahl als Schreibvorlage auch rechts abgebildet.

Die Zahl 10

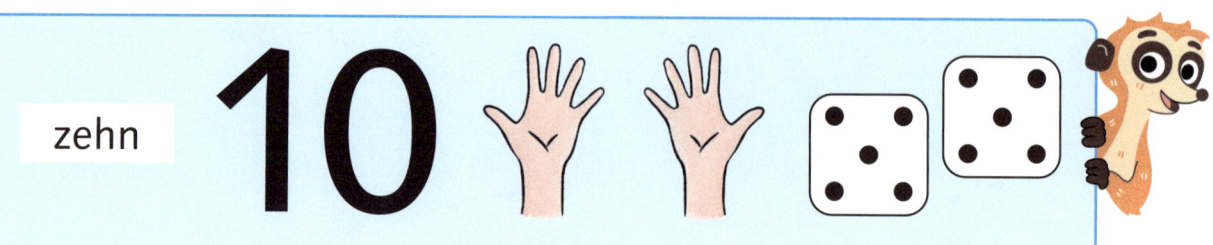

zehn **10**

1

1 2 3 4 5 6 7 8 9 10

2

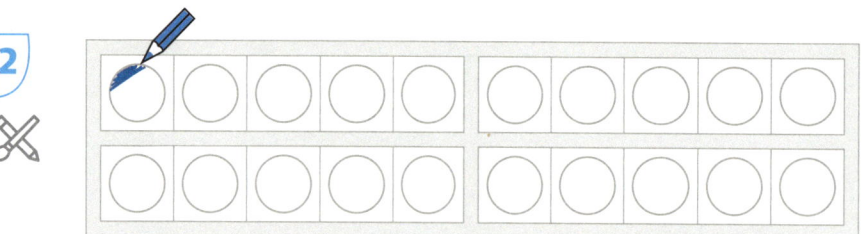

3

10

4 Immer 10.

28 **1.** Neu eingeführte Zahlenkarte ausmalen. **2.–4.** Jeweilige Zahlmenge ausmalen, verbinden oder einkreisen.
↓ Zählstrategie: Abstreichen beim Zählen.

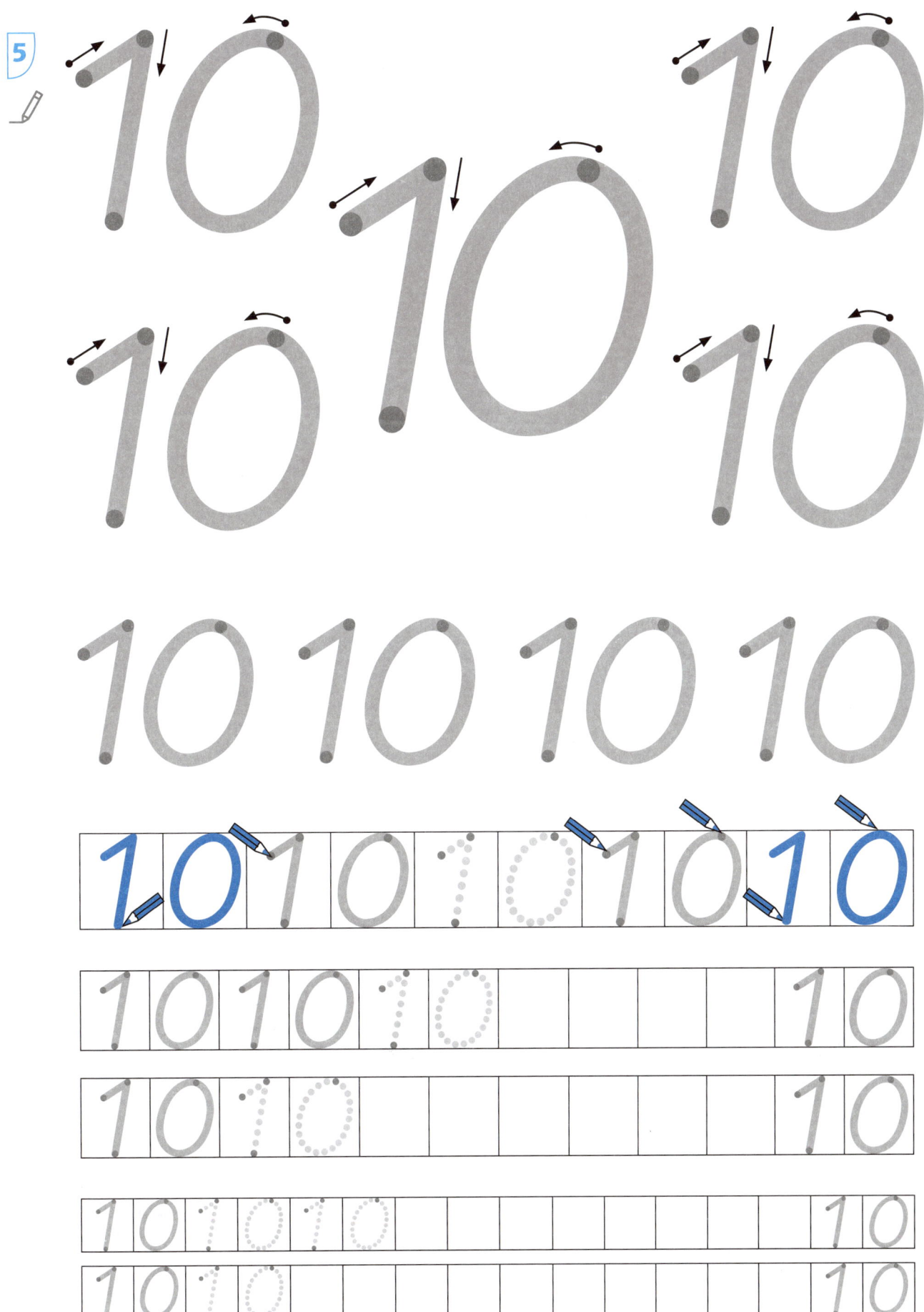

5. Zuerst die Zahl mit dem Finger mehrmals nachspuren, dann schreiben.
Für linkshändige SuS ist die Zahl als Schreibvorlage auch rechts abgebildet.

29

Links und rechts

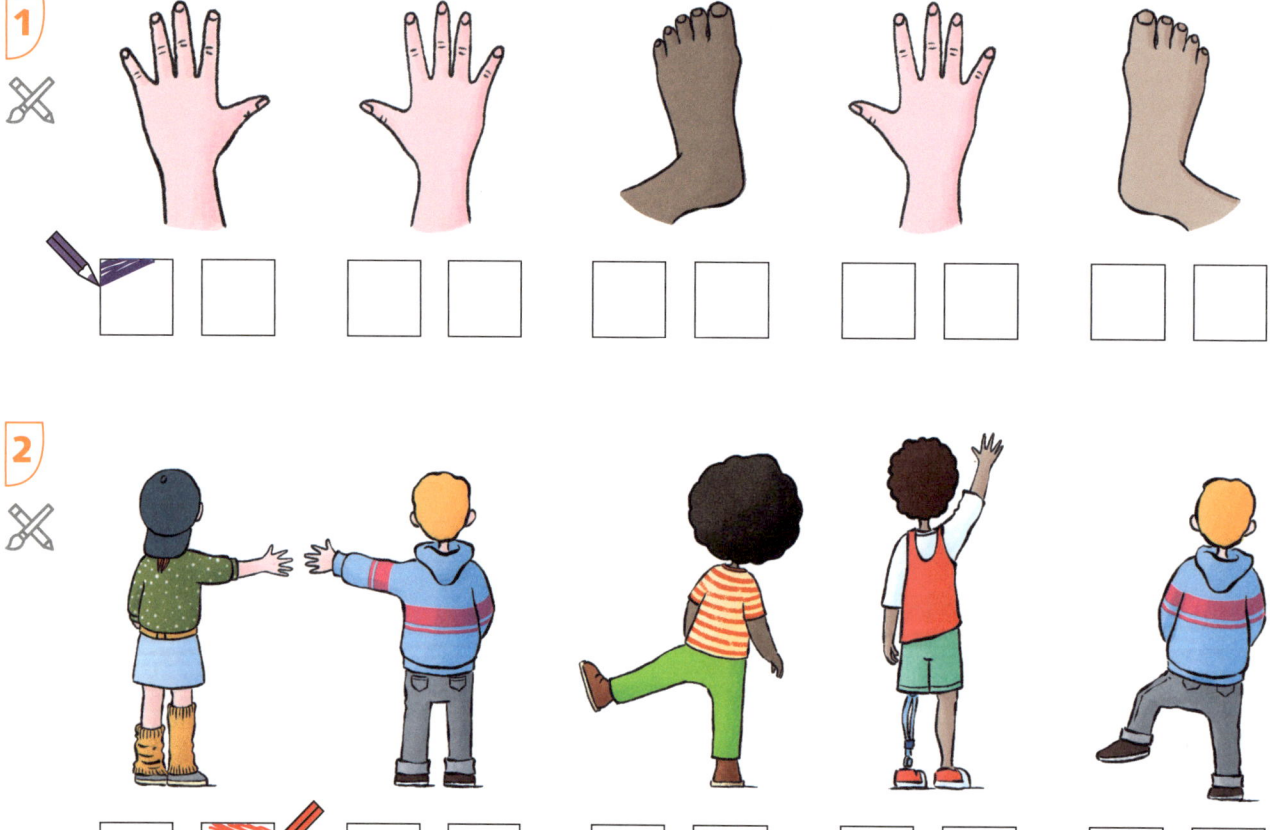

Bewegungsspiele mit Farbbändern vorab. **1.** Farbig markieren: Lila für **links** und rot für **rechts**.
2. Farbig markieren, mit welcher Körperseite eine Aktion durchgeführt wird.

3 ✂

4 ✏

1. Farbig markieren, in welcher Lagebeziehung sich die Kinder zueinander befinden (links von/rechts von).
2. Richtungen (nach links/nach rechts) erkennen und farbig einkreisen.

31

↑ oben

↓ unten

1
✂

2
✂

oben

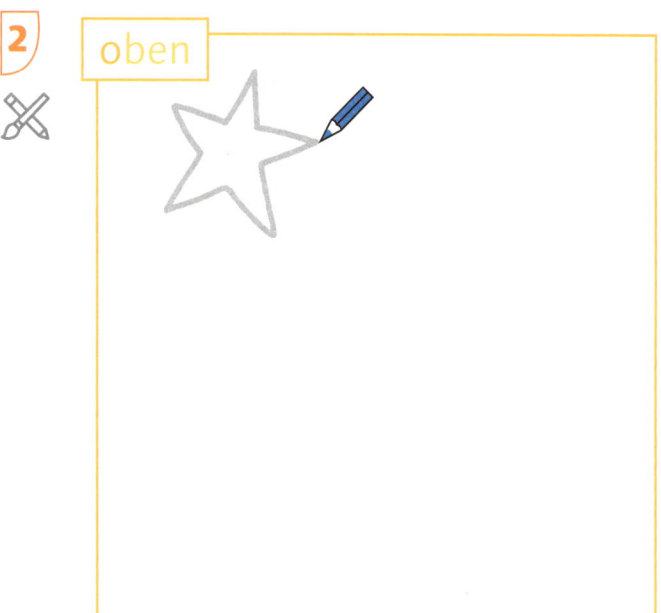

unten

1. Farbig markieren, welche Lagebezeichnung (oben/unten) passt. **2.** Bilder nachspuren und ausmalen. Eigene Bilder passend zur Lagebezeichnung in die Kästchen zeichnen.

Links, rechts und oben, unten

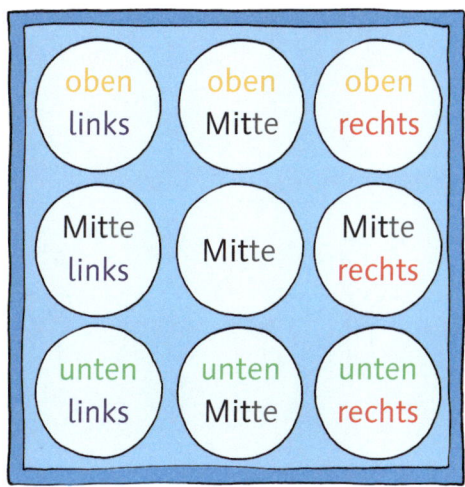

1. Farbig markieren, welche Lagebezeichnung passt.
2. Über den Spielverlauf sprechen. Spiel „Drei in einer Reih'" mit einem Partnerkind spielen.

Fingerbilder

1

Es sind 7.

2

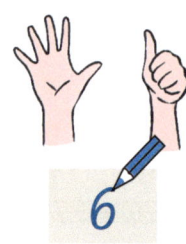
6

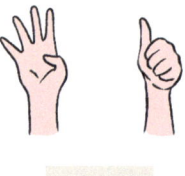

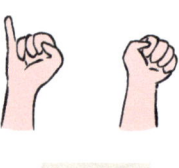

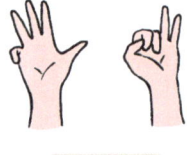

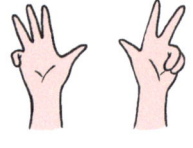

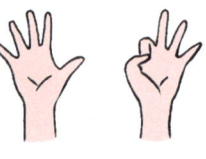

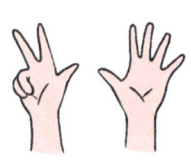

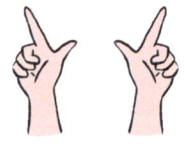

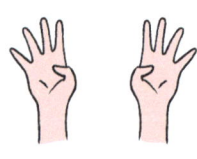

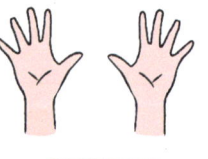

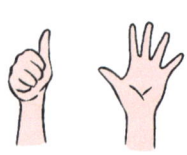

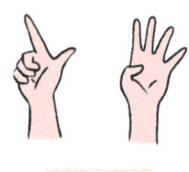

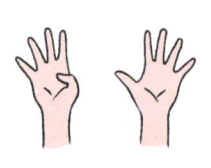

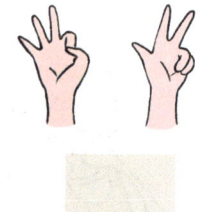

34

1. Blitzblick als Partnerübung mündlich durchführen.
2. Anzahl der Finger bestimmen und Menge notieren. ↑ Erklären, welches Fingerbild leicht erkennbar ist.

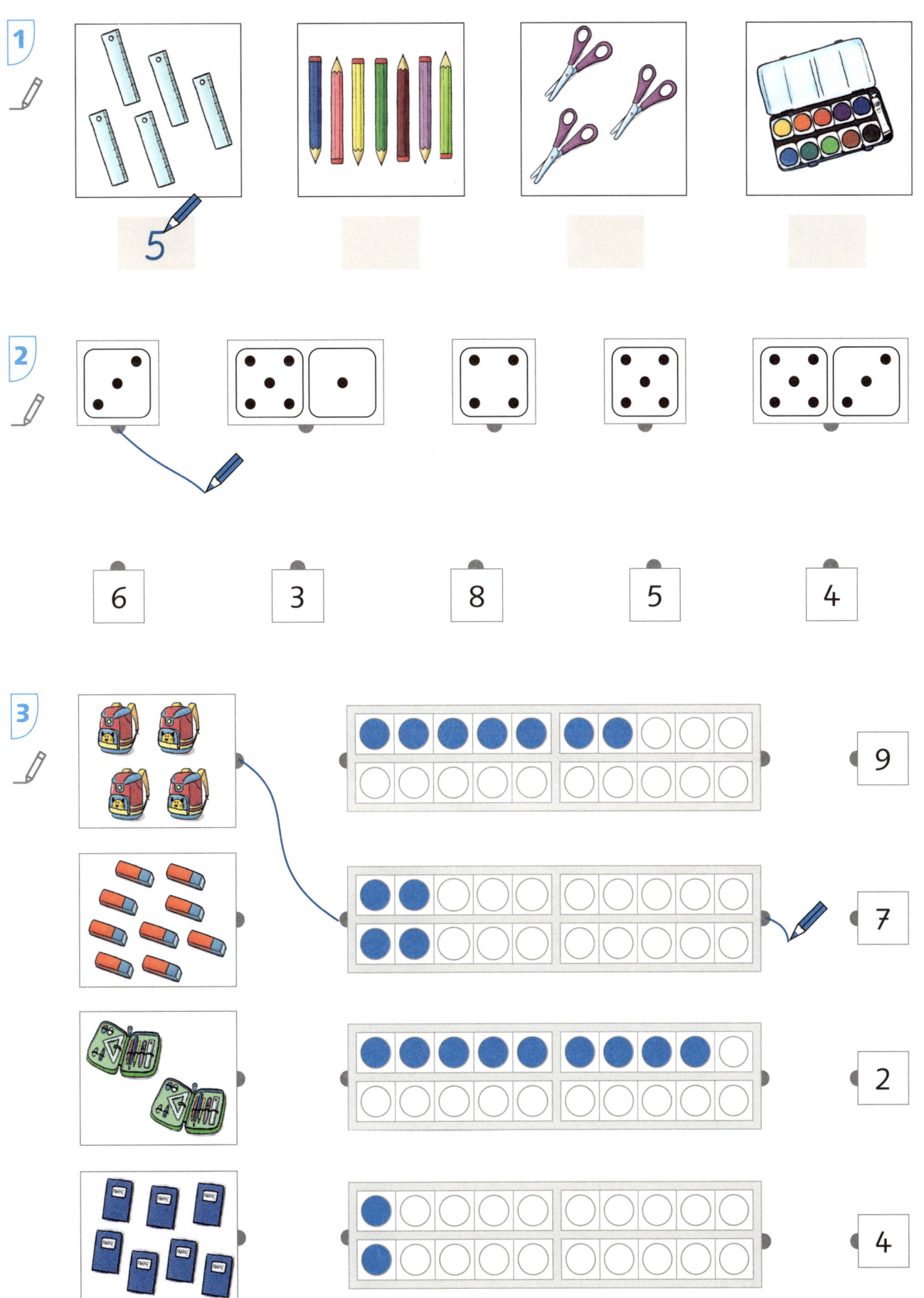

1. Zählen und Anzahl aufschreiben. Auf erarbeitete Zählstrategien verweisen (z. B. durchstreichen).
↑ Eigenen Namen schreiben und Buchstaben zählen. Weitere Gegenstände des Alltags zählen.

35

Mengen auf einen Blick

S. 12

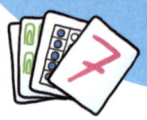

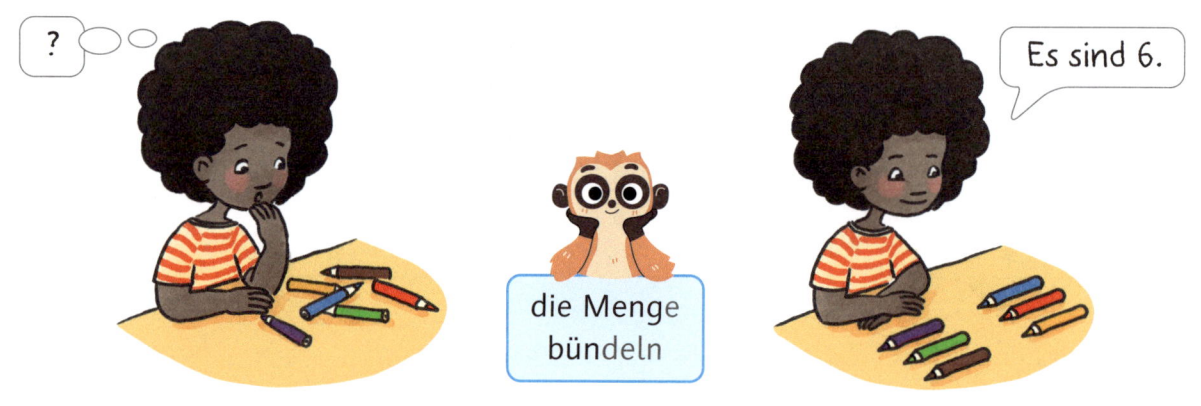

1

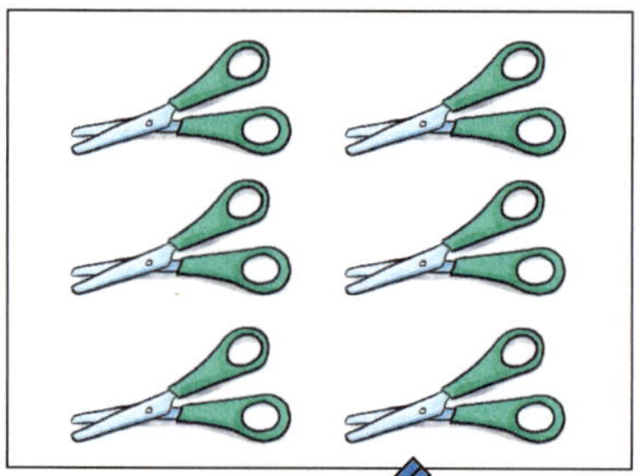

6

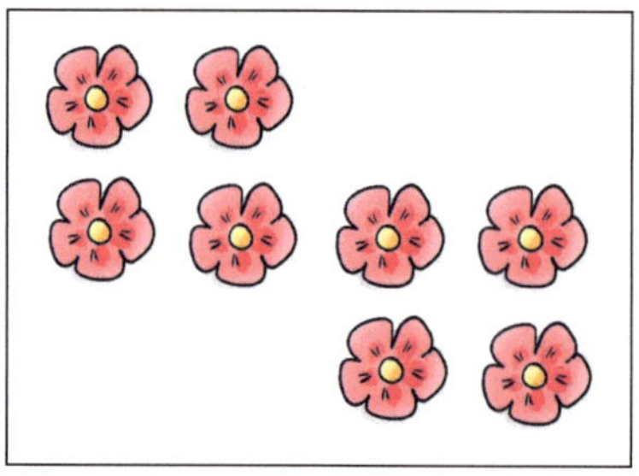

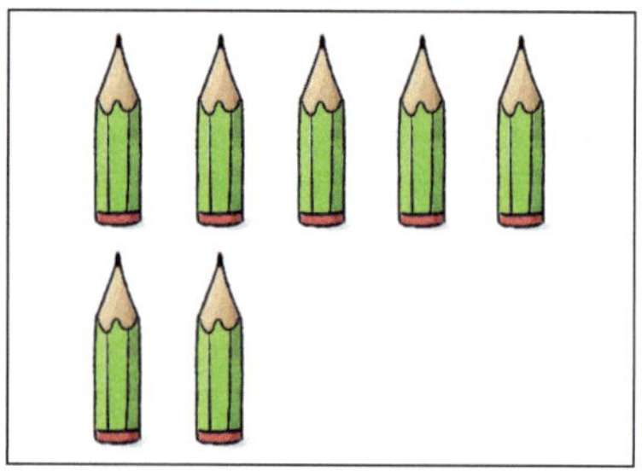

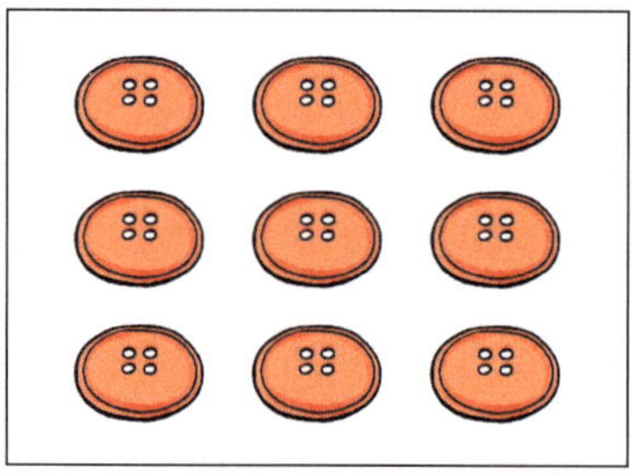

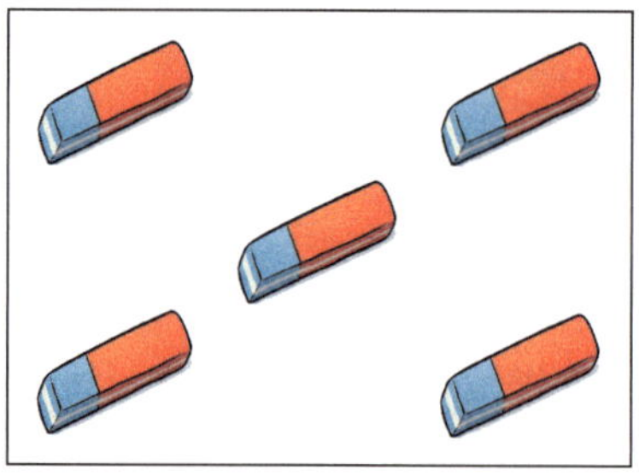

2

8

5

10

1. Zählstrategien (z. B. Einkreisen) nutzen. 2. Zu den Zahlen eine passende Anzahl an Gegenständen zeichnen.
↑ Austausch mit Partnerkind über unterschiedliche Anordnung der Gegenstände.

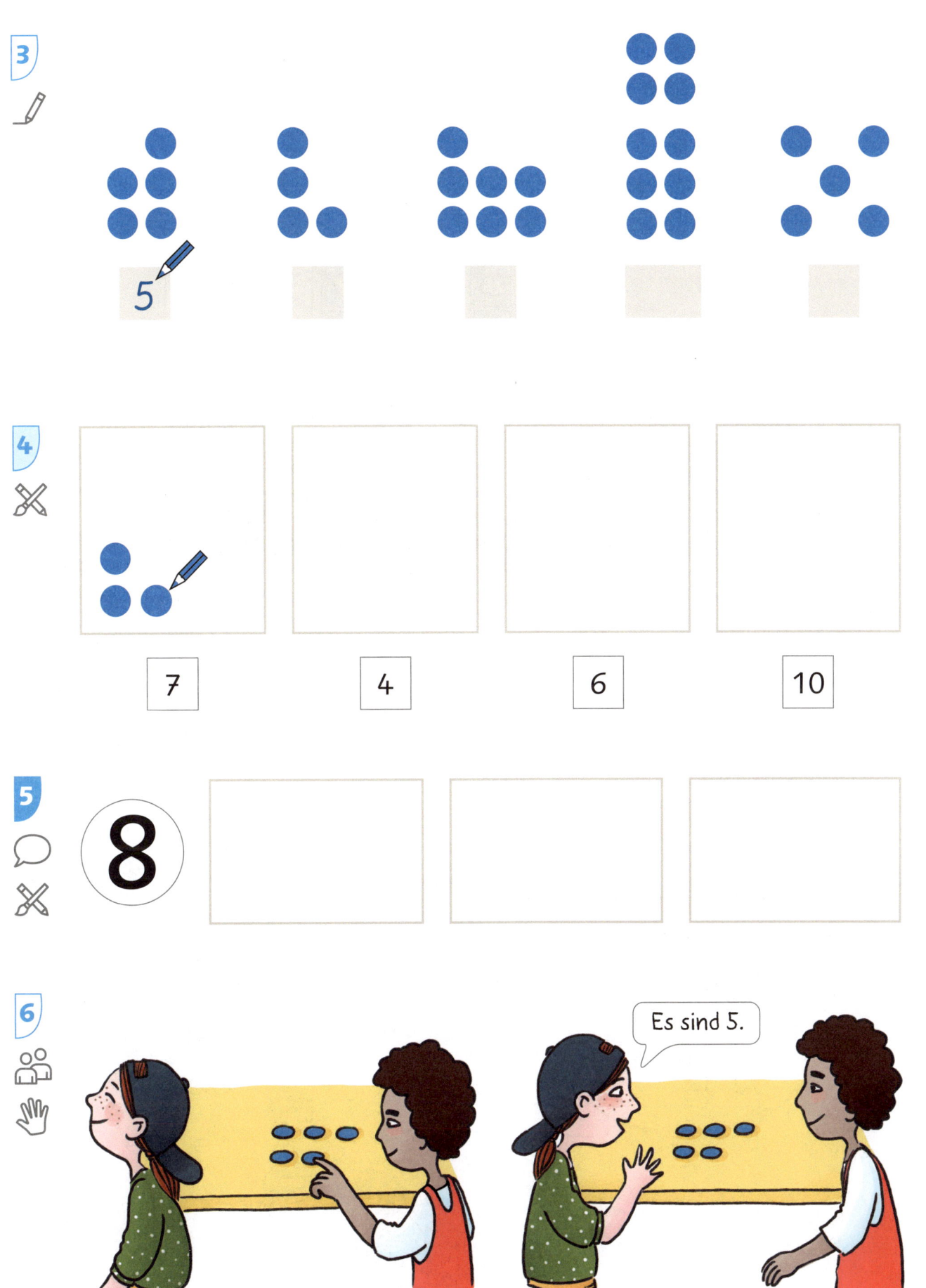

3

5

4

| 7 | 4 | 6 | 10 |

5

8

6

Es sind 5.

---

4. Zu Zahlen strukturiertes Punktebild zeichnen. **5.** Verschiedene Punktebilder zur 8 zeichnen und erklären.
6. Partnerübung Blitzblick: Ein Kind legt eine Anzahl mit Plättchen. Das andere Kind nennt die passende Zahl.

1

die Strichliste
die Kraft der Fünf

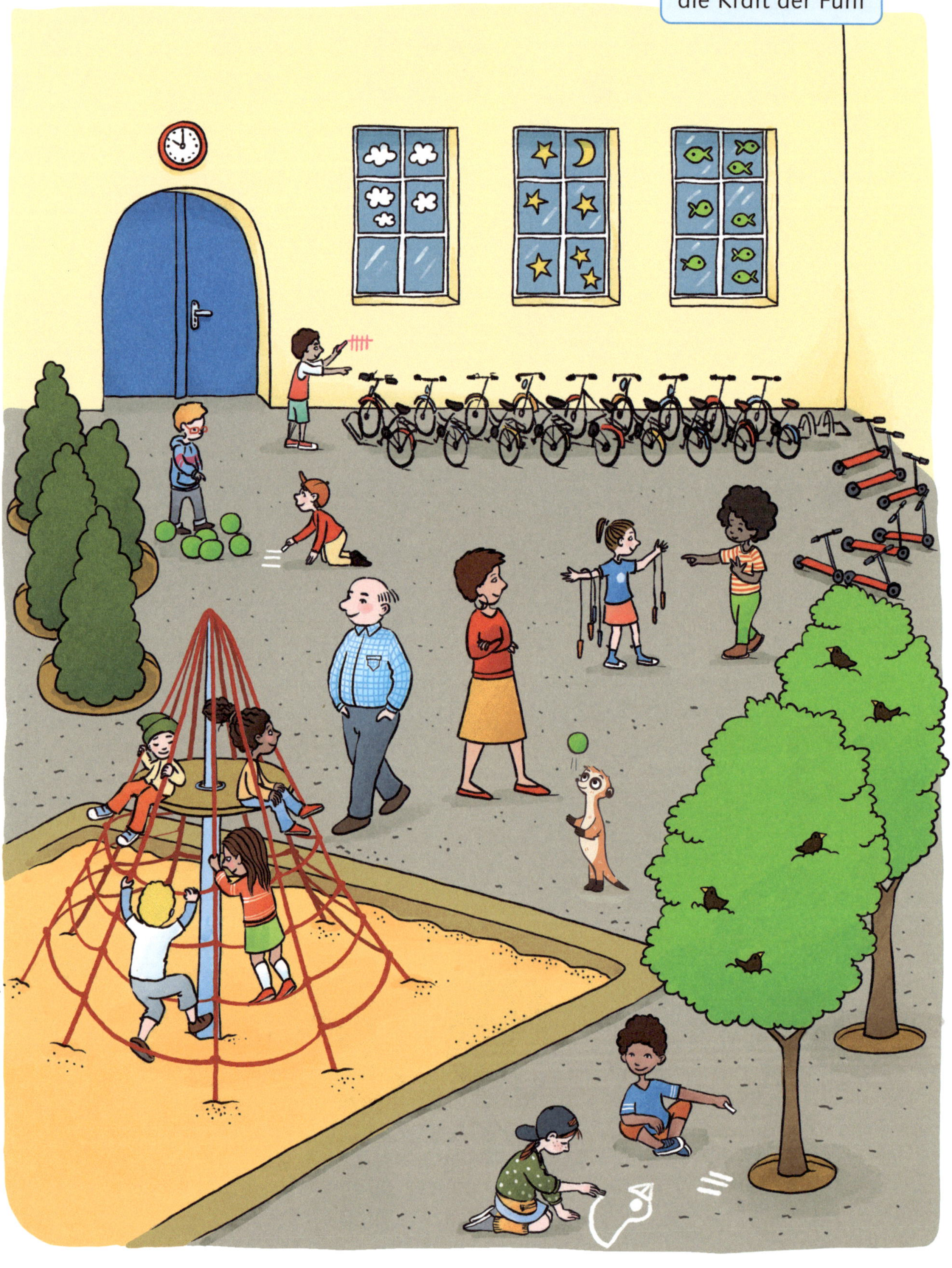

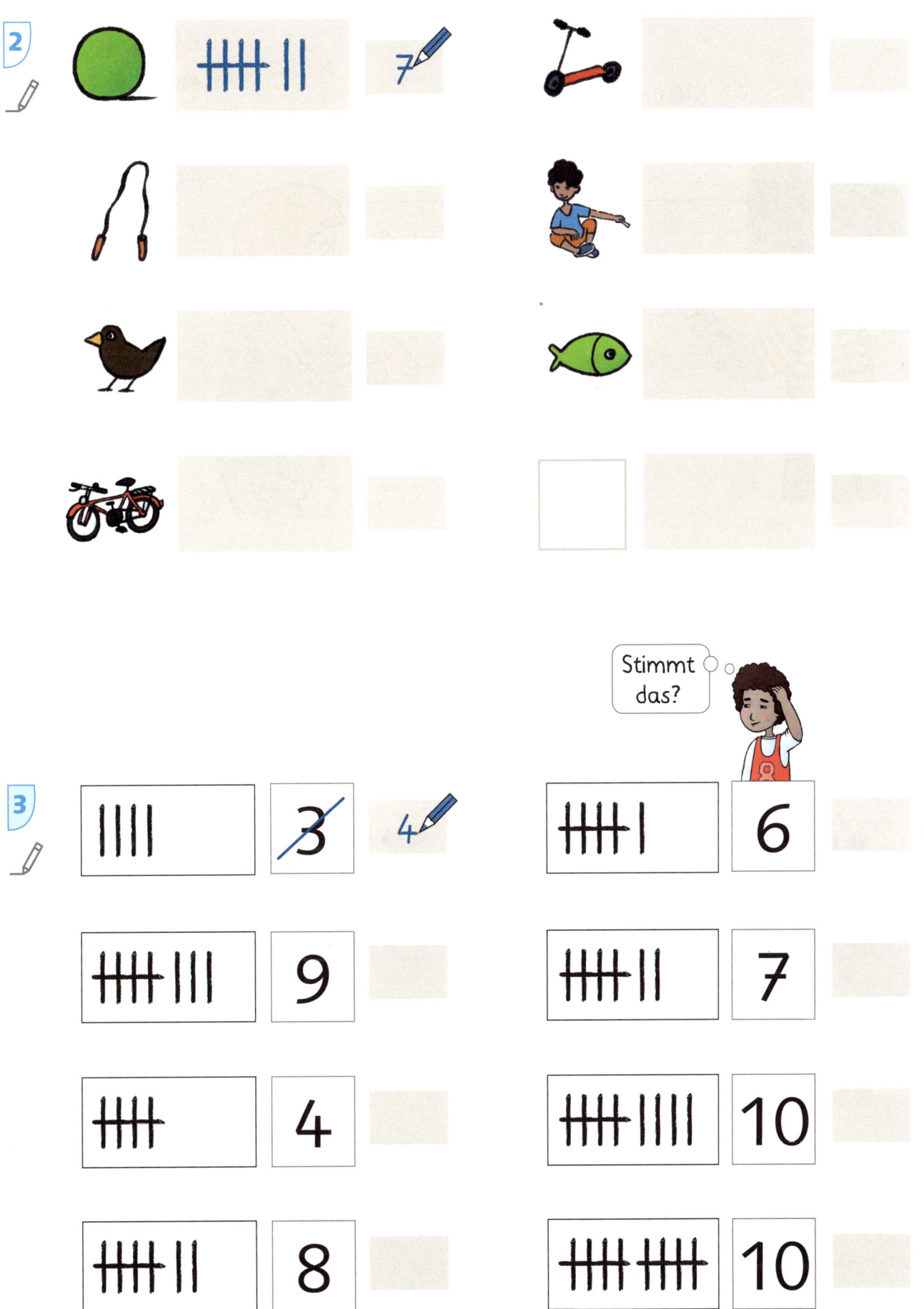

2

3

Stimmt das?

|||| ~~3~~   4

||||| | 6

||||| ||| 9

||||| || 7

||||| | 4

||||| |||| 10

||||| || 8

||||| ||||| 10

2. Gegenstände im Bild (S. 38) finden und zählen. Zählstrategien (z.B. Einkreisen) und Strichliste nutzen.
3. Angaben überprüfen und ggf. verbessern.

39

1

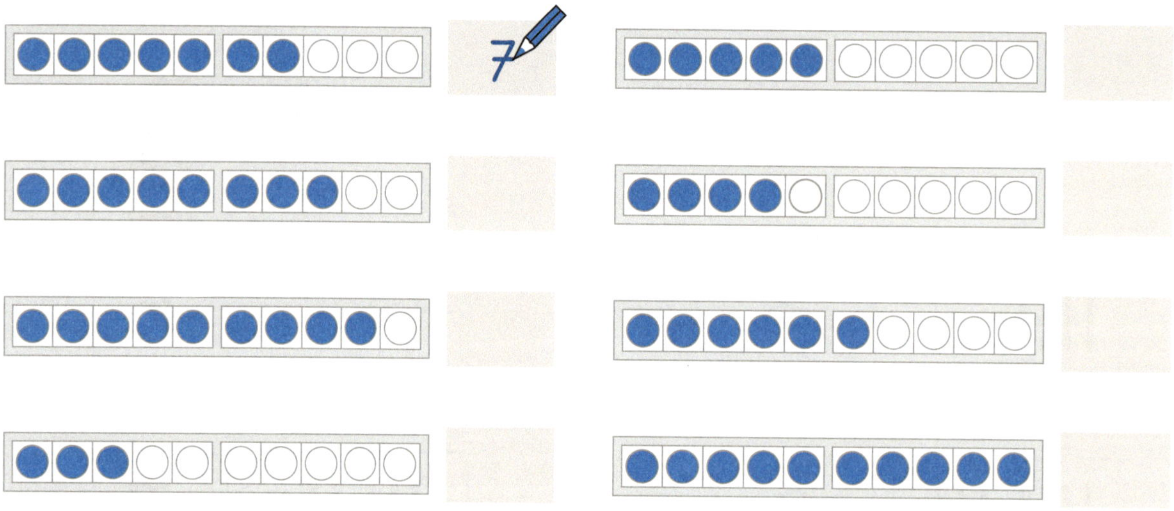

2

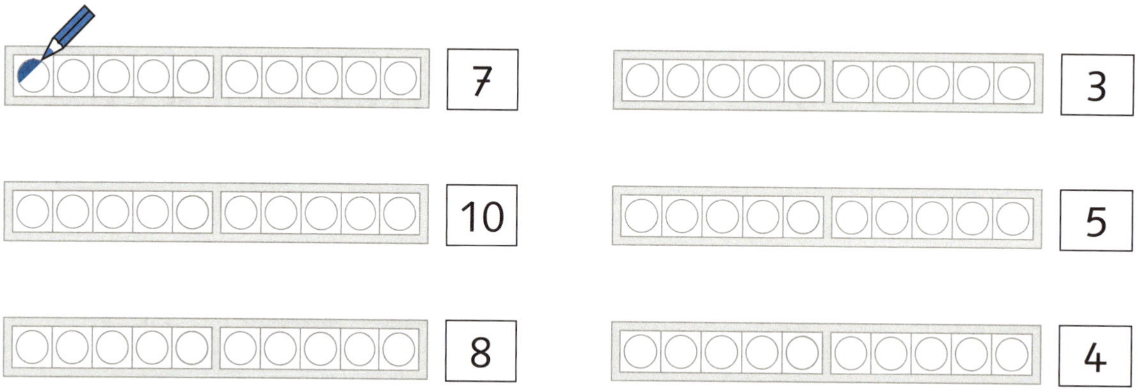

1./3. Plättchen zählen und passende Anzahl notieren. Struktur des Zehnerfelds nutzen.
2./4. Passende Anzahl an Plättchen mit Material legen und im Zehnerfeld ausmalen.

3 ● oben und 3 ● unten.

6 ● liegen im Zehnerfeld.

3 5

4

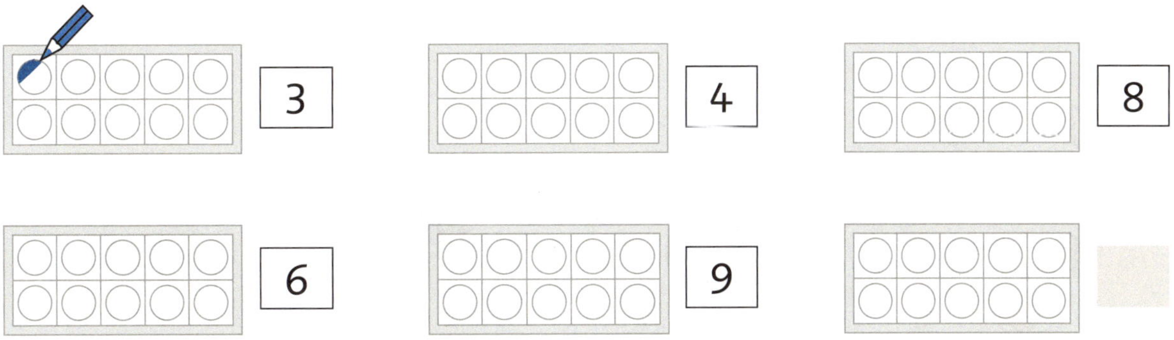

3

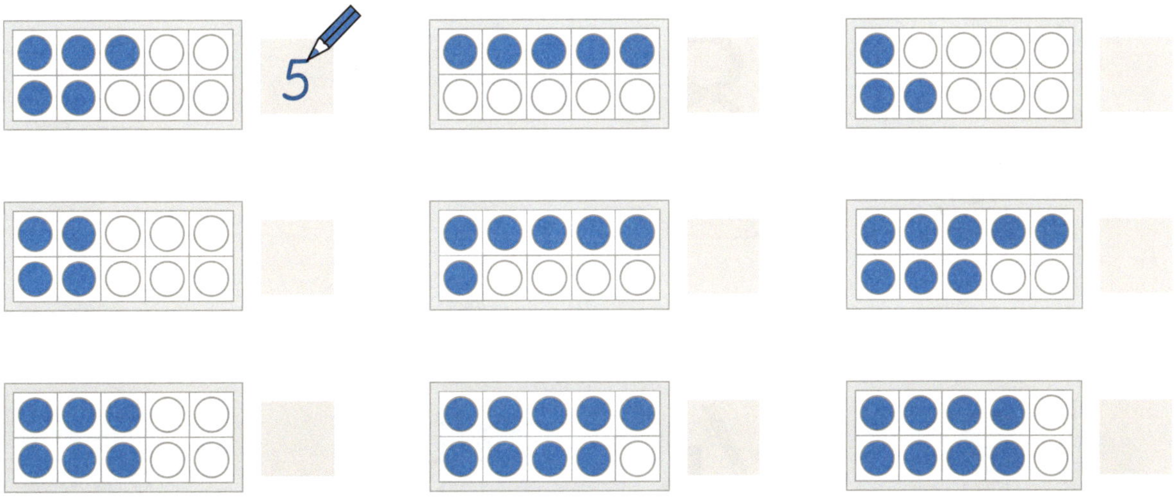

4

8

6

9

↑ Austausch mit Partnerkind über unterschiedliche Darstellungen der Zahlen im Zehnerfeld.

41

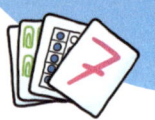

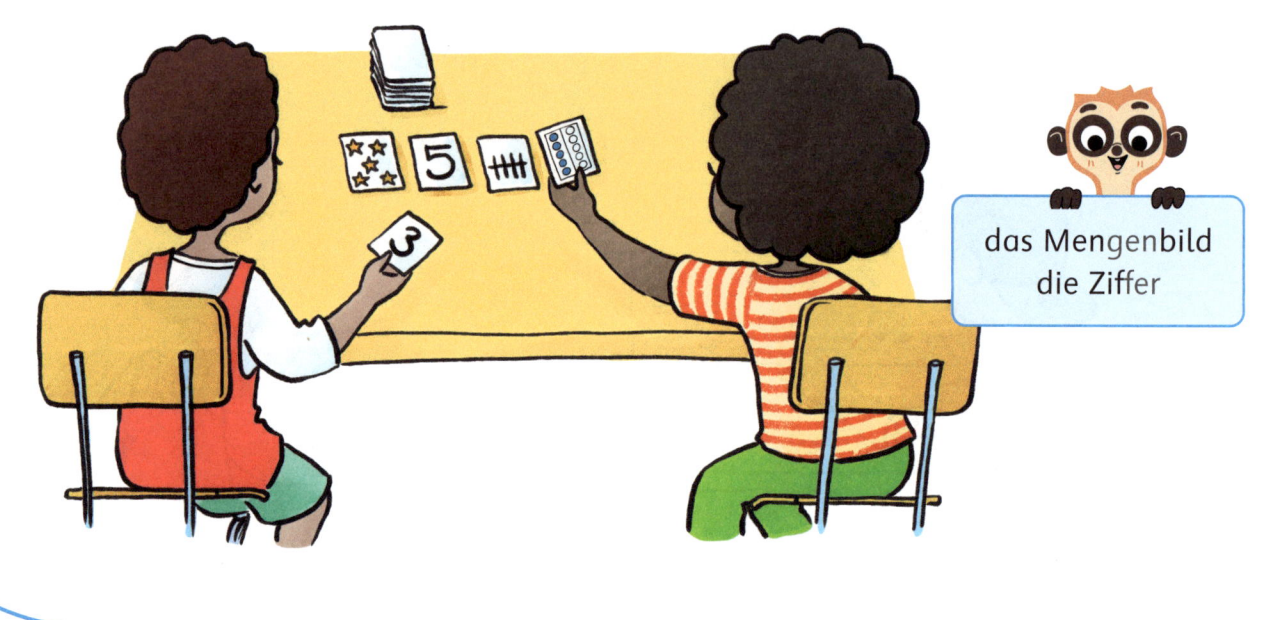

Zahlen verschieden darstellen

S. 15

5
3
das Mengenbild
die Ziffer

1

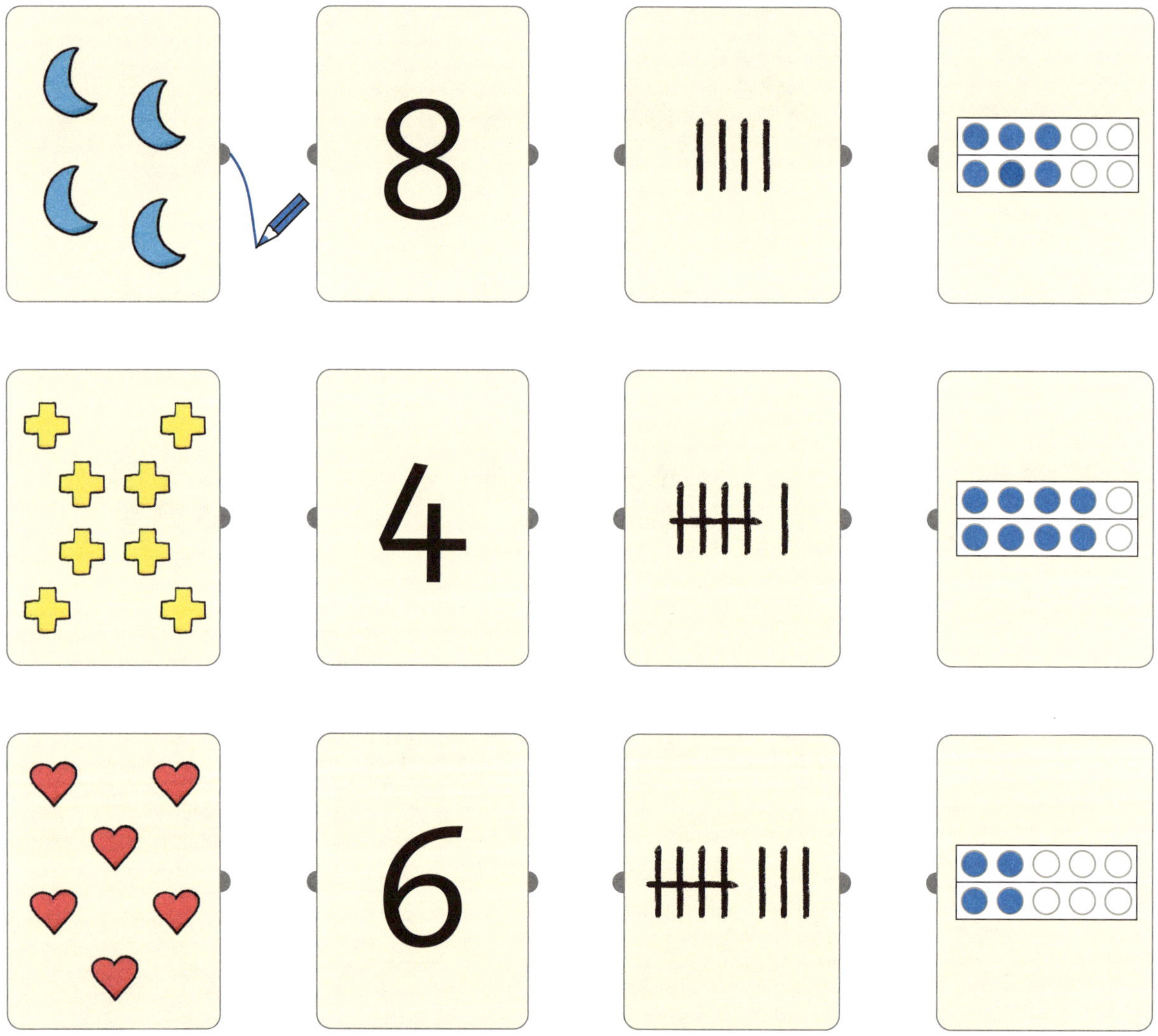
8
4
6

Ggf. das Quartettspiel vorher spielen. Vier Zahldarstellungen zu einer Zahl ergeben ein Quartett.

1. Die vier passenden Zahldarstellungen miteinander verbinden (Zahlbild, Ziffer, Strichliste, Zehnerfeld).

2. Fehlende Zahldarstellungen ergänzen. Je Reihe eine Zahl.
3. Vier eigene Zahldarstellungen zu einer Zahl zeichnen (Zahlbild, Ziffer, Strichliste, Zehnerblock).

43

mehr als
weniger als
gleich viel

1 Was gibt es mehr?

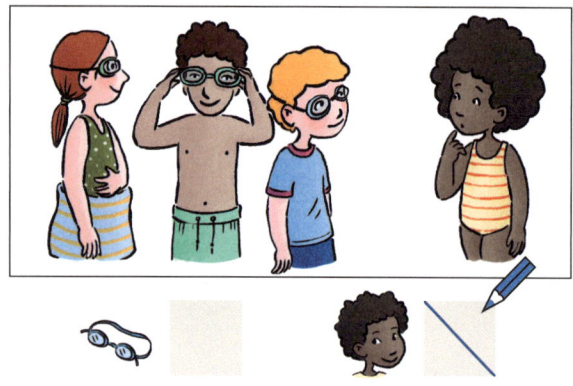

1. Ankreuzen, wo mehr sind.

2 Es sind mehr 🔴 als 🔵.

Es sind mehr 🔵 als 🔴.

3 Wo sind weniger?

4 Wo sind weniger?

Stimmt das?

2. Partnerarbeit: Punktemenge mit roten und blauen Plättchen legen. Wo sind mehr?
3. Ankreuzen, wo weniger sind. 4. Korrigieren, indem Punkte hinzugefügt werden

45

1

Ich habe 2 <u>mehr</u>.

2

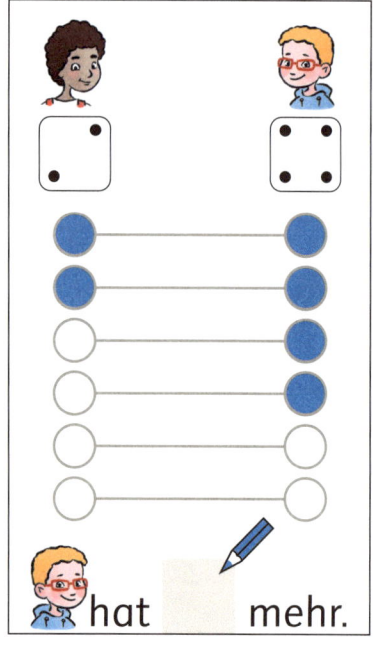

hat _____ mehr.

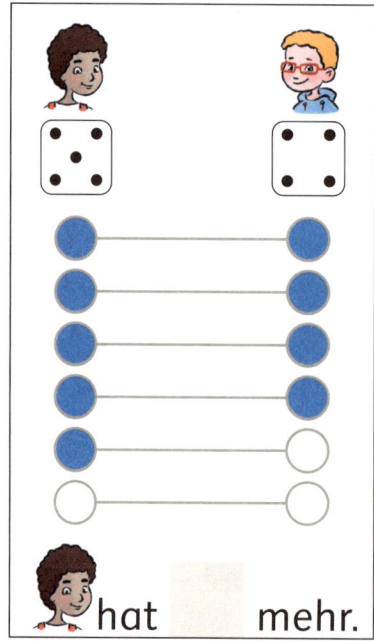

hat _____ mehr.

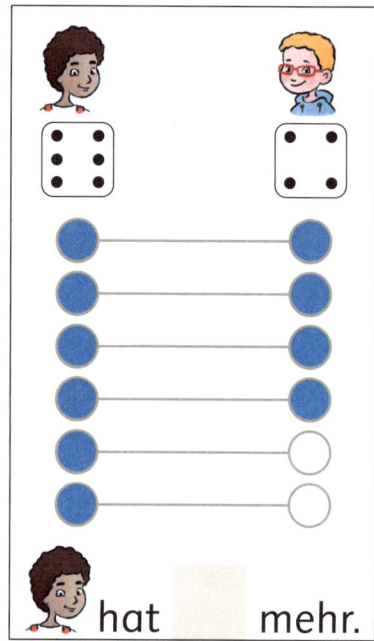

hat _____ mehr.

hat _____ mehr.

hat _____ mehr.

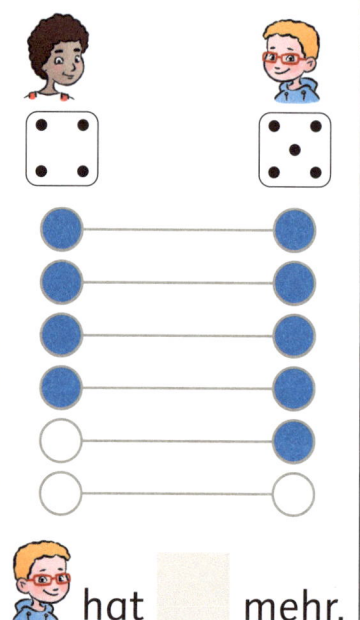

hat _____ mehr.

1. Jedes Kind würfelt. Wer hat mehr?
2. ↓ Die Plättchen, die mehr sind, einkreisen und erst dann die Anzahl notieren.

3

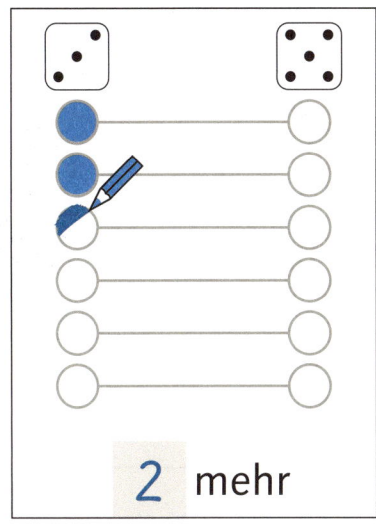

4

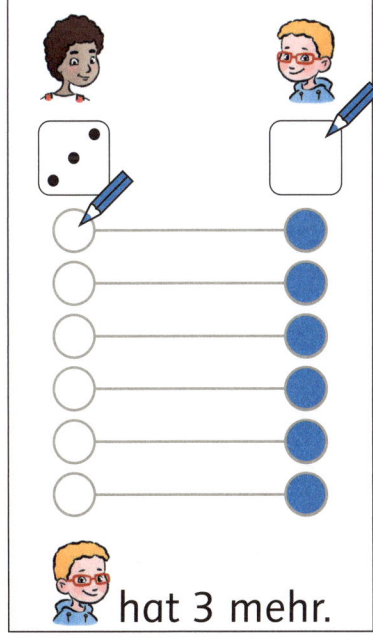

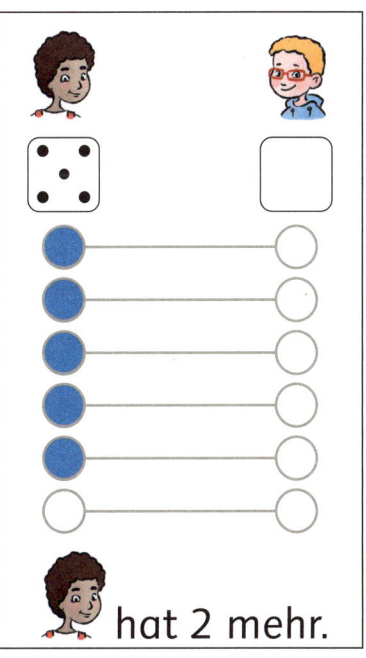

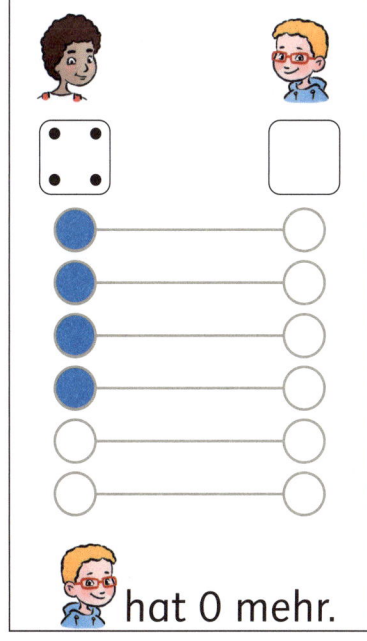

3. Plättchen passend zur Würfelzahl ausmalen und Anzahl notieren.
4. Plättchen und Würfelzahl passend zur unteren Aussage ergänzen.

47

Kleiner, größer, gleich

S. 18

3 ist kleiner als 5.   2 ist gleich 2.   5 ist größer als 3.

kleiner als   gleich   größer als

1

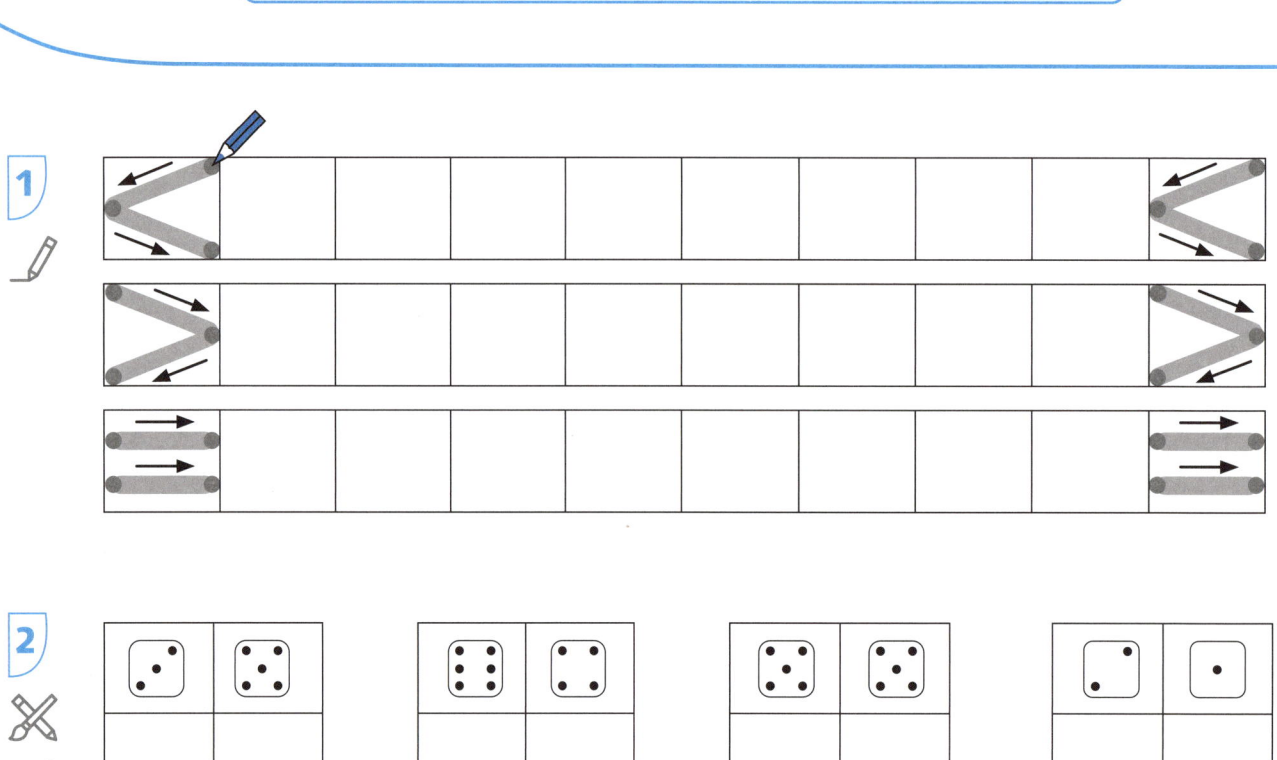

2

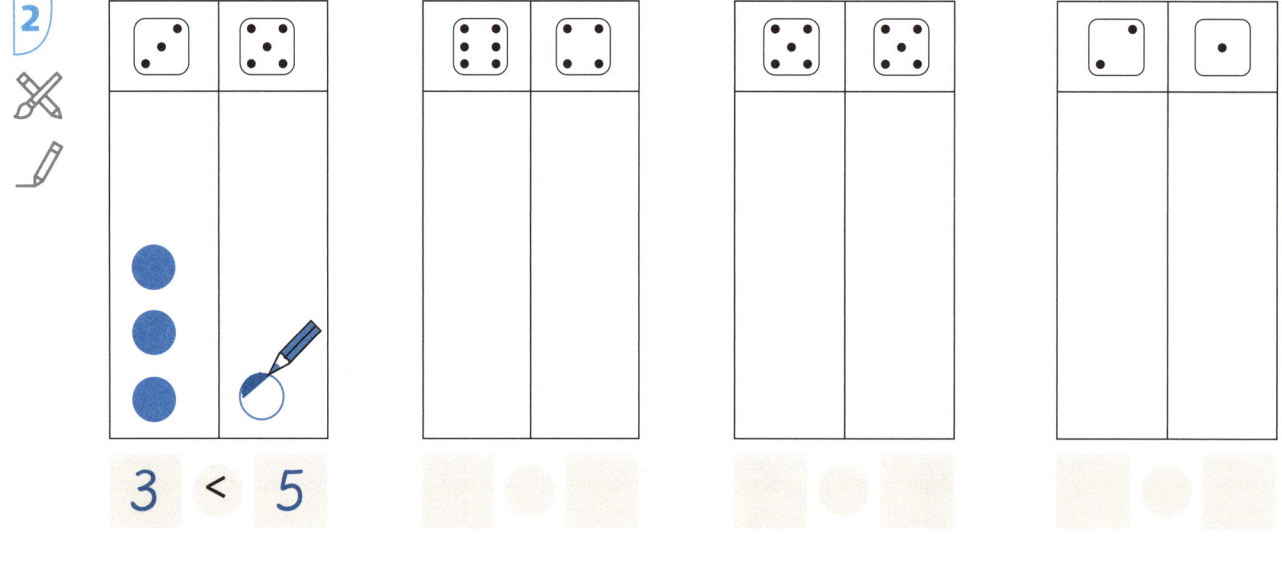

3 < 5

3

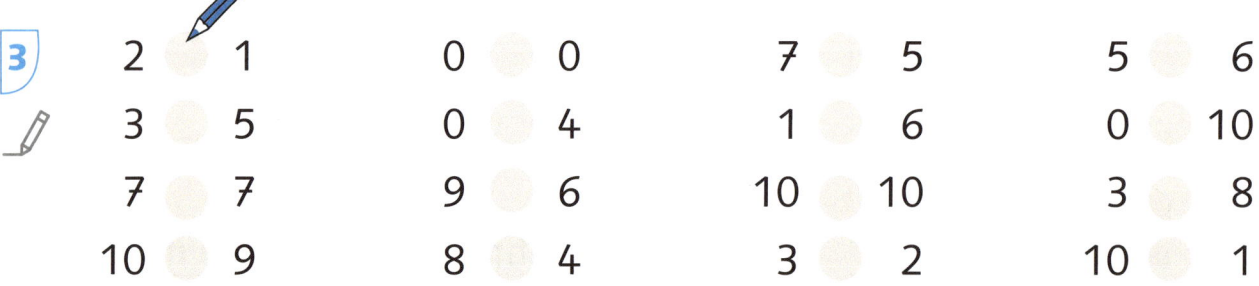

2	1	0	0	7	5	5	6
3	5	0	4	1	6	0	10
7	7	9	6	10	10	3	8
10	9	8	4	3	2	10	1

Schreibrichtung und Sprechweise thematisieren. Handlungsorientierter Zugang mit Plättchen. Stifte als Visualisierung und Relationszeichen anlegen. Gleichheitszeichen thematisieren. Was bedeutet „gleich"?

4

4 > 2	▢ < 9	0 = ▢	▢ > 8
6 > ▢	▢ < 3	▢ > 5	0 < ▢
10 > ▢	▢ < 7	2 < ▢	1 = ▢

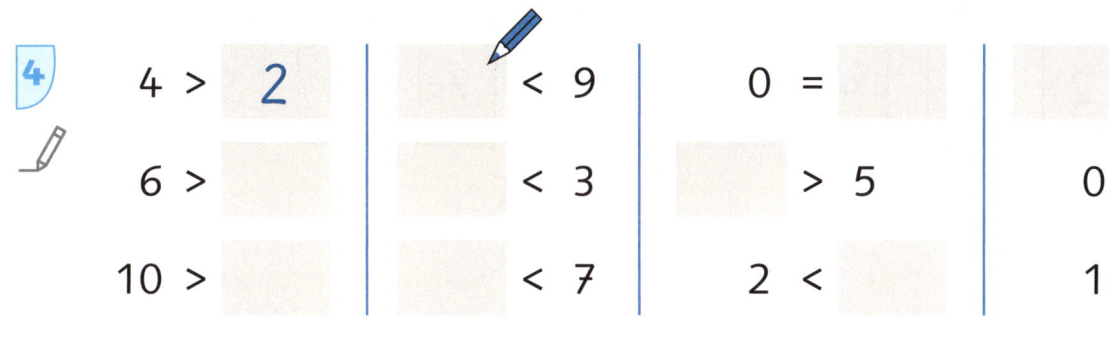

5

~~5~~
10   8

5 < ▢ < ▢

5 ist kleiner als …

7   4
  2

▢ < ▢ < ▢

10   3
  9   5

▢ < ▢ < ▢ < ▢

7   5
  4   2

▢ < ▢ < ▢ < ▢

6 Welche Zahlen können es sein?

Die Zahlen sind größer als 4 und kleiner als 8.

Ein Zahlenrätsel.

Es können die Zahlen ▢ sein.

---

4. Mehrere Lösungen sind möglich. 5. Zahlen der Größe nach ordnen. ↓ Zahlen durchstreichen, die bereits geordnet wurden. 6. ↑ Eigene Rätsel ins Heft schreiben.

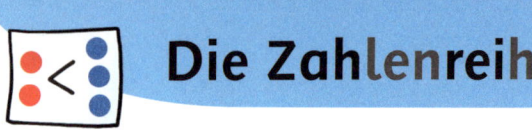

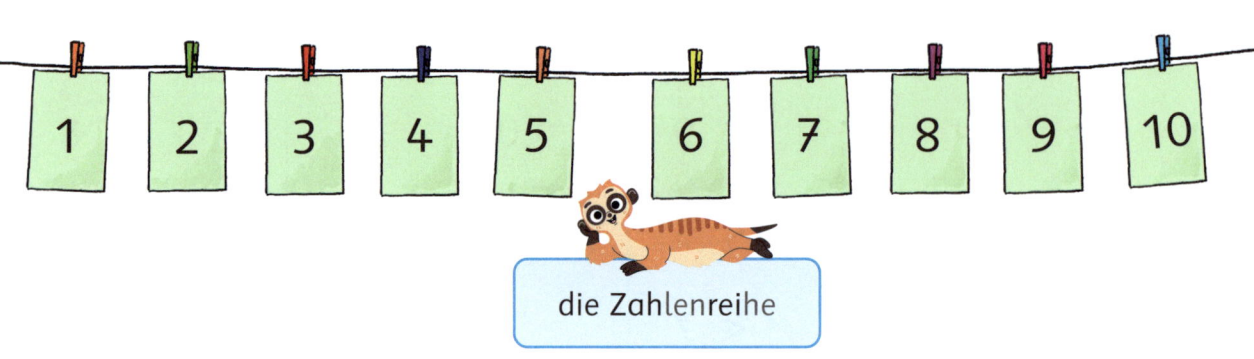

Die Zahlenreihe

S. 19

1
2
3
4
5
6
7
8
9
10
die Zahlenreihe

1

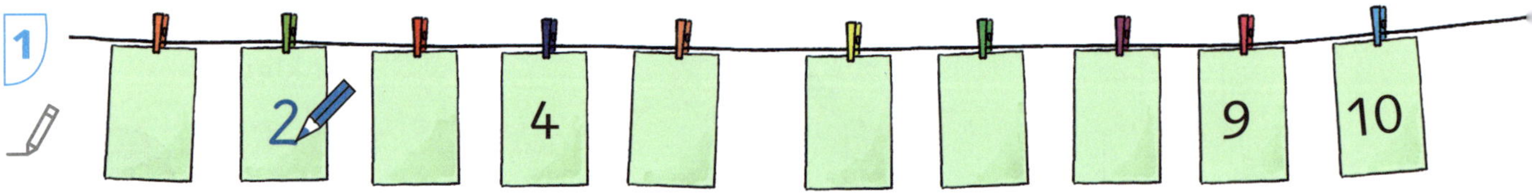

2
4
9
10

2

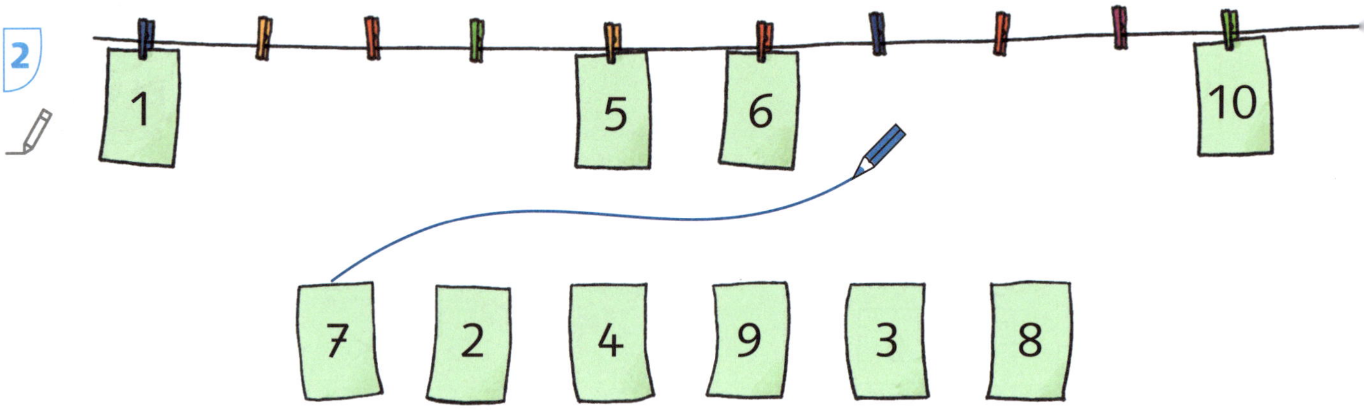

1
5
6
10
7
2
4
9
3
8

3

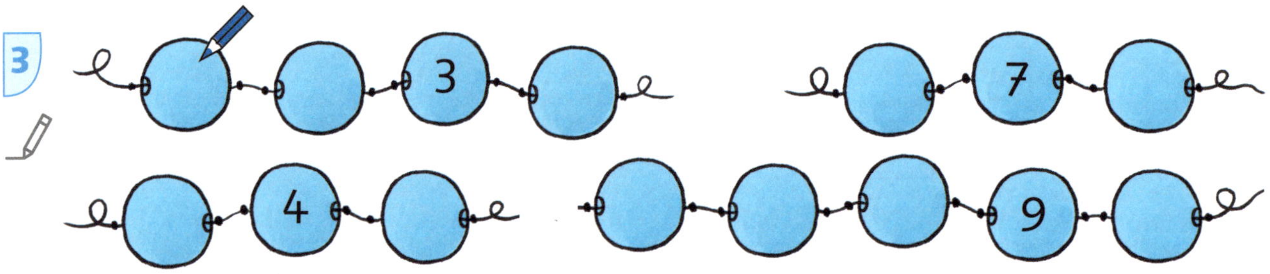

3
7
4
9

4 Wie geht es weiter?

Erkennst du
das Muster?
Immer mehr.
2
4
6
1
5

↑ Zahlenreihe vorwärts/rückwärts ins Heft schreiben und fortsetzen.
1.–3. Zahlenreihe ergänzen. ↑ **4.** Eigene Muster ins Heft schreiben.

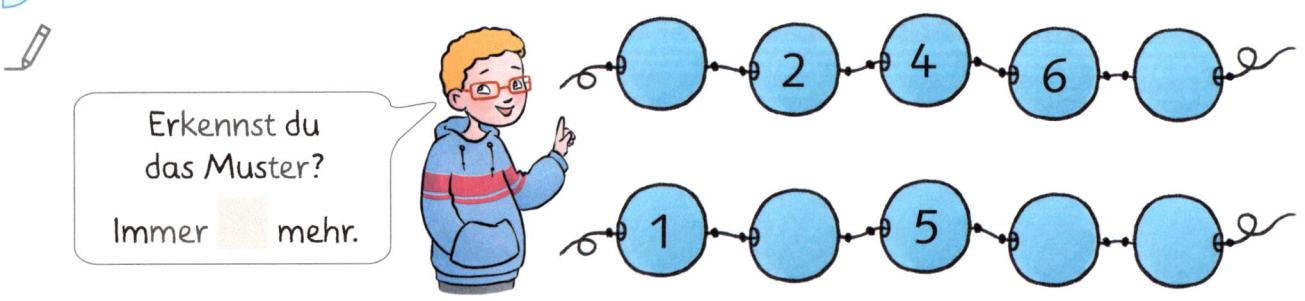

3 kommt **vor** 4.

5 kommt **nach** 4.

der Nachfolger
der Vorgänger

1 Nachfolger.

 4 ·  7 ·  6 ·  9

2 Vorgänger.

 5 ·  9 ·  6 ·  2

3

Vorgänger	Zahl	Nachfolger
2	3	4
	8	
	4	

Vorgänger	Zahl	Nachfolger
	2	
	7	
	5	

Vorgänger	Zahl	Nachfolger
2	3	4
3		
	6	

Vorgänger	Zahl	Nachfolger
	9	
		7
0		

Ggf. Zahlenpolonäse spielen: Jedes Kind bekommt eine Zahl angesteckt und muss die richtige Position finden.

Ordnungszahlen

S. 21

1

der/die Erste
der/die Zweite

4.   7.

2

5.   2.

3

2

1.–2. Fehlende Ordnungszahlen ergänzen. Blickrichtung thematisieren.
3. Den Badekappen die passende Ordnungszahl zuordnen. ↑ Eigene Situationen zeichnen.

Zeig, was du kannst!

1

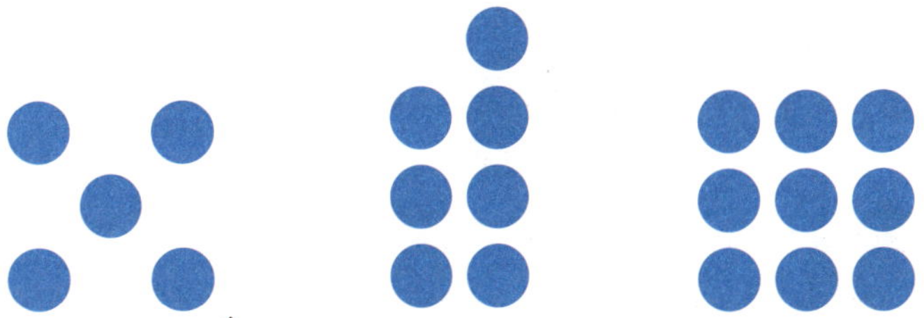

4   7

😊 🤔

2

6

😊 🤔

3

2 ● 1	7 ● 6	0 ● 2	4 ● 5
6 ● 3	5 ● 5	9 ● 9	7 ● 10
6 ● 6	3 ● 4	10 ● 8	8 ● 8

😊 🤔

4

7   9   5

😊 🤔

5

ZIEL

1.   2.   3.

😊 🤔

Möglichkeiten finden

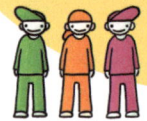

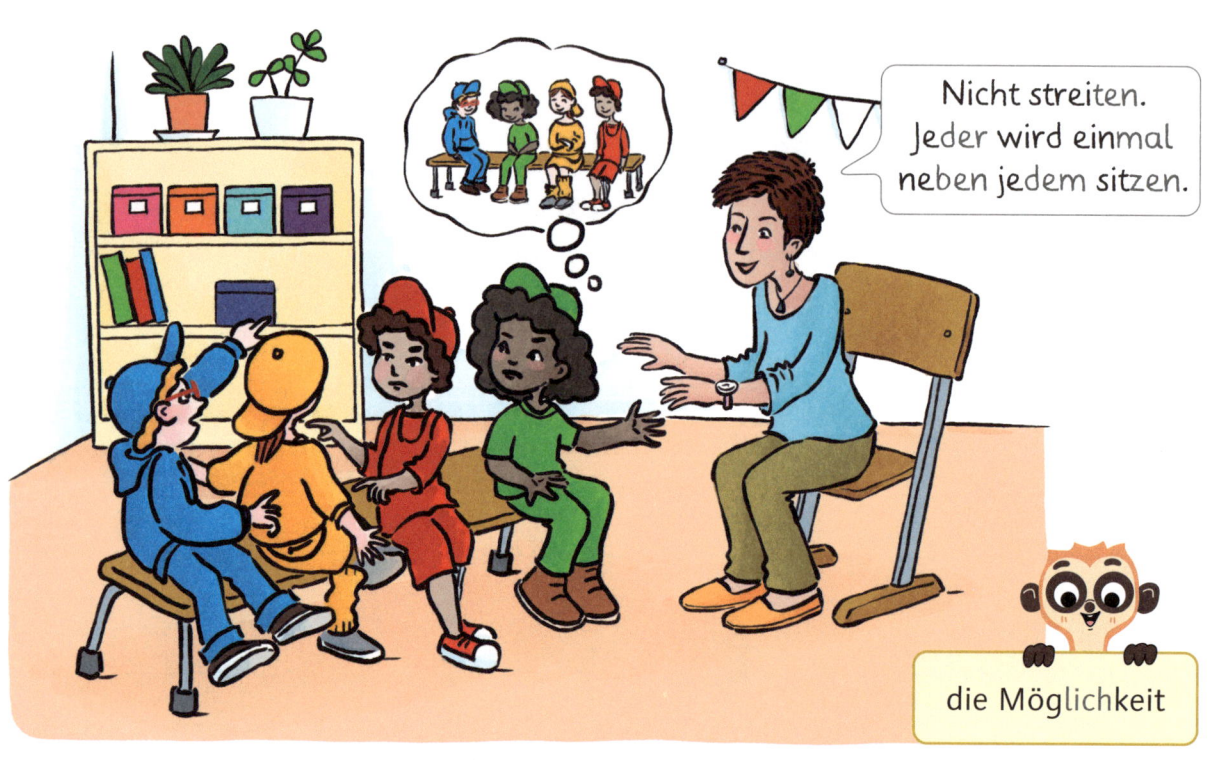

Nicht streiten.
Jeder wird einmal
neben jedem sitzen.
die Möglichkeit

1

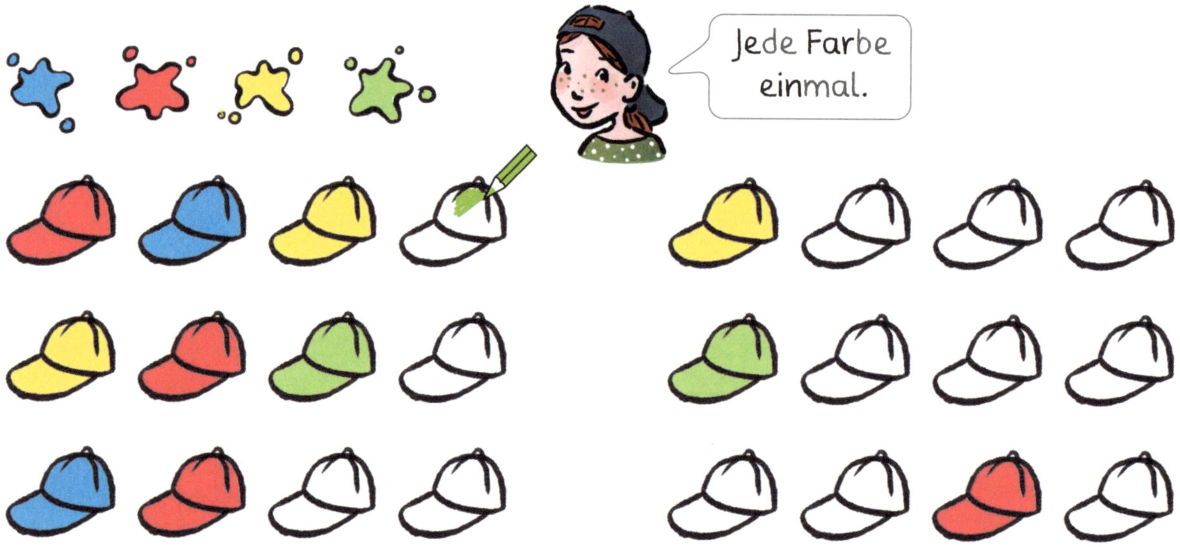
Jede Farbe
einmal.

2

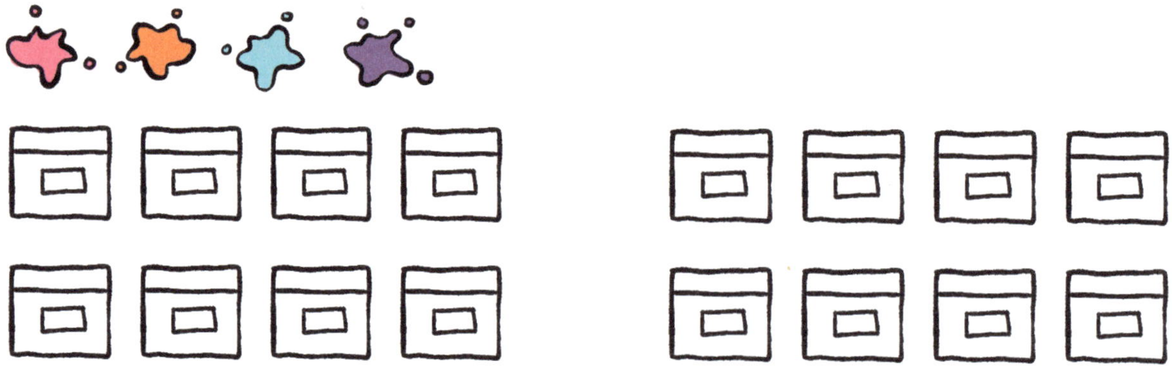

↓ Vier beliebige Gegenstände zur Verfügung stellen, welche die Farben der Aufgabe haben. So können die SuS Möglichkeiten legen. **1.–2.** Es müssen hier nicht alle Möglichkeiten gefunden werden.

die Anordnung
anordnen

1

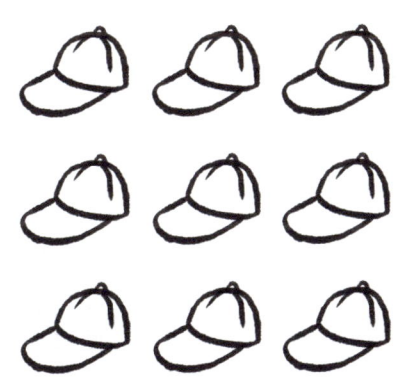

2

1. Alle Möglichkeiten finden. ↓ Gegenstände zum handelnden Ausprobieren anbieten. **2.** Strukturiertes Vorgehen diskutieren, bei dem alle Möglichkeiten mit 4 Kappen gefunden werden können.

 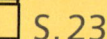
1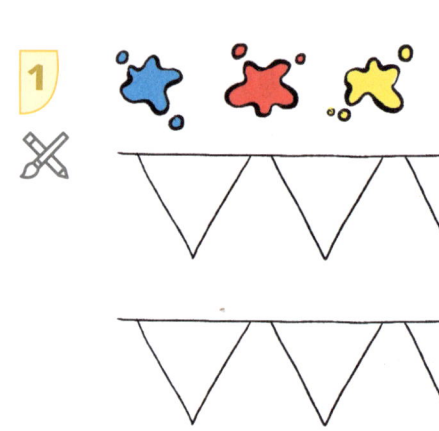

Denk an unseren Trick!

2 Welche Möglichkeiten sind doppelt?

3 Welche Möglichkeit fehlt?

1. Alle Möglichkeiten finden, indem strukturiert vorgegangen wird: Erste Farbe beibehalten, die anderen tauschen. ↓ Kleine Zettel in den drei Farben markieren, um Möglichkeiten zu legen.

Jetzt finden wir alle Möglichkeiten!

Hast du an den Trick gedacht?

1

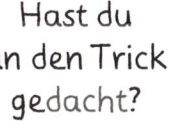

↓ 1. Klassengespräch: Wurden sicher alle Möglichkeiten gefunden?

1

4	••••
6	
3	
7	
9	
8	
10	

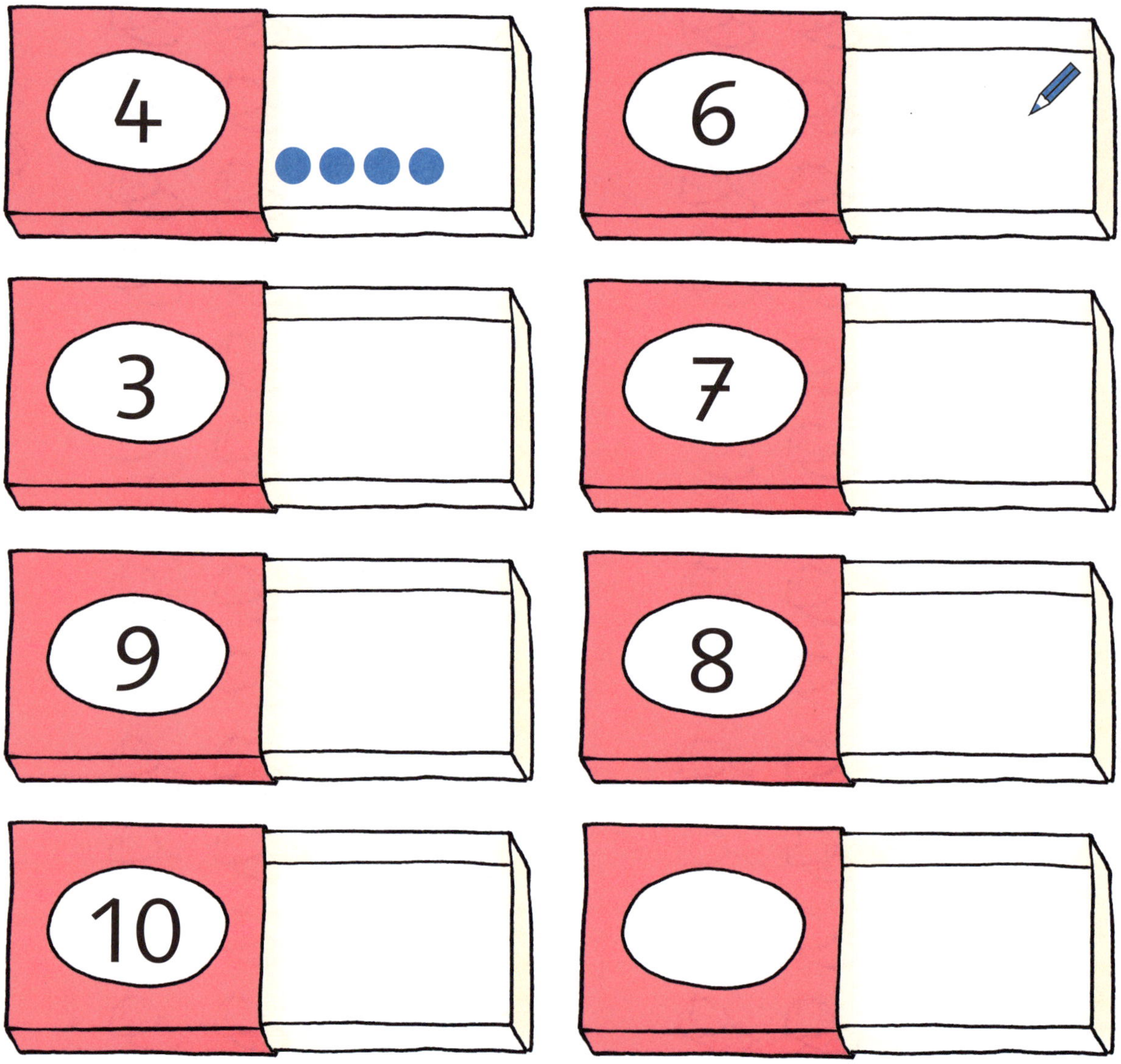

1. Die Schüttelschachtel mit Plättchen „befüllen". Zahl gibt entsprechende Anzahl an. Selbst entscheiden, wie die letzte Schüttelschachtel befüllt wird. ↓ Mit Material lösen.

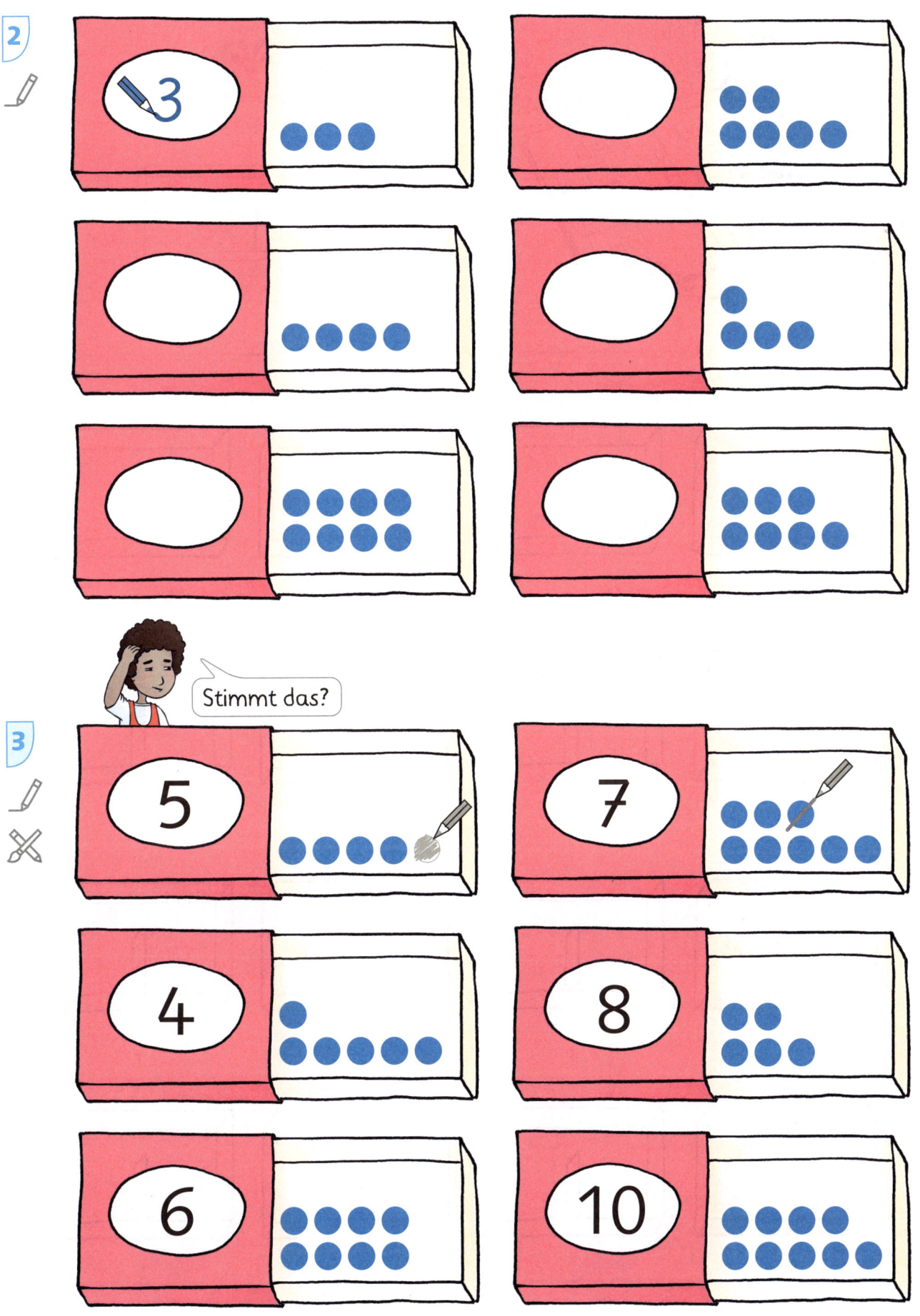

Stimmt das?

2. Anhand der Punkte erkennen, welche Zahl auf der Schüttelschachtel notiert werden muss.
3. Fehlerhaft „befüllte" Schüttelschachteln verbessern. Durchstreichen oder Ergänzen von Punkten.

59

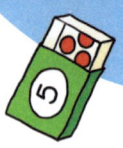

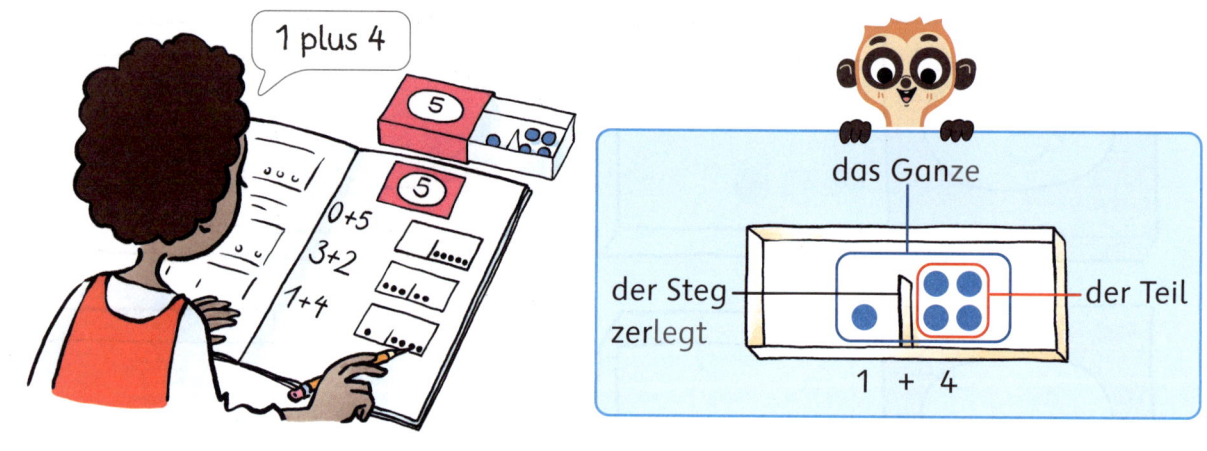

1 plus 4
5
5
0+5
3+2
1+4

das Ganze
der Steg
zerlegt
der Teil
1 + 4

1

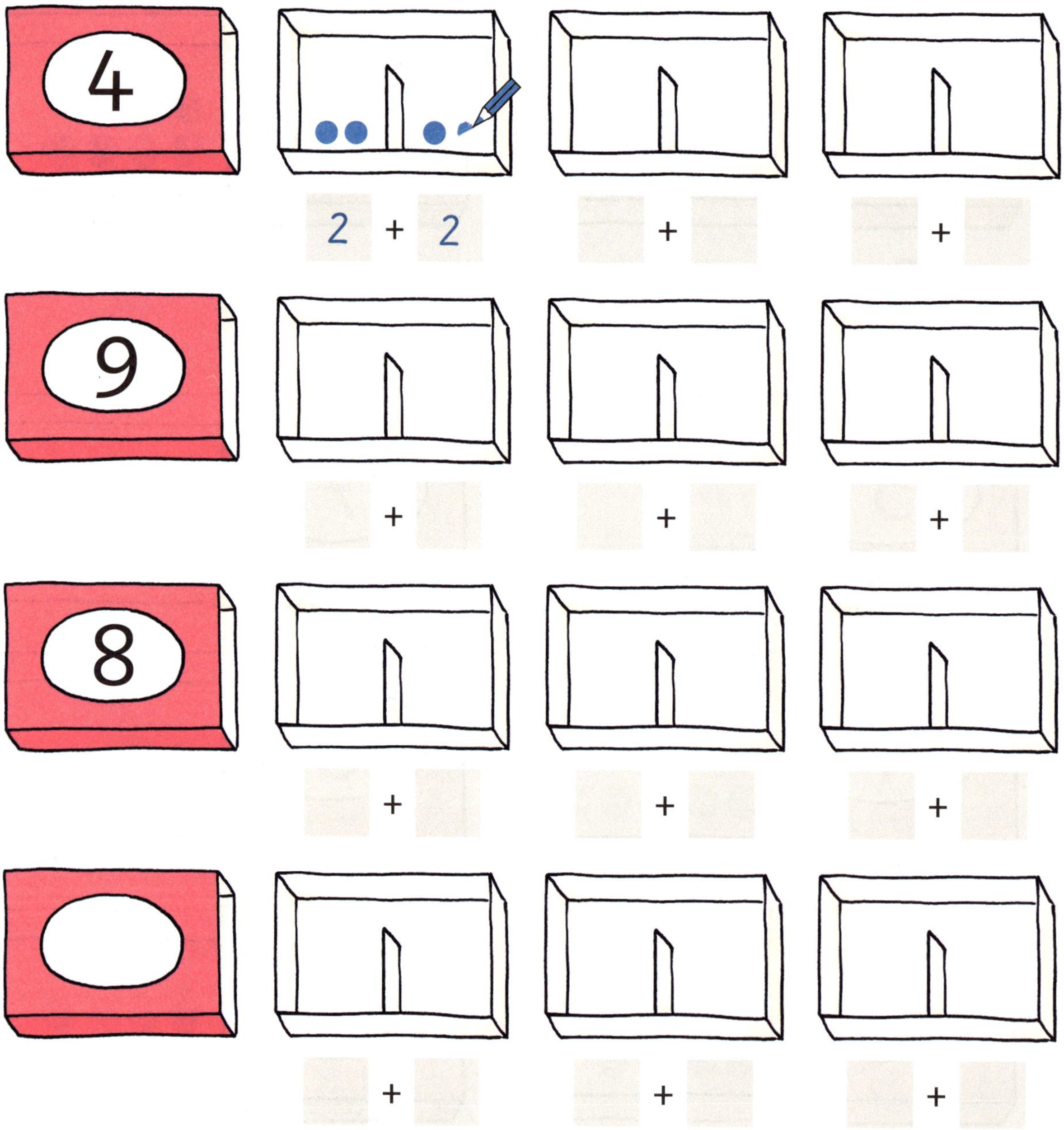
4
2 + 2
+
+
9
+
+
+
8
+
+
+
+
+
+

1. Verschiedene Zahlzerlegungen mit Schüttelschachteln herstellen und notieren. ↑ Zerlegungen ohne Material im Kopf herstellen und notieren. Größere Zahlen zerlegen.

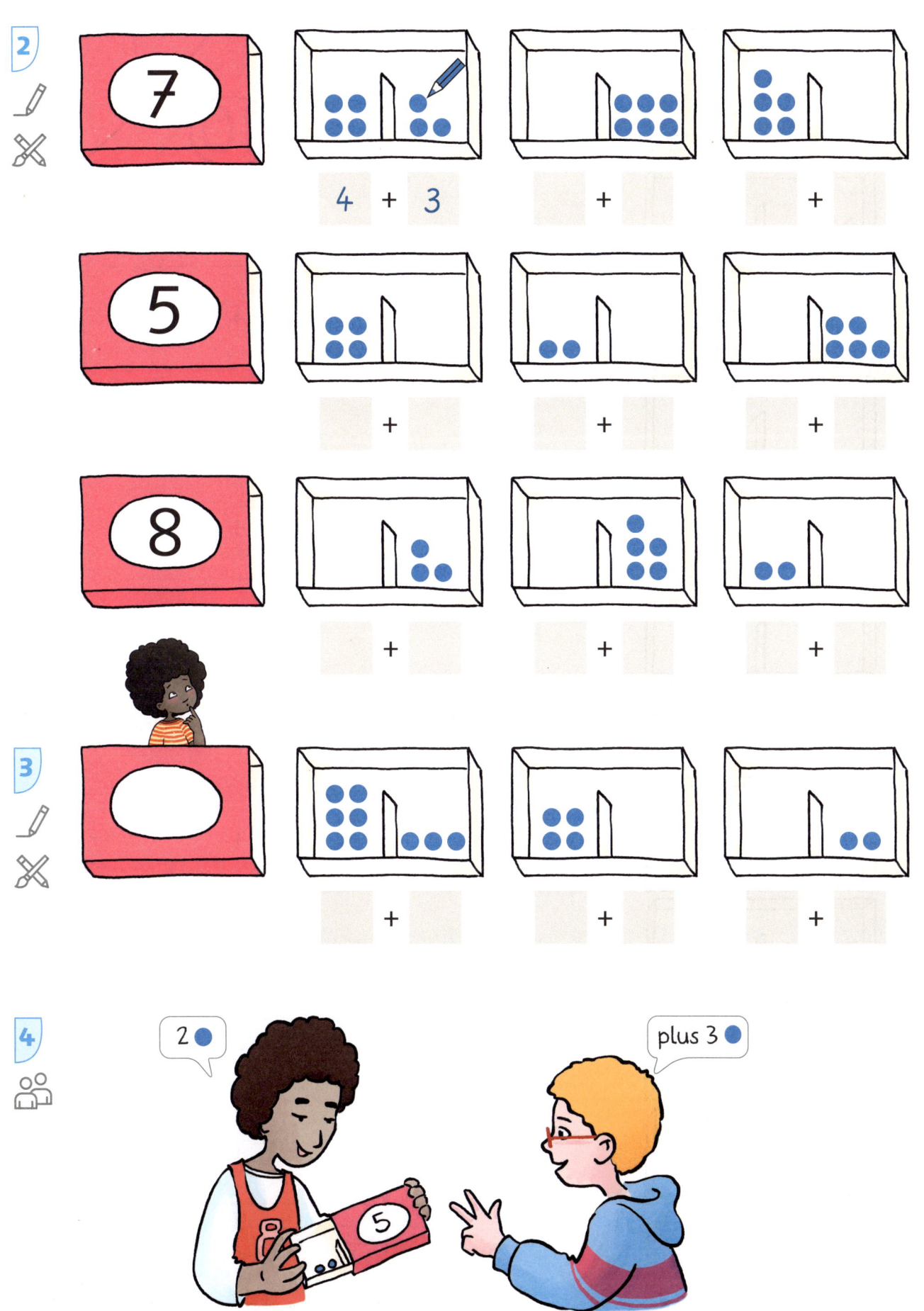

2

7

4 + 3   +   +

5

+   +   +

8

+   +   +

3

+   +   +

4

2 ●   plus 3 ●

5

4. Partnerübung: Ein Kind schüttelt und zeigt dem anderen Kind die Hälfte der Schüttelschachtel.
Das andere Kind ergänzt die fehlende Anzahl.

1

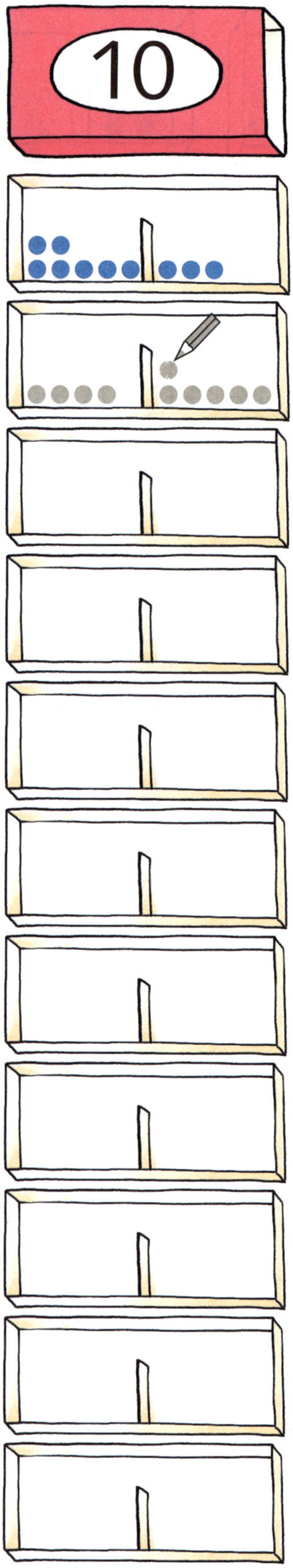

10

7 + 3

___ + ___

___ + ___

___ + ___

___ + ___

___ + ___

___ + ___

___ + ___

___ + ___

___ + ___

___ + ___

2

10

10 + 0

9 + ___

___ + ___

___ + ___

___ + ___

___ + ___

___ + ___

___ + ___

___ + ___

___ + ___

___ + ___

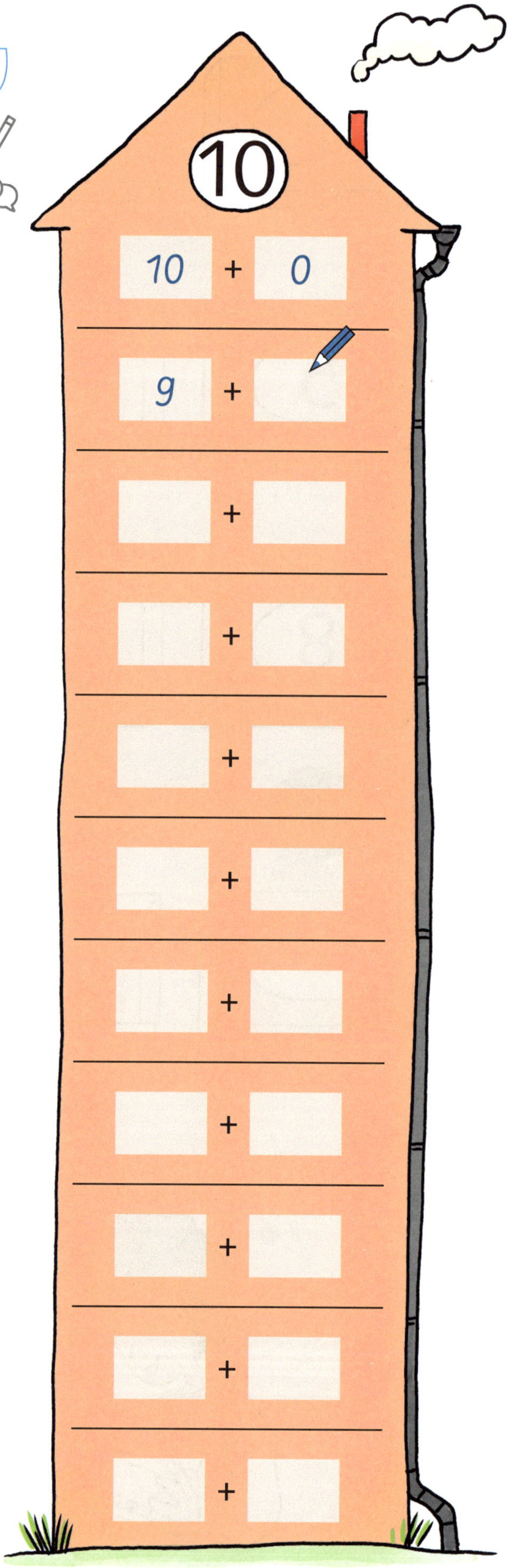

1. Verschiedene Zahlzerlegungen zur Zahl 10 herstellen und notieren. ↓ Arbeit mit Material.
2. Hausdarstellung: Gefundene Zahlzerlegung aus 1. geordnet notieren. Hinführung zum Zahlenhaus.

Das Zahlenhaus

S. 28

das Zahlenhaus

die Dachzahl → 10

das Stockwerk →

10	+	0
9	+	1
8	+	2
7	+	3

1

3

3	+	0
2	+	
1	+	
0	+	

4

4	+	
3	+	
2	+	
1	+	
0	+	

5

5	+	
4	+	
3	+	
	+	
	+	
	+	

6

6	+	
5	+	
4	+	
	+	
	+	
	+	
	+	

7

	+	0
	+	1
	+	2
	+	3
	+	
	+	
	+	
	+	

8

	+	0
	+	1
	+	2
	+	3
	+	
	+	
	+	
	+	

9

	+	0
	+	1
	+	
	+	
	+	
	+	
	+	
	+	

10

	+	0
	+	1
	+	
	+	
	+	
	+	
	+	
	+	
	+	

1. Steigende Stockwerkanzahl thematisieren. Strukturiertes Vorgehen beachten.

Das Zahlenhaus

S. 28

2

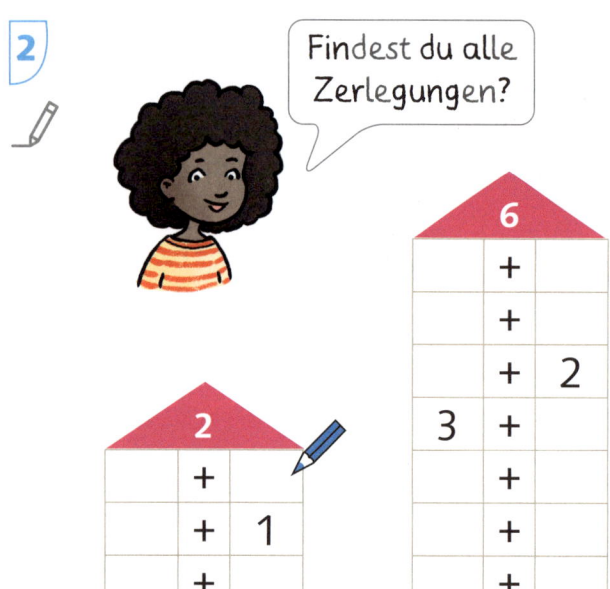

Findest du alle Zerlegungen?

6

	+	
3	+	2
	+	
	+	
	+	

2

	+	
	+	1
	+	

3

	+	
	+	
	+	2
0	+	

9

	+	
	+	1
	+	
	+	3
	+	
4	+	
	+	
	+	
	+	
	+	

3

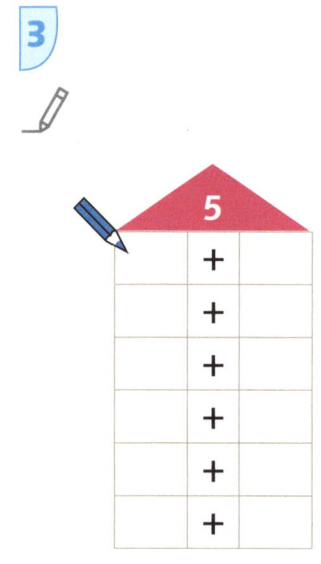

5

	+	
	+	
	+	
	+	
	+	
	+	

7

	+	
	+	
	+	
	+	
	+	
	+	
	+	
	+	

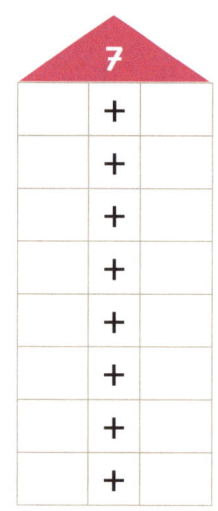

4

	+	
	+	
	+	
	+	
	+	

8

	+	
	+	
	+	
	+	
	+	
	+	
	+	
	+	
	+	

4

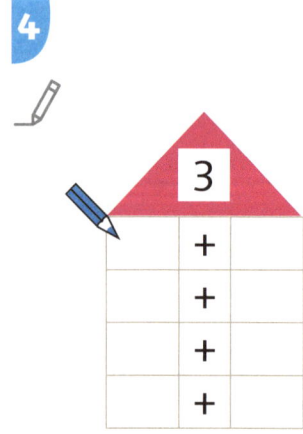

3

	+	
	+	
	+	
	+	

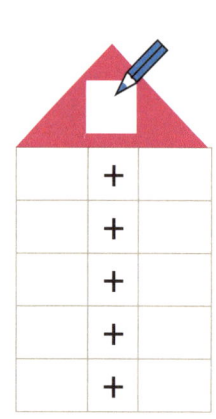

	+	
	+	
	+	
	+	
	+	

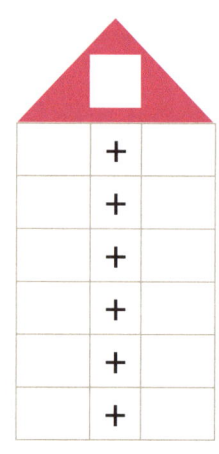

	+	
	+	
	+	
	+	
	+	
	+	

Wie heißt die Dachzahl?

3. Alle Zahlzerlegungen zur Dachzahl notieren. Strukturiertes Vorgehen thematisieren. **4.** Struktur des Zahlenhauses nutzen, um fehlende Informationen zu finden. ↑ Die SuS erklären Lösungsstrategien und Entdeckungen.

1

7   9

🙂 🤔

2

10 ••••••   4 ••••••

Stimmt das?

🙂 🤔

3

6 •••   ☐ + ☐   ☐ + ☐   ☐ + ☐

8   ☐ + ☐   ☐ + ☐   ☐ + ☐

🙂 🤔

4

6		
6	+	0
	+	
	+	
	+	
	+	
	+	
	+	

4		
	+	
	+	
	+	
	+	
	+	

3		
	+	
	+	
	+	
	+	

☐		
	+	
	+	
	+	
	+	
	+	
	+	
	+	

🙂 🤔

| 3 + 2 | 5 – 2 | 4 + 1 | 6 – 4 | 1 + 2 + 2 |

8 –

1. Welche der angegebenen Aufgaben passen zum Bild? Begründungen der SuS erfragen.
2. Eine passende Aufgabe zur Rechengeschichte notieren. Lösungen vergleichen und besprechen.

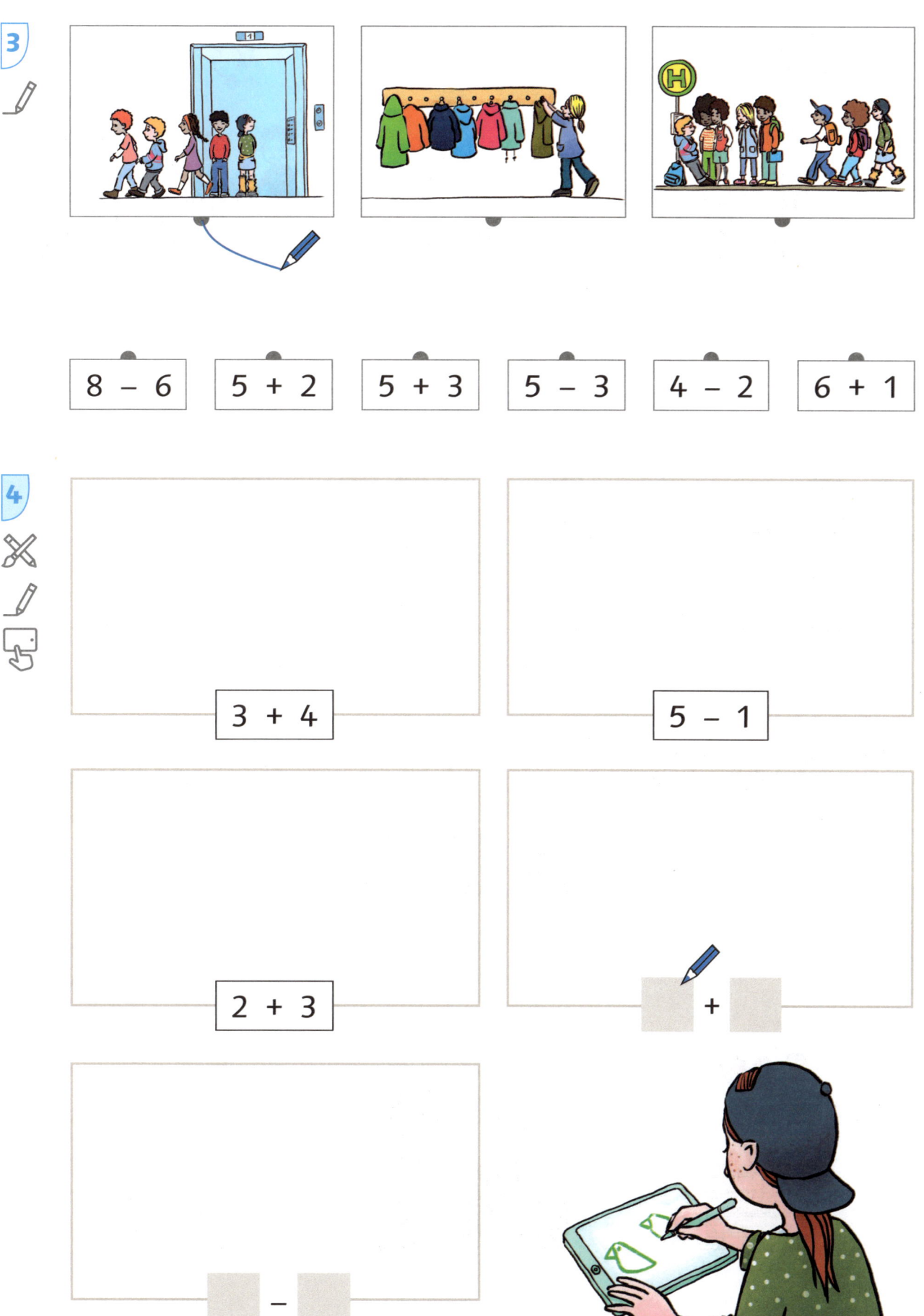

3

| 8 – 6 | 5 + 2 | 5 + 3 | 5 – 3 | 4 – 2 | 6 + 1 |

4

3 + 4

5 – 1

2 + 3

☐ + ☐

☐ – ☐

3. Bild mit der passenden Aufgabe verbinden. Immer nur eine Möglichkeit. **4.** Passende Bilder zu den Aufgaben zeichnen. Die Rechengeschichten können auch digital gezeichnet werden.

| 2 | + | 3 | = | 5 |

1

☐ + ☐ = ☐

☐ + ☐ = ☐

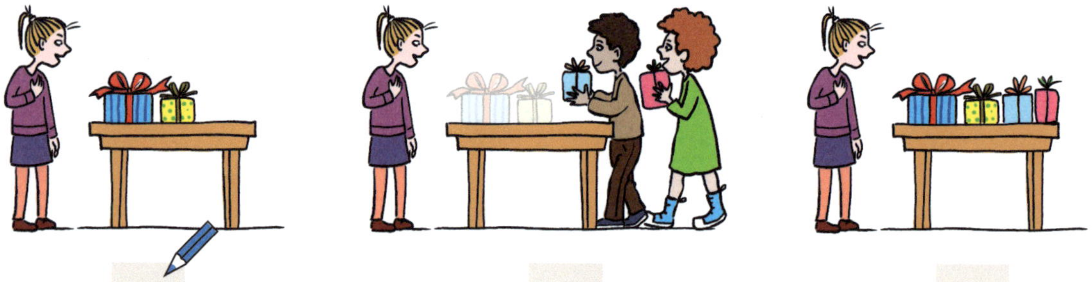

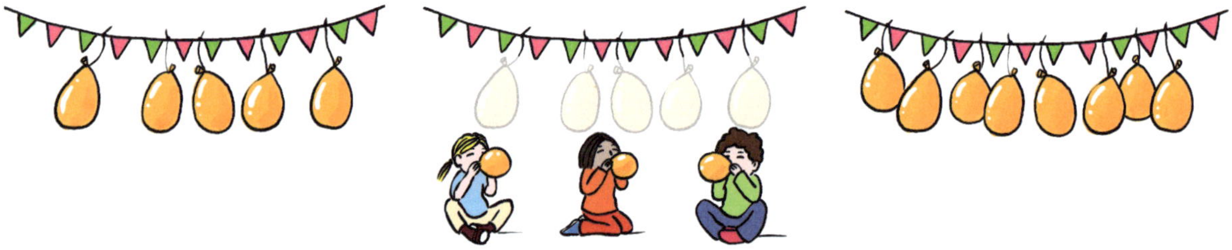

2

☐ + ☐ = ☐

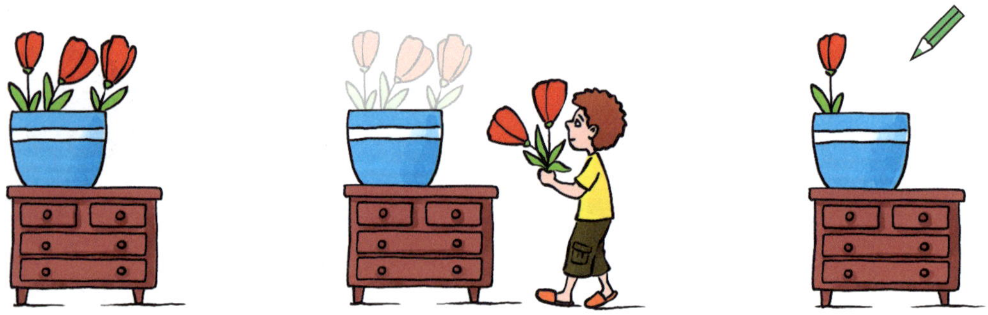

Sprechweise bei Additionsaufgaben einführen. **1.** Dreibildgeschichten lösen und Aufgabe notieren.
2. Das fehlende Bild (Summe) zur Dreibildgeschichte ergänzen und Aufgabe notieren.

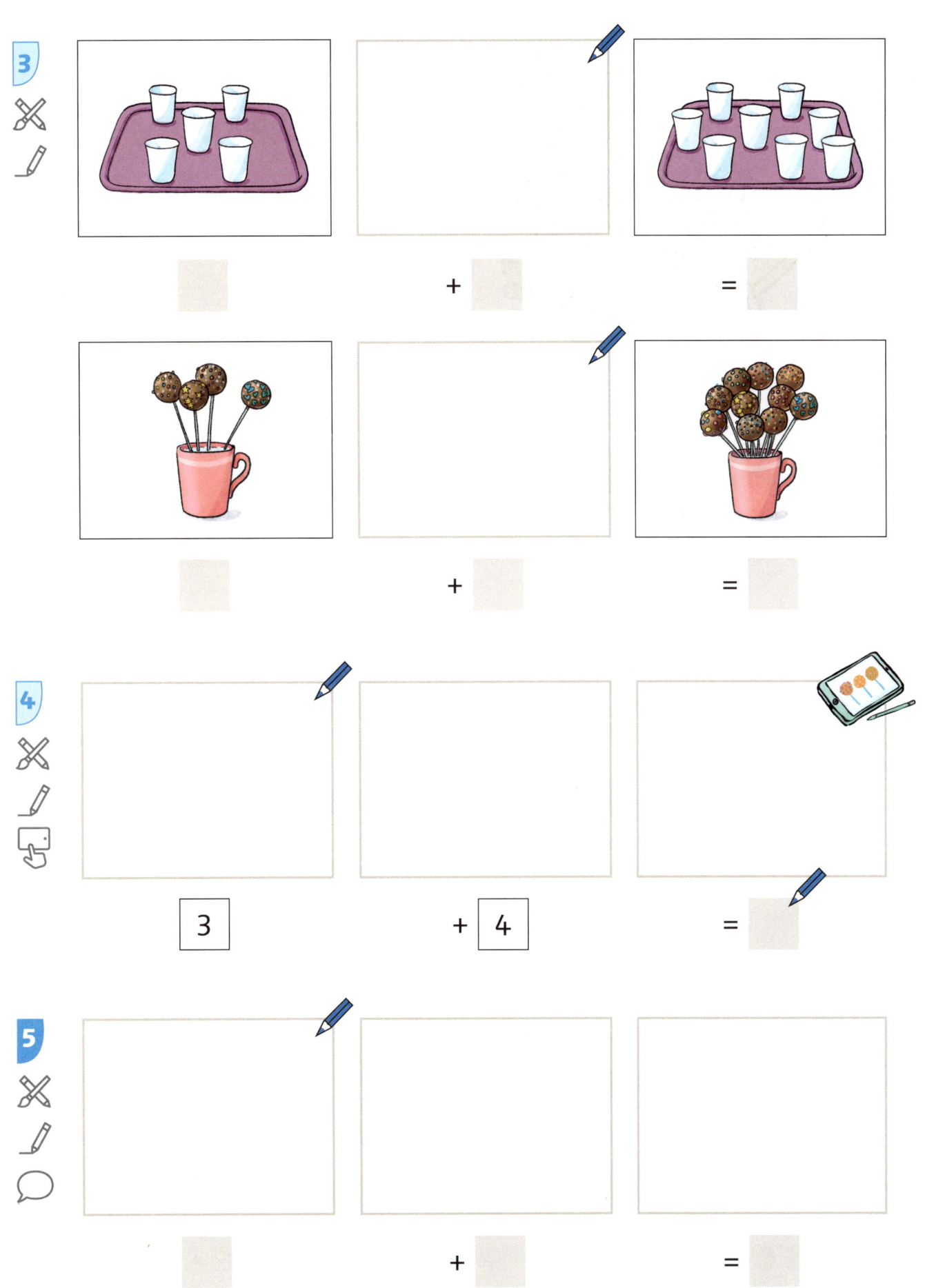

3

☐ + ☐ = ☐

☐ + ☐ = ☐

4

3 + 4 = ☐

5

☐ + ☐ = ☐

---

3. Das fehlende Bild zur Dreibildgeschichte ergänzen und Rechnung notieren. **4.** Passende Dreibildgeschichte (digital) zeichnen. **5.** Eine eigene Dreibildgeschichte zeichnen und ausrechnen. Lösungen besprechen.

Erst 7 🔵.
Dann 2 🔴 dazu.

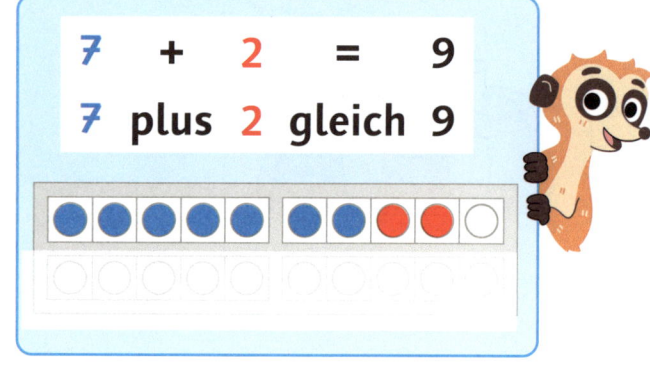

7 + 2 = 9
7 plus 2 gleich 9

1

4 + 3 = 7

_ + _ = _

_ + _ = _

_ + _ = _

_ + _ = _

_ + _ = _

2

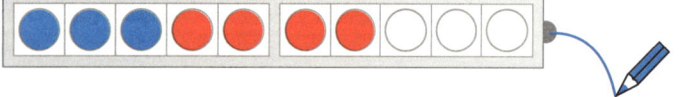

10 + 0 =

5 + 2 =

3 + 4 =

6 + 3 =

1. Passende Additionsaufgabe zum Zehnerfeld notieren. Auf die Bedeutung der Farben hinweisen.
2. Zehnerfeld mit passender Additionsaufgabe verbinden.

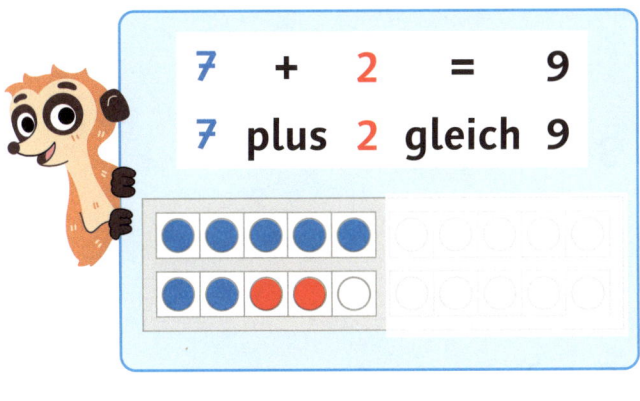

$$7 \quad + \quad 2 \quad = \quad 9$$

7 plus 2 gleich 9

Erst 7 🔵.
Dann 2 🔴 dazu.

3

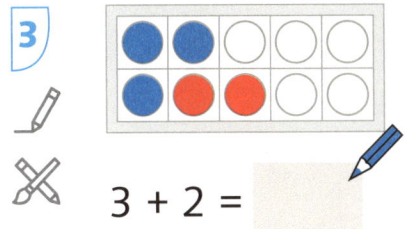

3 + 2 =

6 + 1 =

2 + 5 =

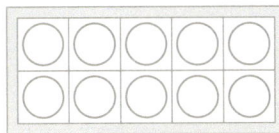

4 + 6 =

5 + 3 =

3 + 3 =

4 + 4 =

2 + 7 =

1 + 8 =

4

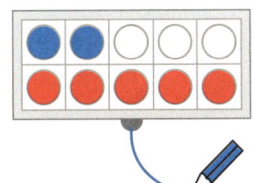

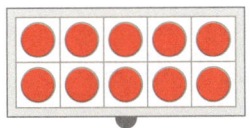

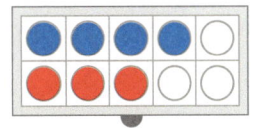

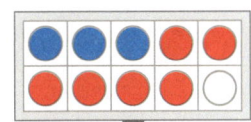

| 4 + 3 | 2 + 5 | 3 + 6 | 0 + 10 |

3. Plättchen im Zehnerfeld passend zu Additionsaufgabe ausmalen.
4. Zehnerfeld mit passender Additionsaufgabe verbinden.

Plus rechnen

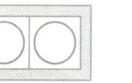 S. 32

1

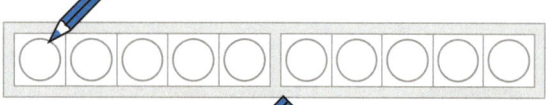 

2 + 3 =   3 + 6 =

3 + 4 =   6 + 2 =

1 + 8 =   8 + 2 =

2

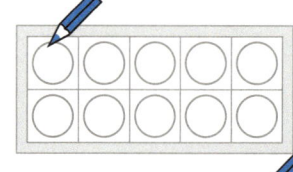 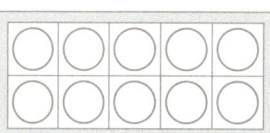 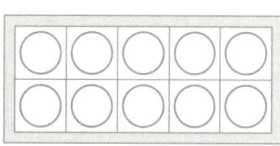

2 + 2 =   1 + 6 =   1 + 2 =

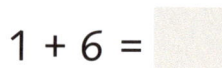 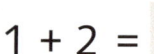

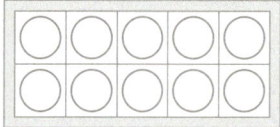 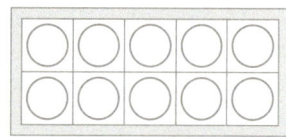

6 + 4 =   3 + 5 =   1 + 1 =

3

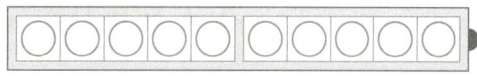 6 + 3 =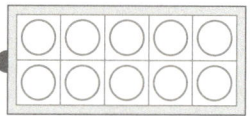

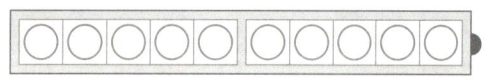 2 + 5 =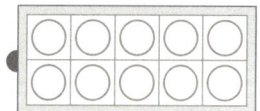

4 + 4 =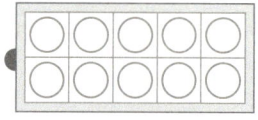

3. Für eine Zehnerfelddarstellung entscheiden und begründen.

die Tauschaufgabe
tauschen

1

$5 + 3 =$

$3 + 5 =$

2

$4 + 5 =$ $6 + 1 =$ $7 + =$

$5 + 4 =$ $1 + =$ $ + =$

3

$6 + 3 =$ $1 + 8 =$ $4 + 3 =$ $9 + 0 =$

$8 + 1 =$ $3 + 6 =$ $0 + 9 =$ $3 + 4 =$

4

Hier tausche
ich im Kopf:
$1 + 6 =$

$3 + 5 =$ $2 + 7 =$

$8 + 2 =$ $3 + 4 =$

$1 + 7 =$ $7 + 3 =$

$6 + 3 =$ $1 + 9 =$

---

4. Begründen, bei welcher Aufgabe es klug ist zu tauschen und warum.

Plus üben

1

7 + 1 =   8 + 2 =   4 + 3 =

5 + 4 =   5 + 1 =   1 + 8 =

2 + 3 =   3 + 6 =   4 + 6 =

4 + 2 =   1 + 2 =   2 + 4 =

3 + 2 =   6 + 4 =   4 + 4 =

6 + 3 =   3 + 7 =   2 + 2 =

5 + 3 =   2 + 6 =   3 + 4 =

6 + 2 =   2 + 1 =   5 + 2 =

2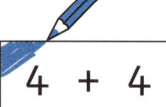

| 4 + 4 | 1 + 8 | 5 + 3 | 3 + 3 |

| 0 + 6 | 4 + 5 | 6 + 2 | 1 + 7 |

| 3 + 6 | 5 + 1 | 2 + 7 | 2 + 4 |

| + | + | + |

 8    6    9

2. Aufgaben im Kopf ausrechnen und passend zur Farbe der Ergebniskiste ausmalen. Je Kiste vier Aufgaben. Drei eigene Aufgaben ergänzen. ↓ Mit Material legen.

1

◻ + ◻ = ◻   ◻ + ◻ = ◻   ◻ + ◻ = ◻

2

◻   + ◻ = ◻

3

◻ + ◻ = ◻   ◻ + ◻ = ◻

4

3 + 6 = ◻   4 + 3 = ◻

5

1 + 3 = ◻   4 + 4 = ◻   3 + 5 = ◻   7 + 3 = ◻

6

2 + 6 = ◻   7 + 2 = ◻   2 + 5 = ◻

6 + 2 = ◻   ◻ + ◻ = ◻   ◻ + ◻ = ◻

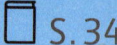

 5

 minus 3   gleich 2

5   −   3   =   2

1

8   −       =

−   =

2

−   =

Sprechweise bei Subtraktionsaufgaben einführen. **1.** Dreibildgeschichten lösen und Aufgabe notieren.
2. Das fehlende Bild (Differenz) zur Dreibildgeschichte ergänzen. Lösungen besprechen.

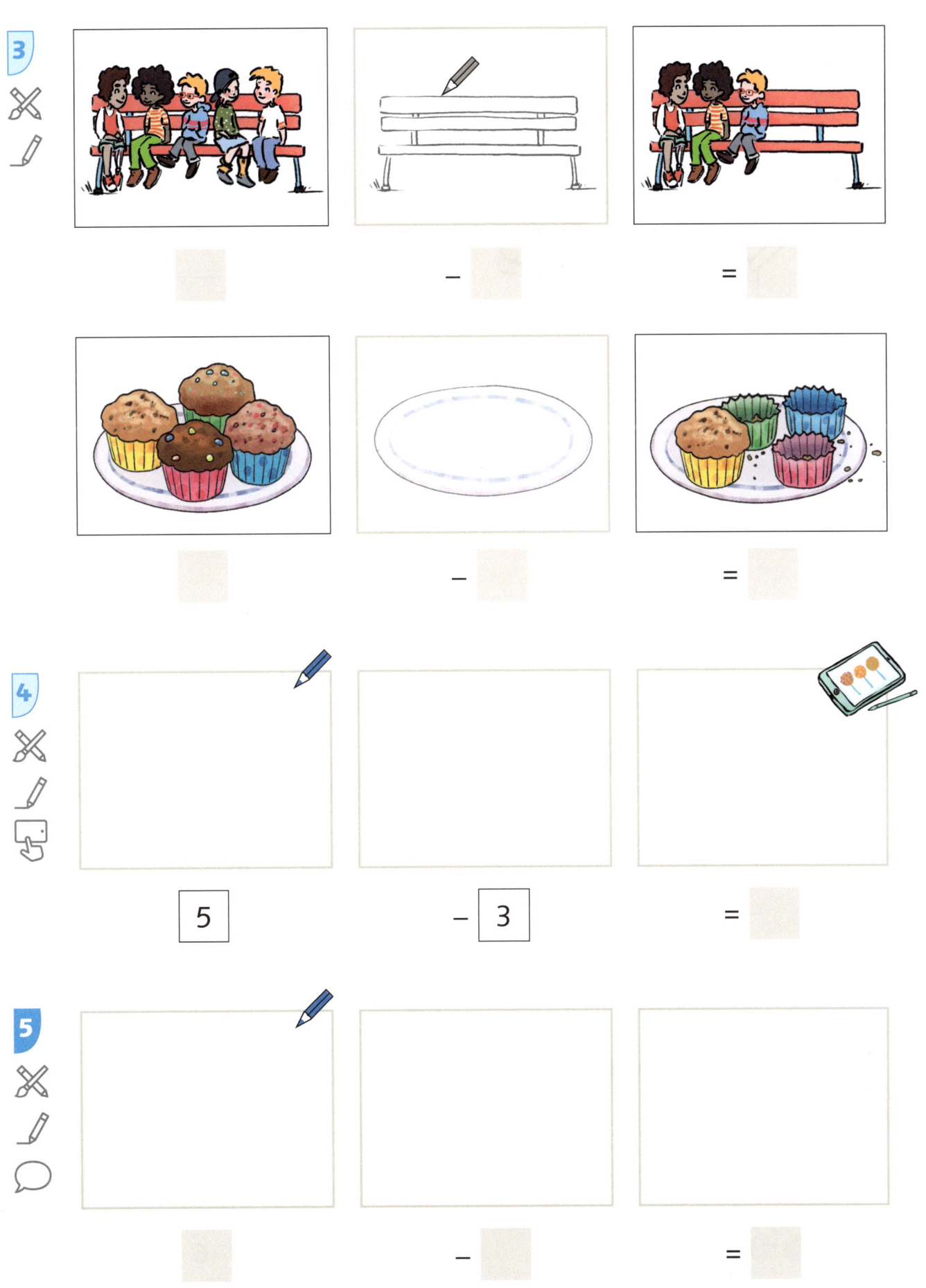

3

              –   =

              –   =

4

5   –   3   =

5

              –   =

3. Das fehlende Bild zur Dreibildgeschichte ergänzen und Aufgabe notieren. **4.** Passende Dreibildgeschichte (digital) zeichnen. **5.** Eine eigene Dreibildgeschichte mit Rechnung entwickeln und erläutern.

Minus rechnen

Erst 7 ●.
Dann 2 ● weg.

7 – 2 =

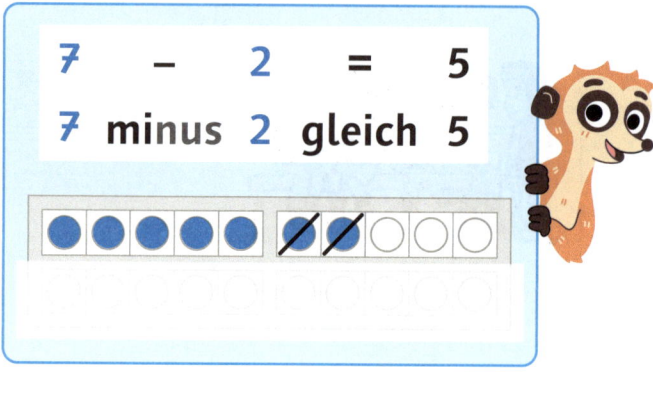

7	–	2	=	5
7	minus	2	gleich	5

1

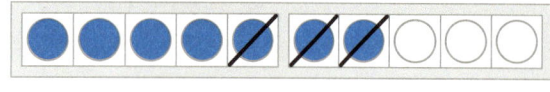

7 – 3 = 4

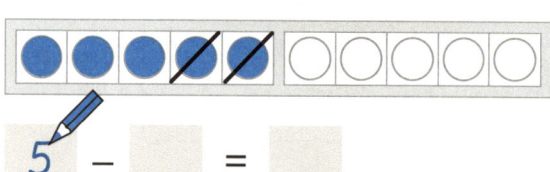

5 – ☐ = ☐

☐ – ☐ = ☐

☐ – ☐ = ☐

☐ – ☐ = ☐

☐ – ☐ = ☐

2

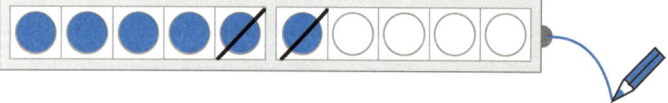

10 – 4 = ☐

5 – 3 = ☐

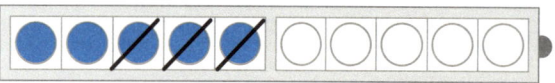

8 – 5 = ☐

6 – 2 = ☐

1. Passende Subtraktionsaufgabe zum Zehnerfeld notieren. Auf das Durchstreichen der blauen Plättchen hinweisen. **2.** Zehnerfeld mit passender Subtraktionsaufgabe verbinden.

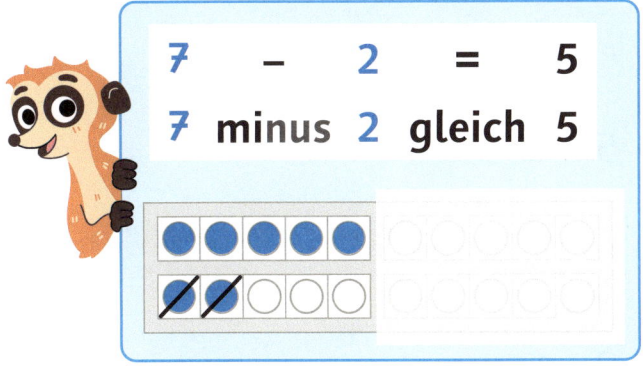

$$7 - 2 = 5$$
7 minus 2 gleich 5

Erst 7 🔵. Dann 2 🔵 weg.

3

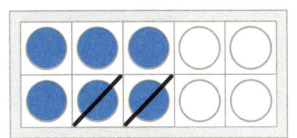

$$6 - 2 = \boxed{}$$

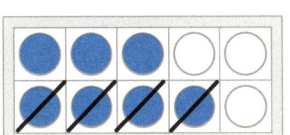

$$7 - \boxed{} = \boxed{}$$

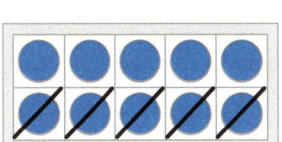

$$10 - \boxed{} = \boxed{}$$

$$\boxed{} - \boxed{} = \boxed{}$$

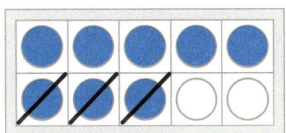

$$\boxed{} - \boxed{} = \boxed{}$$

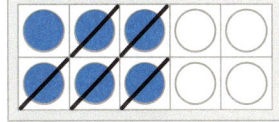

$$\boxed{} - \boxed{} = \boxed{}$$

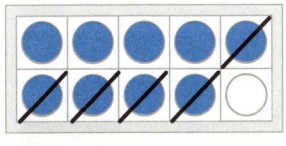

$$\boxed{} - \boxed{} = \boxed{}$$

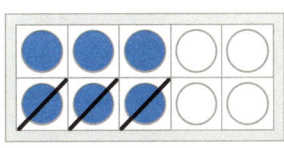

$$\boxed{} - \boxed{} = \boxed{}$$

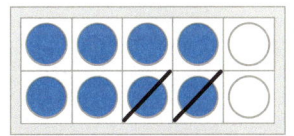

$$\boxed{} - \boxed{} = \boxed{}$$

4

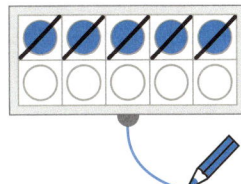

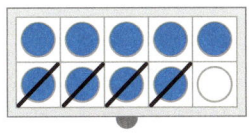

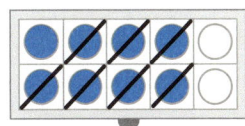

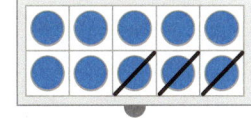

| 10 – 3 | 8 – 7 | 5 – 5 | 9 – 4 |

---

3. Passende Subtraktionsaufgabe zum Zehnerfeld notieren.
4. Zehnerfeld mit passender Subtraktionsaufgabe verbinden.

1

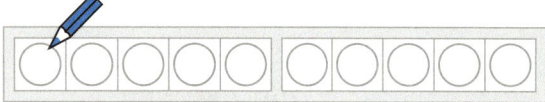

8 – 7 =

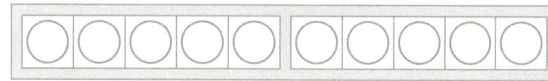

5 – 2 =

7 – 4 =

9 – 8 =

10 – 6 =

6 – 3 =

2

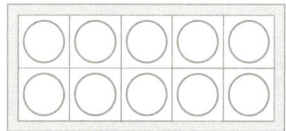

3 – 1 =

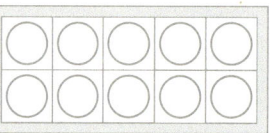

9 – 6 =

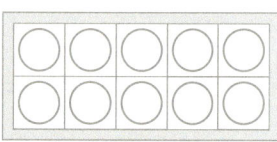

7 – 1 =

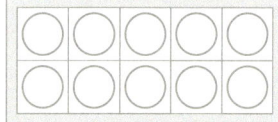

5 – 4 =

7 – 2 =

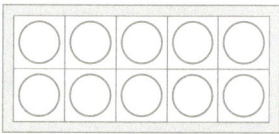

4 – 4 =

3

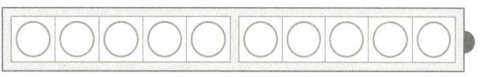

8 – 3 =

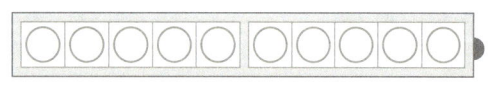

6 – 2 =

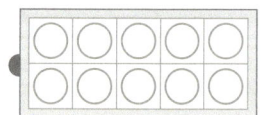

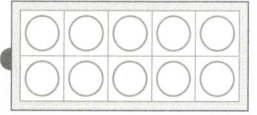

9 – 5 =

3. Für eine Zehnerdarstellung entscheiden und begründen.

die Umkehraufgabe umkehren

7 – 3 = ▢

4 + 3 = ▢

1

7 – 2 = ▢

5 + 2 = ▢

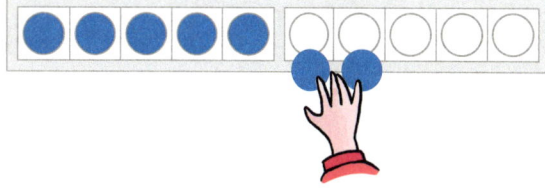

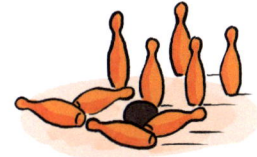

9 – 4 = ▢

5 + 4 = ▢

2

7 – 4 = ▢   4 – 3 = ▢   10 – 3 = ▢

3 + 4 = ▢   1 + ▢ = ▢   ▢ + ▢ = ▢

3

2 + 3 = ▢   6 + 2 = ▢   5 + 5 = ▢

5 – 3 = ▢   8 – ▢ = ▢   ▢ – ▢ = ▢

4

② ④ ⑥

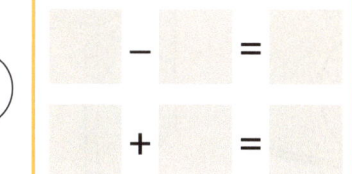 ▢ – ▢ = ▢   ▢ + ▢ = ▢

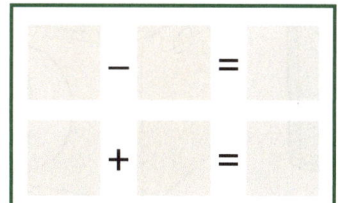 ▢ – ▢ = ▢   ▢ + ▢ = ▢

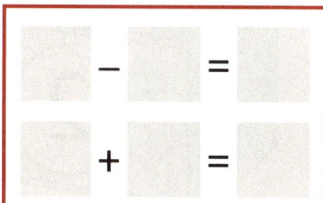 ▢ – ▢ = ▢   ▢ + ▢ = ▢

4. Alle Möglichkeiten finden, mit den drei Zahlen Aufgabe und Umkehraufgabe zu bilden.

Minus üben

1

6 – 6 =

8 – 8 =

6 – 4 =

9 – 7 =

6 – 5 =

7 – 2 =

4 – 4 =

9 – 3 =

5 – 2 =

9 – 2 =

10 – 5 =

7 – 1 =

9 – 4 =

8 – 5 =

5 – 3 =

6 – 1 =

8 – 4 =

7 – 6 =

6 – 2 =

10 – 4 =

4 – 3 =

10 – 9 =

10 – 2 =

9 – 6 =

2

 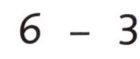 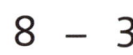

4 – 2   6 – 3   5 – 3   8 – 3

  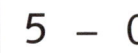

10 – 8   7 – 2   7 – 4   5 – 0

9 – 4   5 – 2   10 – 7   7 – 5

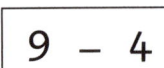  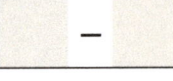

____ – ____   ____ – ____   ____ – ____

2   5   3

2. Aufgaben im Kopf ausrechnen und passend zur Farbe der Ergebniskiste ausmalen. Je Kiste vier Aufgaben. Drei eigene Aufgaben ergänzen. ↓ Mit Material legen.

Zeig, was du kannst!

1

☐ – ☐ = ☐   ☐ – ☐ = ☐   ☐ – ☐ = ☐

2

☐ – ☐ = ☐

3

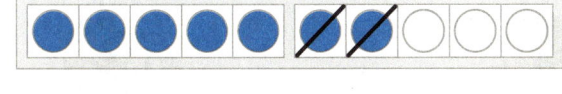 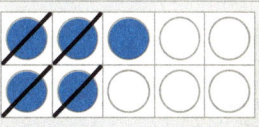

☐ – ☐ = ☐

☐ – ☐ = ☐

4

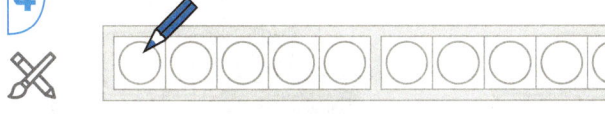 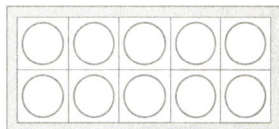

6 – 3 = ☐   9 – 6 = ☐

5

5 – 5 = ☐   7 – 3 = ☐   9 – 8 = ☐   10 – 2 = ☐

6

10 – 4 = ☐   5 – 2 = ☐   8 – 6 = ☐

6 + 4 = ☐   ☐ + ☐ = ☐   ☐ + ☐ = ☐

83

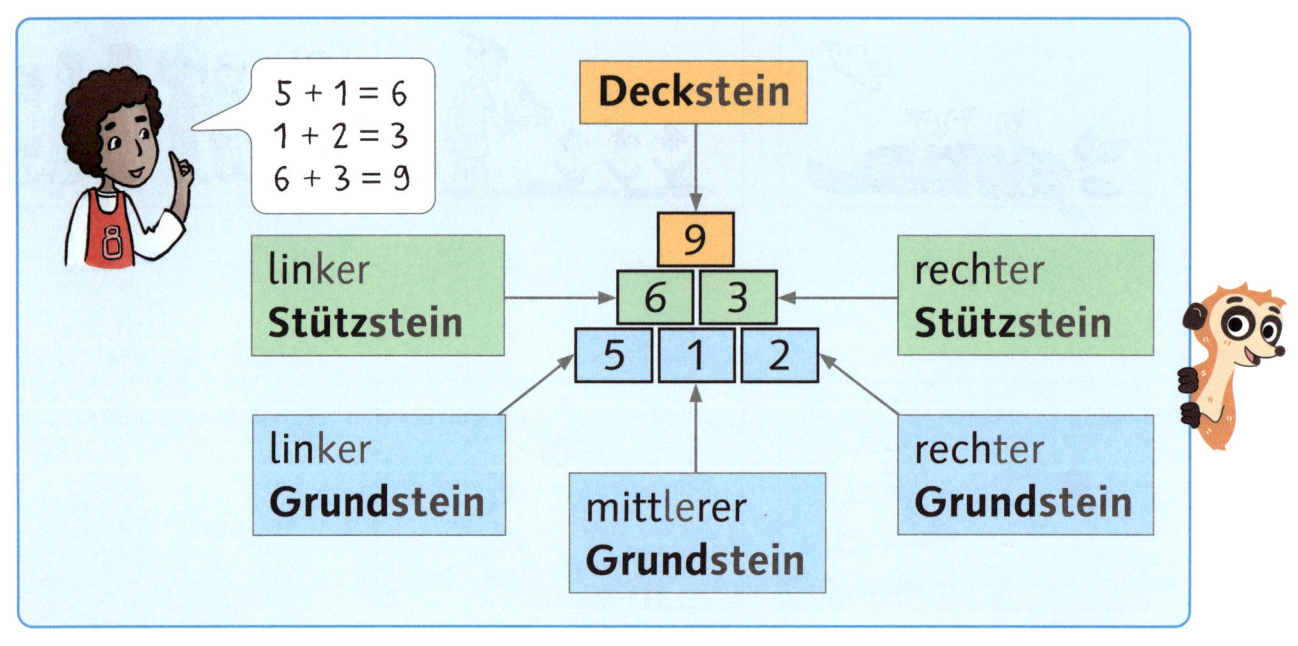

5 + 1 = 6
1 + 2 = 3
6 + 3 = 9

Deckstein

linker Stützstein

rechter Stützstein

linker Grundstein

mittlerer Grundstein

rechter Grundstein

9

6 3

5 1 2

1

2 6

1 3

5 5

3 5

1 5

3 6

1 4

7 2

2 2

2

2

1

5

1. Zweistöckige Zahlenmauern lösen. **2.** Zweiten Grundstein selbst wählen und Zahlenmauer ausrechnen.
↓ Bei der Zahlenwahl unterstützen.

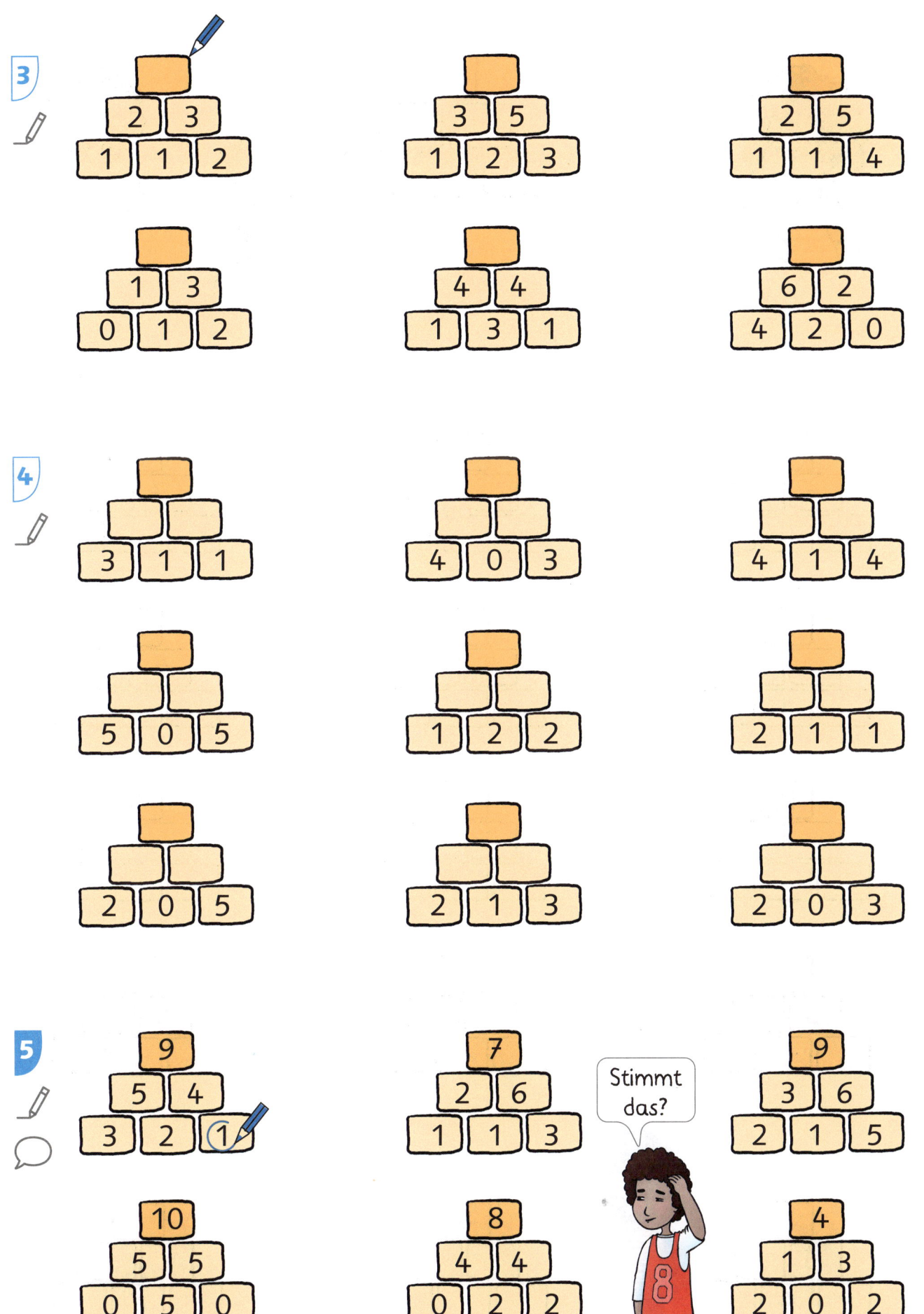

3.–4. Dreistöckige Zahlenmauern lösen. **5.** Fehler markieren und begründen.

Zahlenmauern reparieren

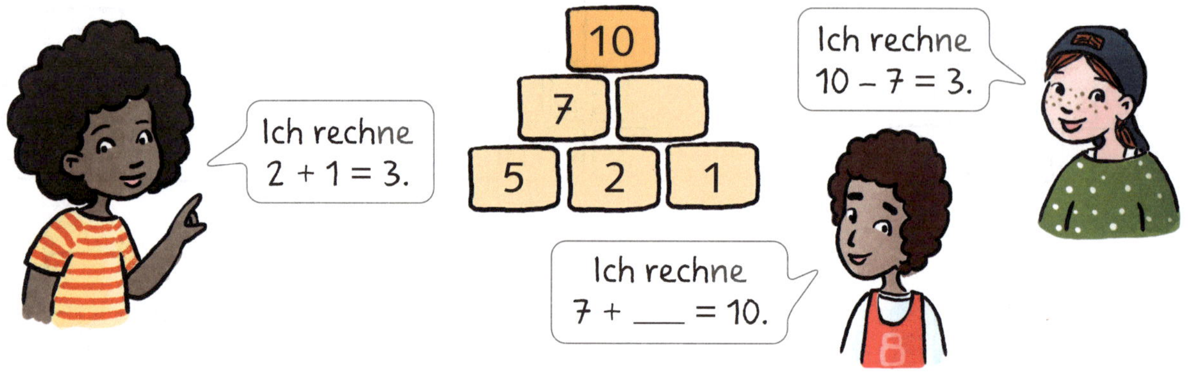

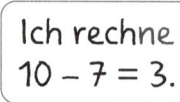 S. 38

 Ich rechne 2 + 1 = 3.

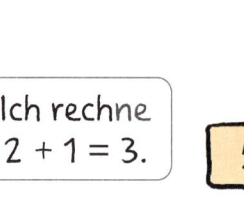

```
    10
  7   □
5   2   1
```

 Ich rechne 10 − 7 = 3.

 Ich rechne 7 + ___ = 10.

1

```
    10
  6   □
4   2   2
```

```
    9
  □   5
1   3   2
```

```
    9
  7   2
5   □   0
```

```
    10
  □   6
3   1   □
```

```
    8
  2   □
□   1   5
```

```
    10
  5   □
1   □   1
```

```
    10
  □   5
3   □   □
```

```
    8
  3   □
□   0   5
```

```
    5
  4   □
□   0   1
```

```
    7
  3   □
□   1   □
```

```
    9
  □   4
□   1   □
```

```
    9
  6   □
□   □   1
```

2

```
    □
  5   □
□   4   □
```

```
    8
  □   □
□   □   3
```

```
    □
  □   3
□   □   □
```

1. Struktur der Zahlenmauer zum Lösen nutzen. 2. Mehrere Möglichkeiten. ↑ Mit einem Partnerkind die Ergebnisse vergleichen und Unterschiede besprechen.

86

1

Findest du alle Möglichkeiten?

2

3 Hast du alle gefunden?

4 Mein Deckstein:

1. Zahlenmauern mit dem Deckstein 10 finden. 2. Alle Zahlenmauern mit dem Deckstein 4 finden.
3. Systematisches Vorgehen besprechen. 4. Zahlenmauern zu einem selbst gewählten Deckstein finden.

1

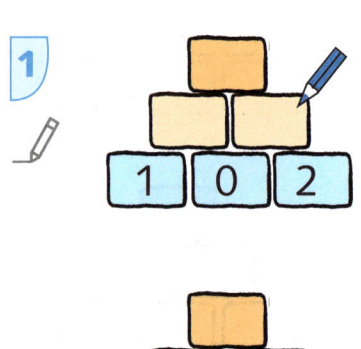

| 0 | 1 | 2 |

| 1 | 2 | 0 |

| 2 | 0 | 1 |

| 2 | 1 | 0 |

| 0 | 2 | 1 |

2

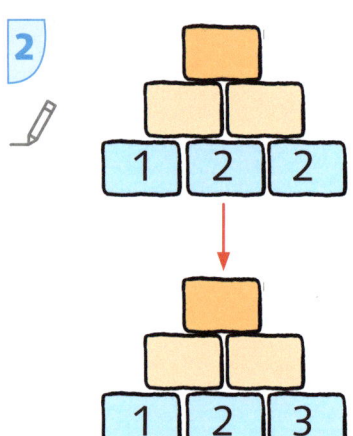

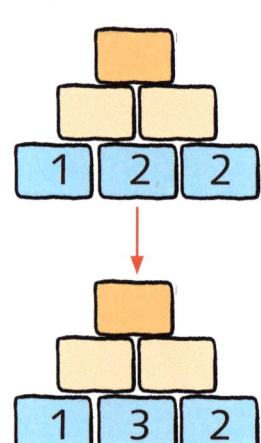

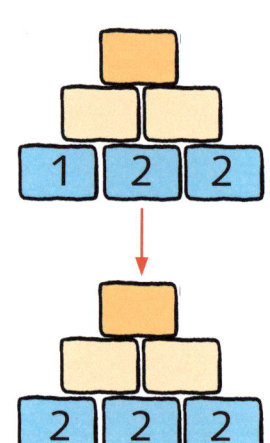

3 Vergleiche die Mauern.
Was fällt dir auf?

1.–2. Zahlenmauern ausrechnen. Veränderungen der Mauersteine beachten.
Auffälligkeiten markieren und besprechen. **3.** Erklären, was sich verändert.

1

3 1

6 2

10
3

🙂 🤔

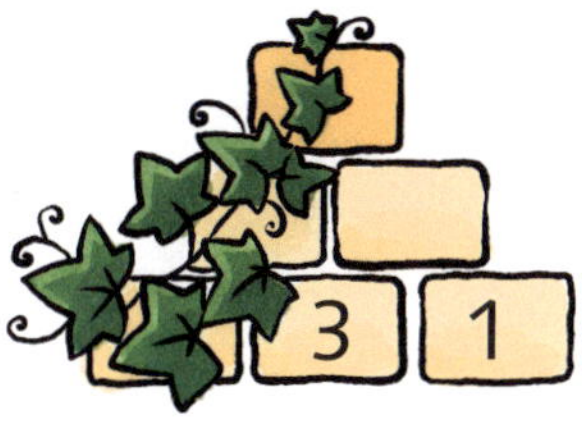

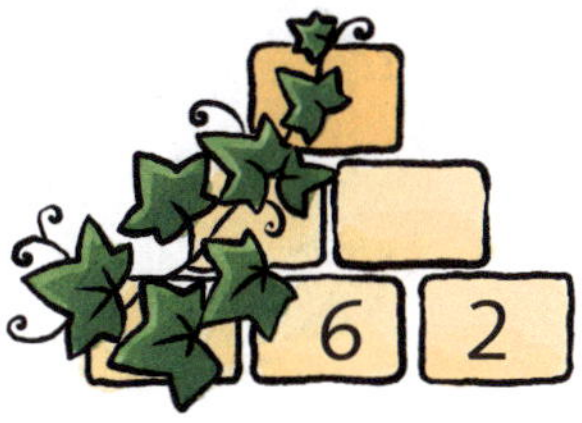

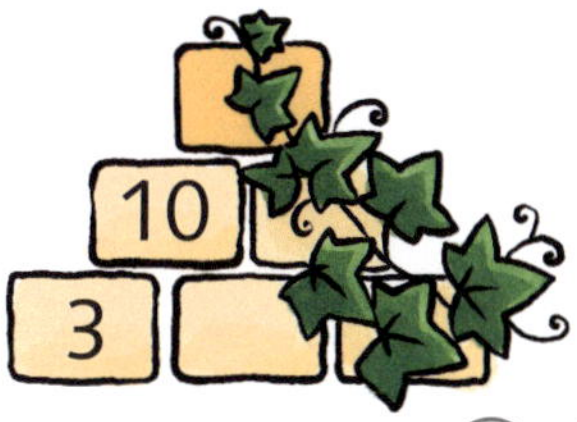

2

3 1 4

5 1 2

6 0 3

🙂 🤔

3

9
6
1 2

7
2
1 4

10
5
3 2

7
3
0

5
2 2

8
3 3

🙂 🤔

4

7

7

7

9

9

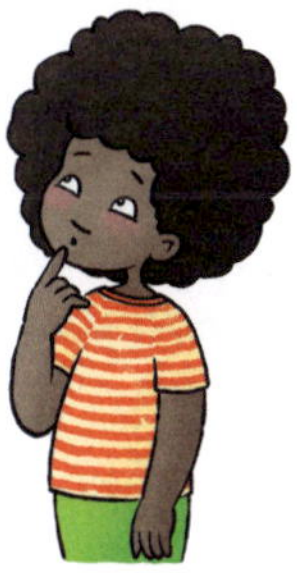

9

🙂 🤔

5

🙂 🤔

Formen kennenlernen

S. 42

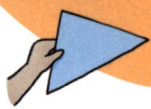

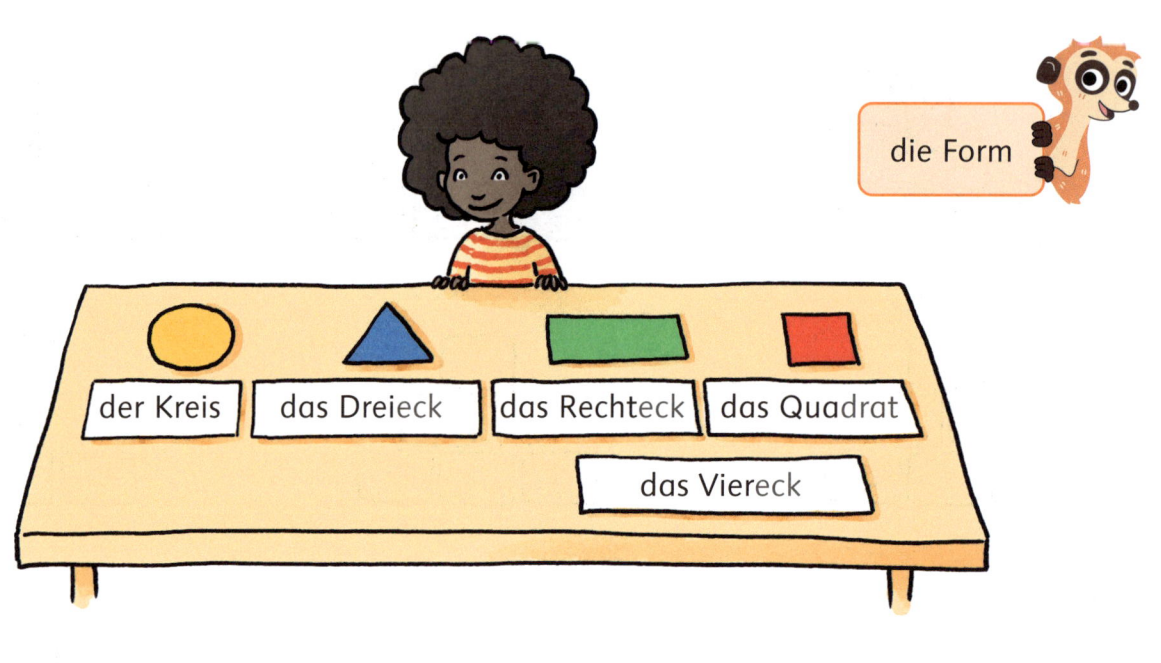

die Form

der Kreis
das Dreieck
das Rechteck
das Quadrat
das Viereck

1

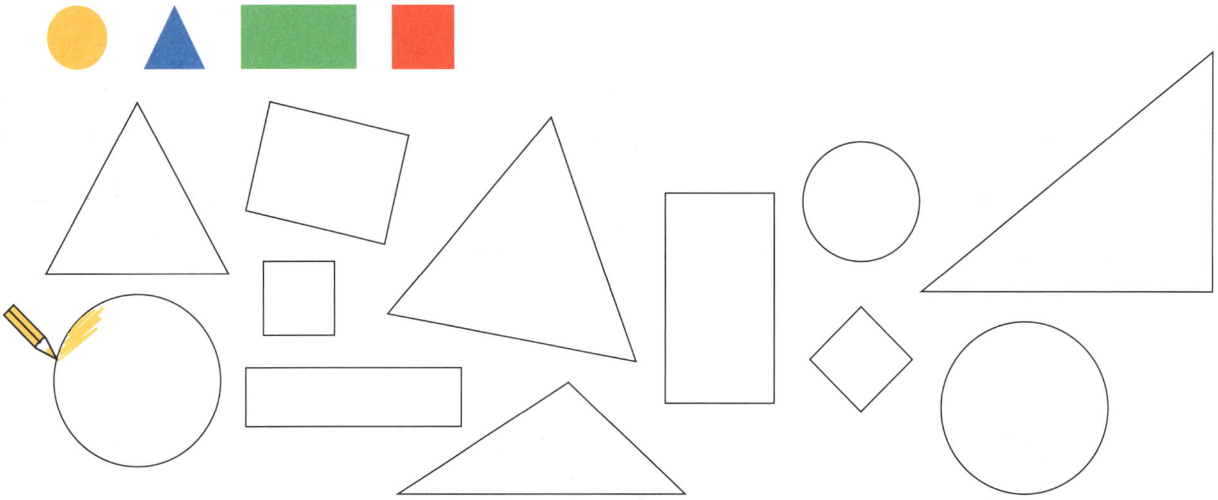

2

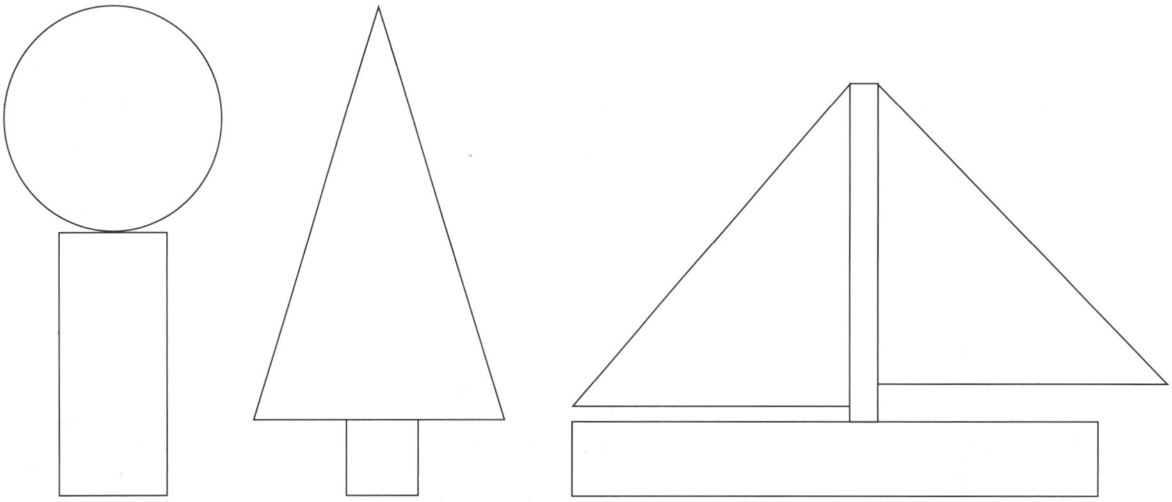

1.–2. Formen entsprechend ausmalen. **2.** ↓ Erst mit Material nachlegen und dann ausmalen.

3

4

Handlungsorientierte Aufgabe: Formen mit dem Finger auf dem Rücken eines anderen Kindes zeichnen.
Partnerkind nennt die Form. **3.–4.** Formen Freihand nachzeichnen. ↑ Zeichnen mit Lineal.

91

die Ecke

die Seite

1

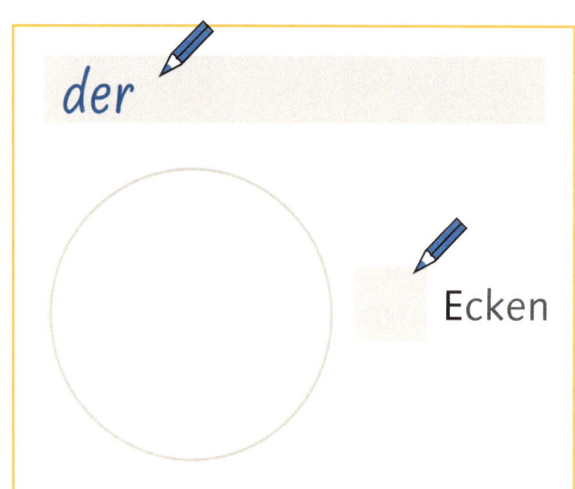

der

Ecken

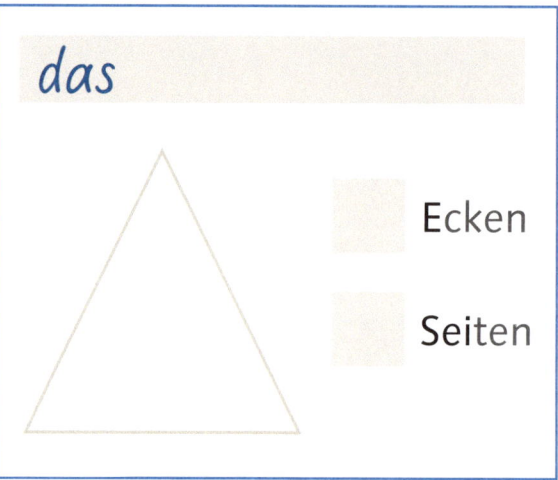

das

Ecken

Seiten

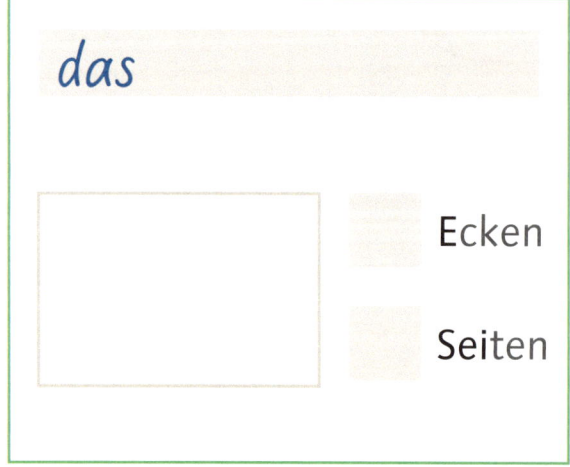

das

Ecken

Seiten

das

Ecken

Seiten

Handlungsorientierte Aufgaben vorab: Formen legen, kneten, nachlaufen.
1. Steckbriefe ausfüllen. ↓ Begriffe auf S. 90 nachschlagen.

2

| 3 Ecken | 4 Ecken | 4 Ecken |
| 3 Seiten | 4 Seiten | 4 Seiten |

3 Was haben ■ und ■ gemeinsam?

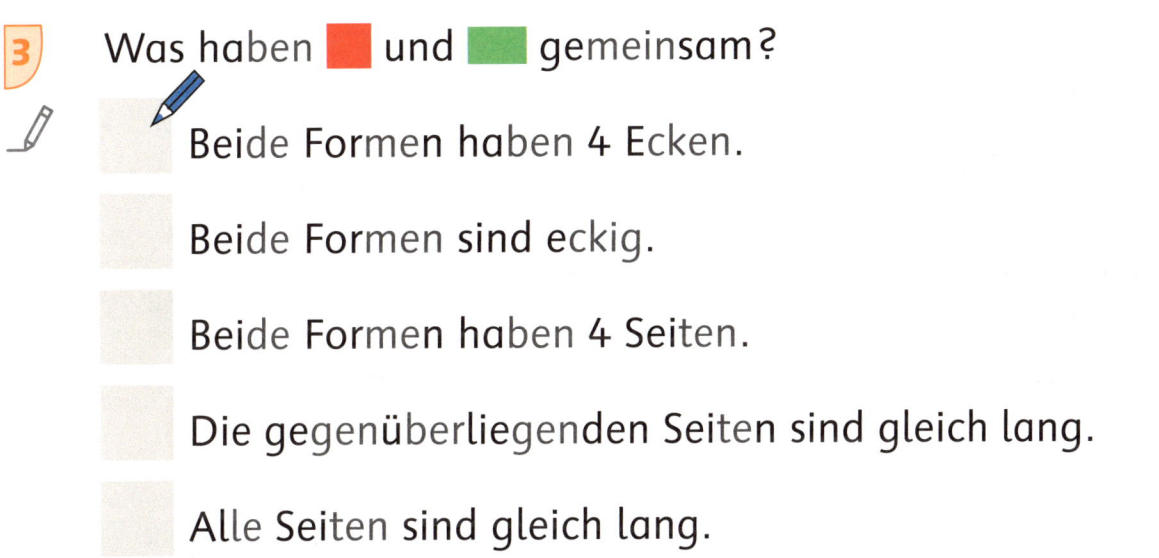

☐ Beide Formen haben 4 Ecken.

☐ Beide Formen sind eckig.

☐ Beide Formen haben 4 Seiten.

☐ Die gegenüberliegenden Seiten sind gleich lang.

☐ Alle Seiten sind gleich lang.

4

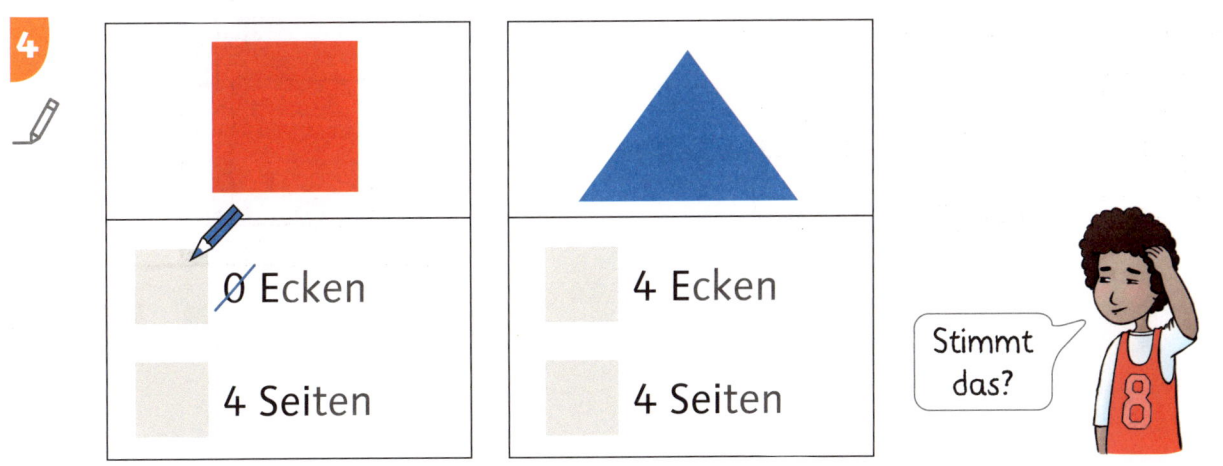

| ☐ Ø Ecken | ☐ 4 Ecken |
| ☐ 4 Seiten | ☐ 4 Seiten |

Stimmt das?

---

2. Formen passend zu den Eigenschaften zeichnen. **3.** Gemeinsamkeiten von Quadrat und Rechteck ankreuzen.
4. Fehler finden und korrigieren.

93

Formen in der Umwelt

S. 44

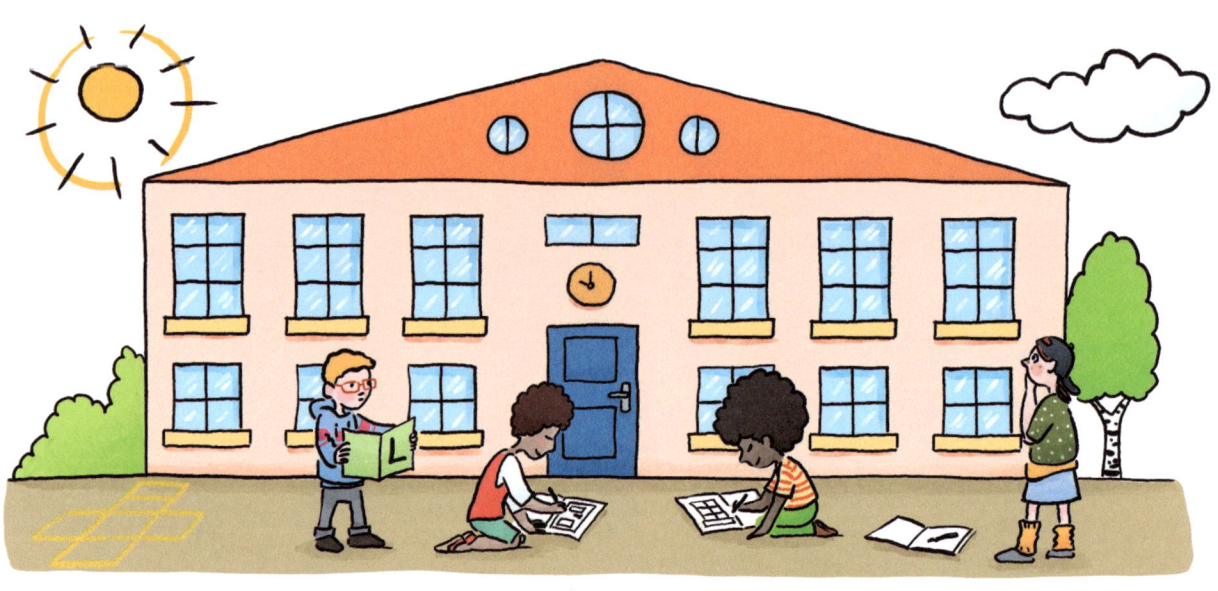

1

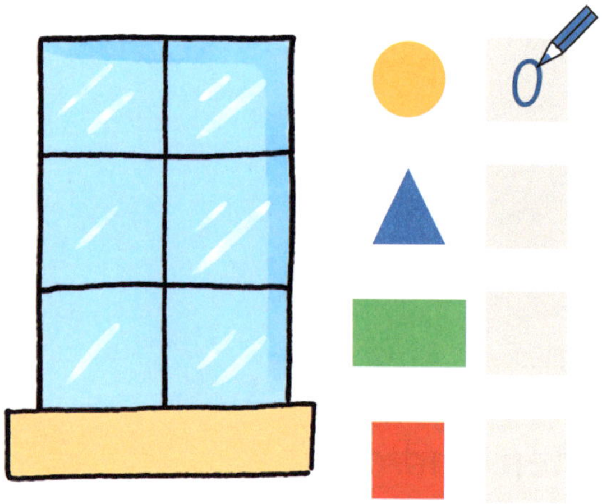

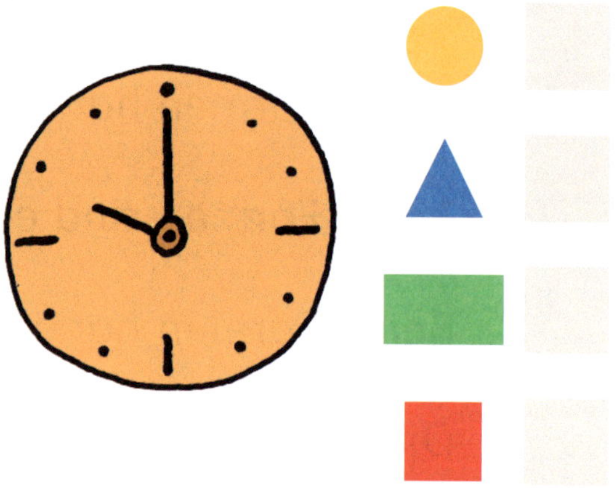

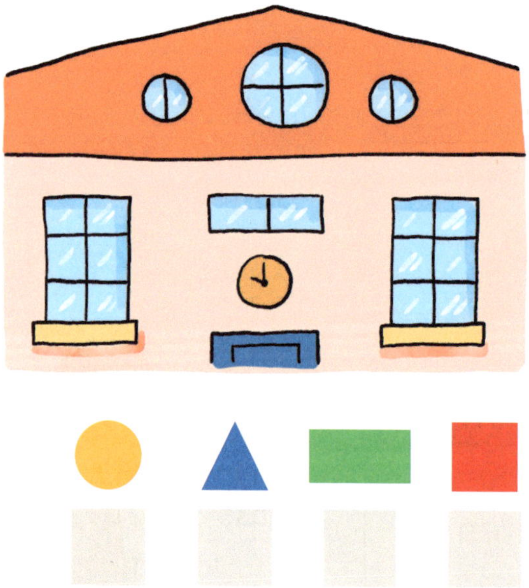

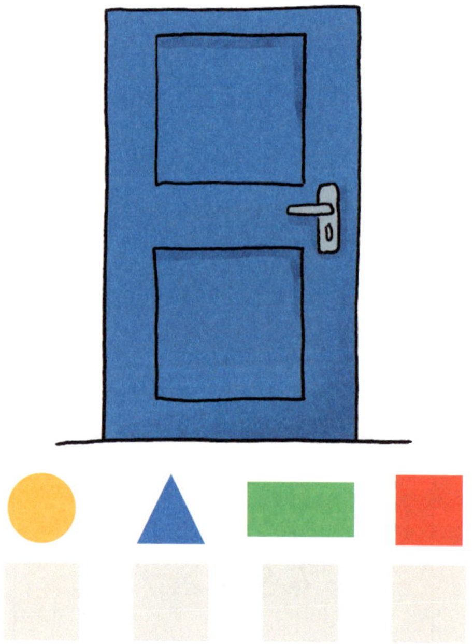

Grundformen im Einstiegsbild benennen und zählen lassen.
1. Anzahl der geometrischen Formen in den Bildausschnitten notieren. ↓ Strichliste anlegen.

2

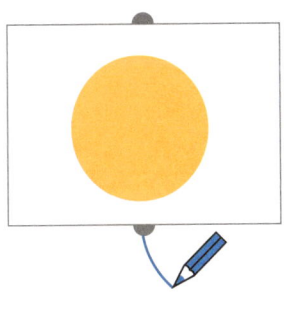

3

Warum nicht diese Form?

3. Warum haben diese Gegenstände diese Form? ↑ Lösung ins Heft schreiben. Mögliche Antworten:
Reifen müssen rund sein, damit sie rollen können; ein dreieckiger Schrank hätte oben weniger Platz.

Figuren legen

1 Deine Figur:

die Figur

1. SuS legen erst Figuren frei. Die Lieblingsfigur wird dann umrandet.
Figuren können zur Präsentation abfotografiert werden. Figuren können auch digital erstellt werden.

2 Lege nach.

2. Figuren mit den Formen der Kartonbeilage legen.
↑ Eigene Figuren legen und nachlegen lassen.

97

1 Lege aus.

1. Figuren mit den Formen der Kartonbeilage auslegen.

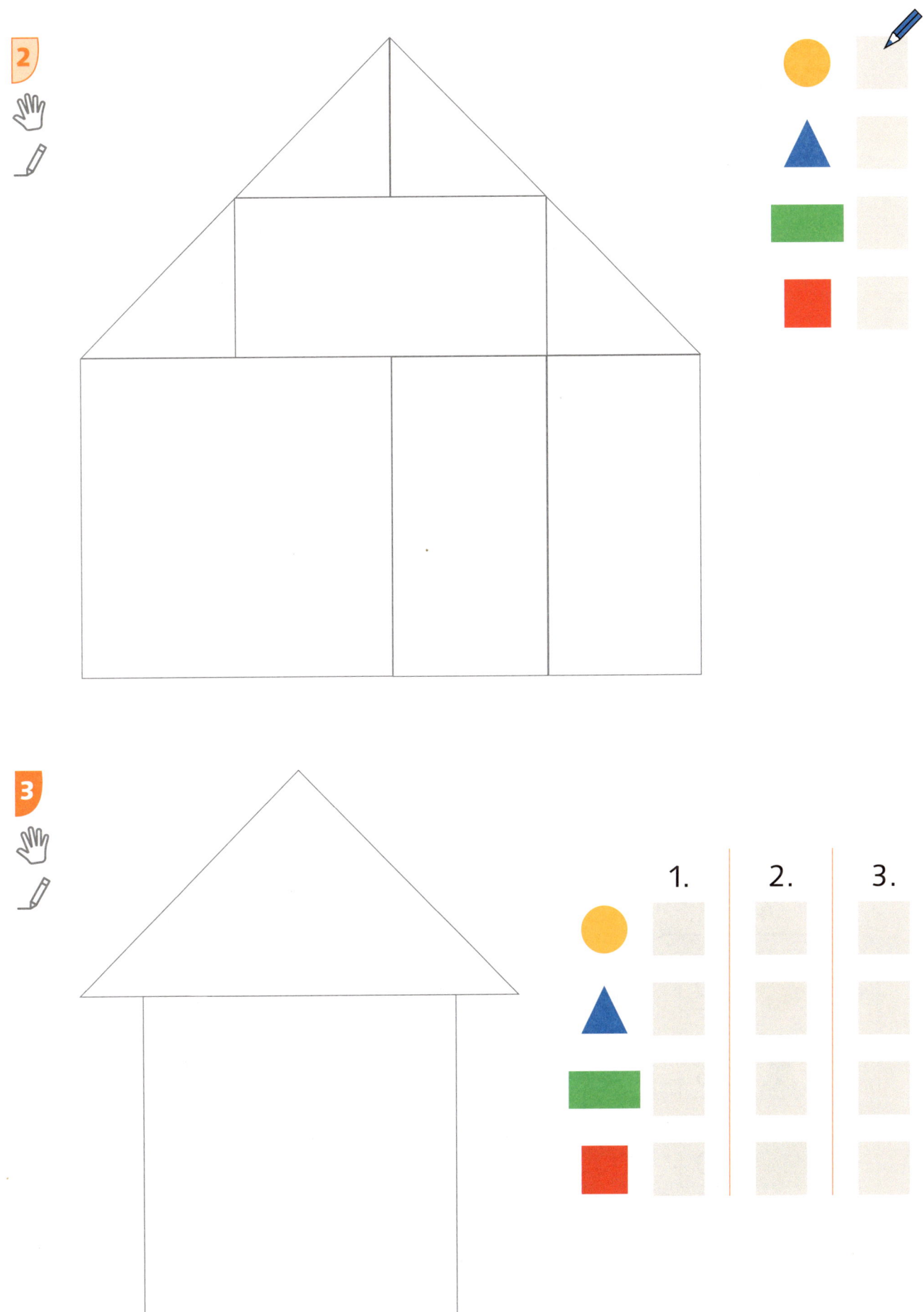

2. Figuren mit den Formen der Kartonbeilage auslegen und Anzahl notieren. ↓ Strichliste anlegen.
3. Figur auf unterschiedliche Weise auslegen, zu jeder Möglichkeit (1., 2., 3.) die Anzahl der Formen notieren.

4

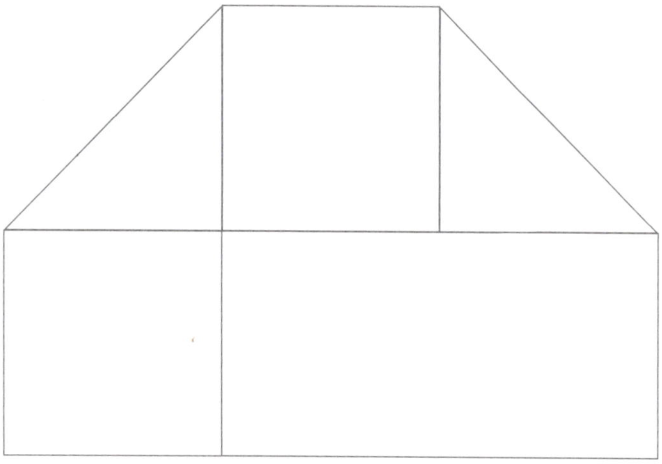

1.

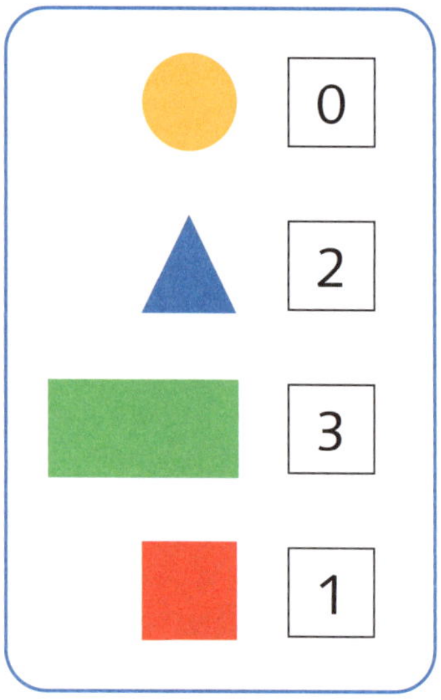

🟡	0
🔺	2
🟩	3
🟥	1

2.

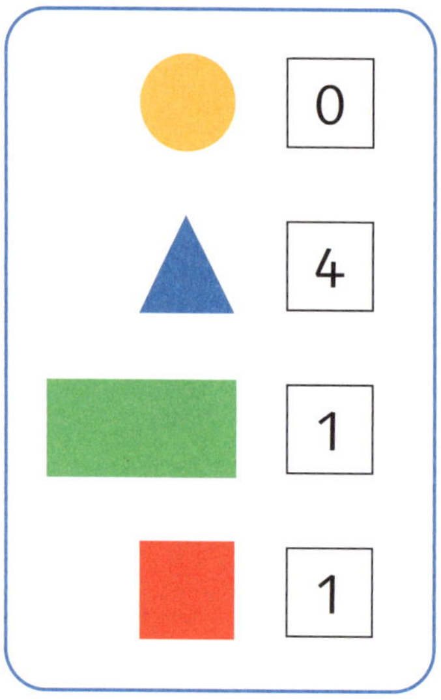

🟡	0
🔺	4
🟩	1
🟥	1

3.

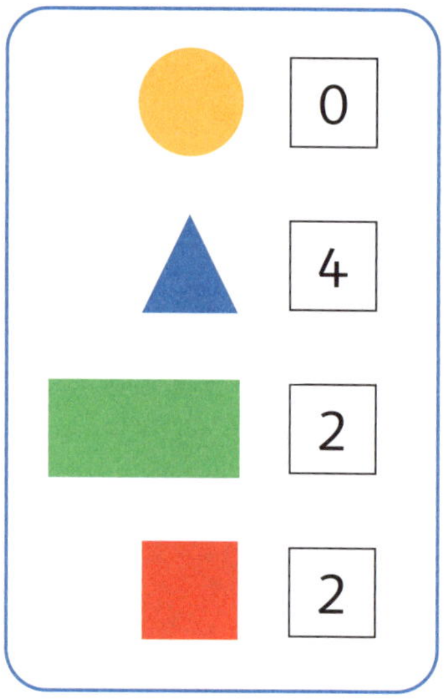

🟡	0
🔺	4
🟩	2
🟥	2

4.

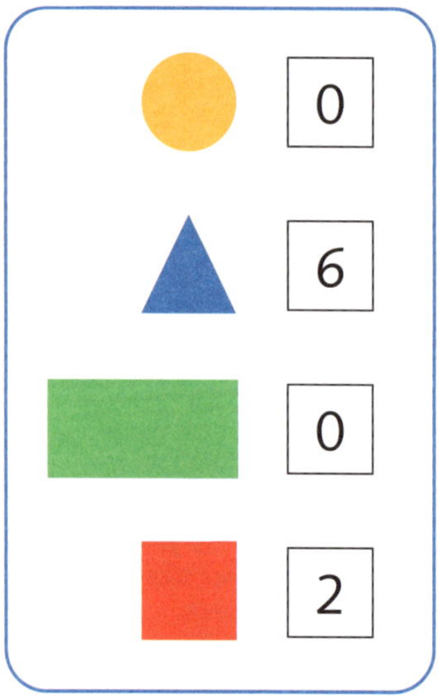

🟡	0
🔺	6
🟩	0
🟥	2

5.

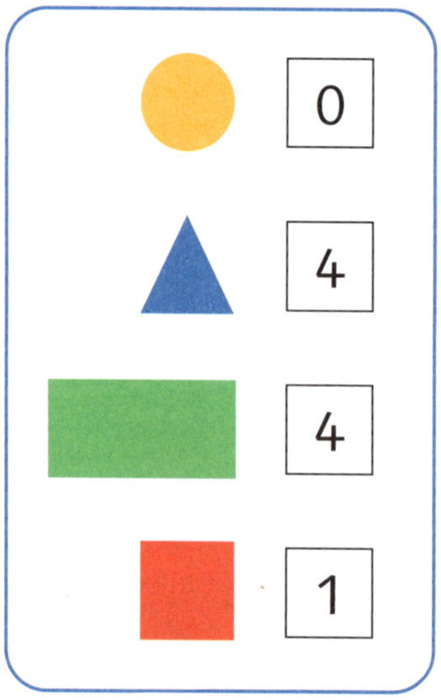

🟡	0
🔺	4
🟩	4
🟥	1

6.

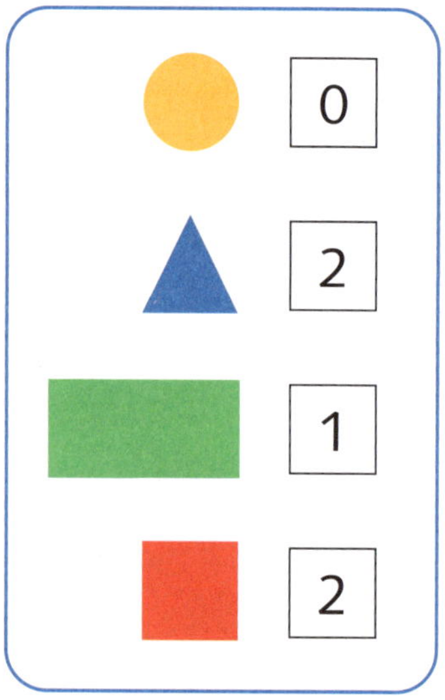

🟡	0
🔺	2
🟩	1
🟥	2

4. Figur nach vorgegebenen Lösungsmöglichkeiten auslegen. SuS erklären, wie sie die Aufgabe gelöst haben. Lösungen der SuS können zur Präsentation abfotografiert werden. ↑ Weitere Möglichkeiten werden ausprobiert.

Zeig, was du kannst!

1

| das Quadrat | der Kreis | das Dreieck | das Rechteck |

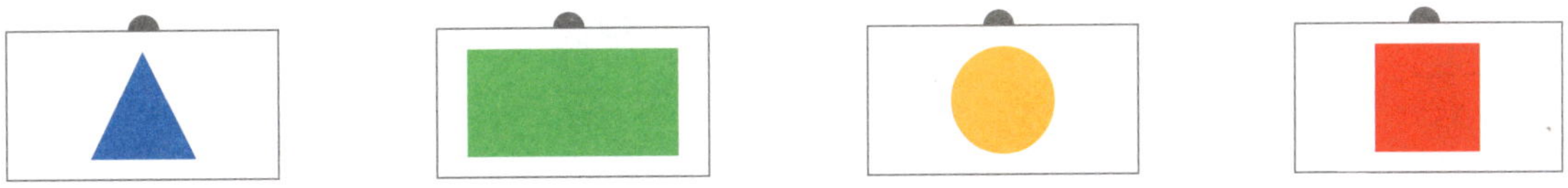

😊 🤔

2

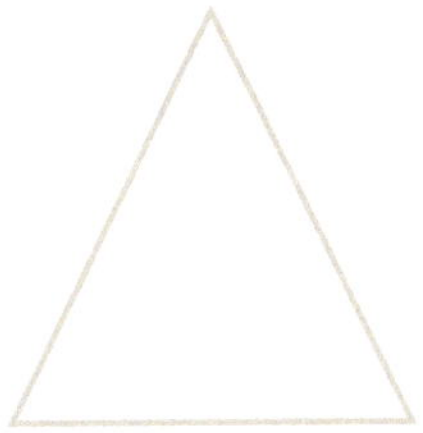

| Dreieck | __ Ecken | | Quadrat | __ Ecken |
| | __ Seiten | | | __ Seiten |

😊 🤔

3

😊 🤔

4

| | 1. | 2. | 3. |

😊 🤔

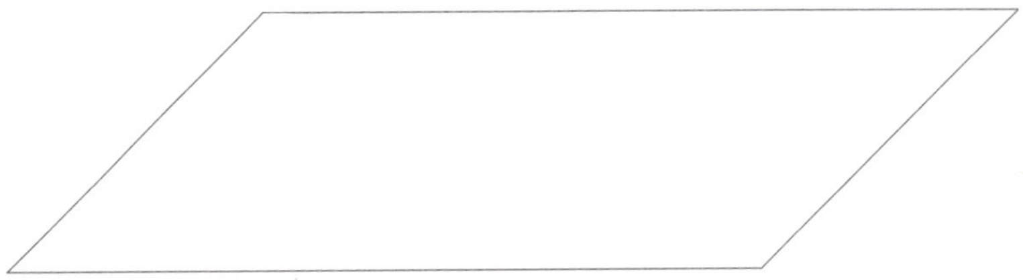

Merkwissen

Die Zahlenreihe bis 10 S. 6–7

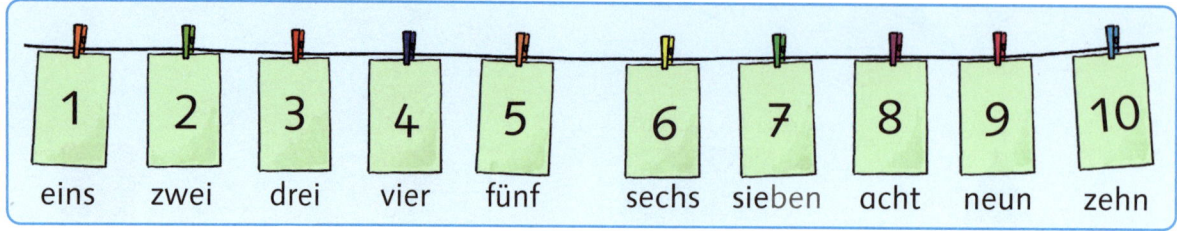

Links, rechts und oben, unten S. 33

Die Kraft der Fünf S. 34, 39, 40

Kleiner, größer, gleich S. 48

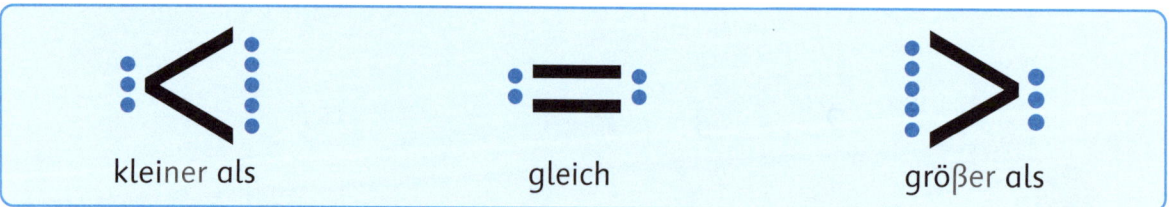

Nachbarzahlen S. 51

Zahlen zerlegen S. 60

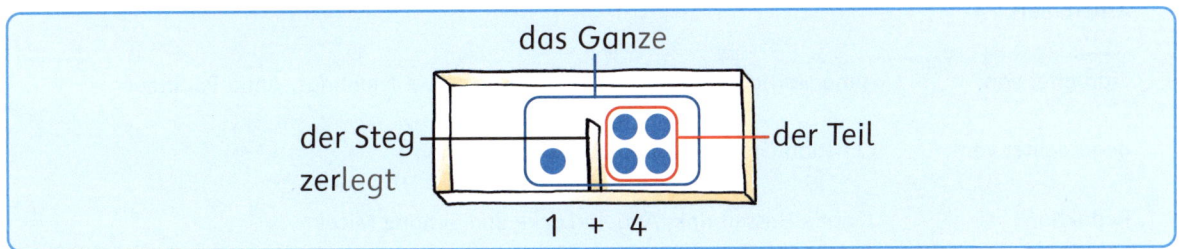

das Ganze

der Steg zerlegt — der Teil

1 + 4

Plus und minus S. 70–71, 78–79

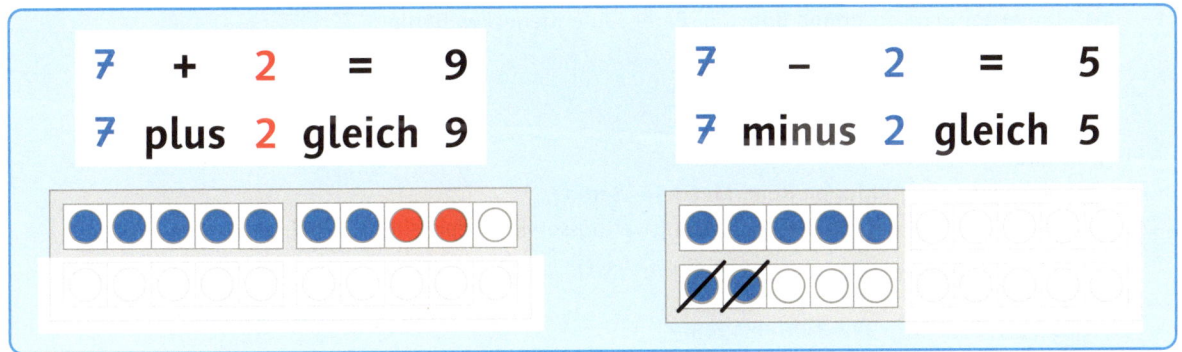

7 + 2 = 9
7 plus 2 gleich 9

7 – 2 = 5
7 minus 2 gleich 5

Die Tauschaufgabe S. 73

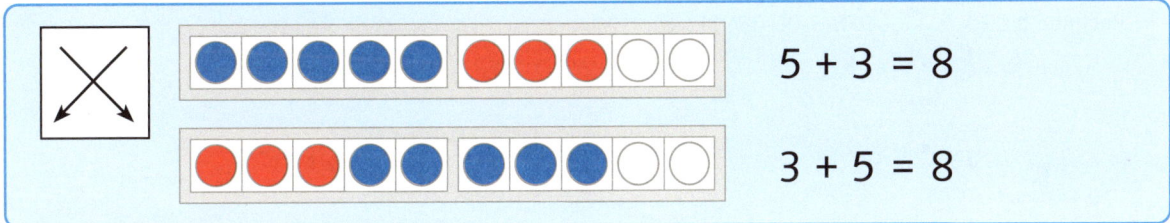

5 + 3 = 8

3 + 5 = 8

Die Umkehraufgabe S. 81

7 – 2 = 5

5 + 2 = 7

Geometrische Grundformen S. 90

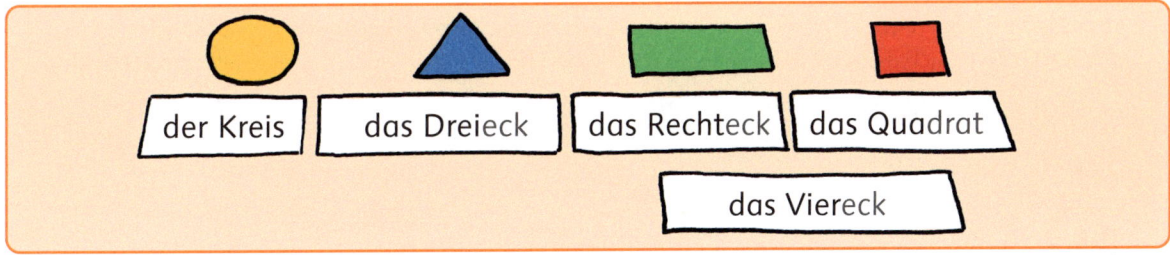

der Kreis | das Dreieck | das Rechteck | das Quadrat

das Viereck

Mathematik

Arbeitsheft 1A

Erarbeitet von: Anna Harrich-Voßen, Gesa Hochscherff, Uwe Nienhaus, Anna Pöllinger

Begutachtet von: Christian Grulich, Maria Kruse, Katja Simon

Redaktion: Juliane Hasselbrink, Angela Lucke und Simone Micek

Illustration: Friederike Ablang (Team Nase), Berlin, Antje Hagemann, Berlin, Josephine Wolff (Eddi), Berlin

Umschlaggestaltung: Corinna Babylon, Berlin, Jule Kienecker, Berlin

Layoutkonzept: Heike Börner, Berlin

Layout und
technische Umsetzung: Marion Röhr, MeGA14, Berlin
Thomas Krauß, krauß-verlagsservice, Ederheim/Hürnheim

Begleitmaterialien für die Lernenden
Einstiegsbuch   978-3-06-084943-7
BuchTaucher-App   978-3-06-084941-3
Sicher in die 1. Klasse   978-3-06-084113-4
Ziffernschreibkurs   978-3-06-084116-5
Rechnen bis 10   978-3-06-084114-1
Rechnen bis 20   978-3-06-084115-8

www.cornelsen.de

1. Auflage, 1. Druck 2023

Alle Drucke dieser Auflage sind inhaltlich unverändert und können im Unterricht nebeneinander verwendet werden.

Druck: H. Heenemann, Berlin

ISBN 978-3-06084939-0

PEFC zertifiziert
Dieses Produkt stammt aus nachhaltig
bewirtschafteten Wäldern und kontrollierten
Quellen.
www.pefc.de

PEFC/04-31-1156